Das Buch

Zwischen 390 v. Chr., als Rom von den Galliern erobert wurde, und der Mitte des zweiten vorchristlichen Jahrhunderts eroberte Roms Bauernheer, angeführt von der herrschenden Oligarchie, zunächst Italien und dann den Mittelmeerraum. Die Loyalität des Volkes war dabei durch die Beteiligung an der Kriegsbeute gesichert. Die führende Schicht der römischen Republik war Neuem gegenüber sehr aufgeschlossen, auf kulturellem ebenso wie auf politischem Gebiet; ihre Ideologie erleichterte jede Wandlung, auch die der Abschaffung der Republik, denn sie erlaubte es, auch revolutionäre Aktionen in traditionelle Begriffen zu fassen und so zu rechtfertigen. Mit dem Anwachsen des Reiches wurde es für die unteren Schichten zunehmend schwieriger, ihren Teil an der Beute zu erlangen; zugleich verstärkte sich der Wettbewerb innerhalb der Oligarchie. Das Bauernheer Roms geriet immer mehr in Konflikte, die Folge dieses Wettbewerbs waren, bis sich die Republik in Anarchie auflöste.

Michael Crawford bietet ein interpretierendes Essay der Geschichte der römischen Republik, das auf einer kritischen Auseinandersetzung mit den Aussagen unserer Quellen – Inschriften, Münzen und Literatur – beruht, und zeigt so neue Wege der historischen Interpretatiote römischer Geschichte.

Der Autor

Michael H. Crawford, geb. 1..., ...dung an der St. Paul's School und am Oriel College, Oxford. Forschungsaufenthalte an der British School in Rom und der Universität Princeton. Seit 1964 Fellow des Christ's College, Cambridge; seit 1969 Dozent an der Universität Cambridge. Seit 1980 Mitglied der Britischen Akademie; seit 1986 Professor für Alte Geschichte an der Universität London. Veröffentlichungen u. a. zur römischen Numismatik: *Roman Republic Coin Hoards* (1969), *Roman Republican Coinage* (1974), *La moneta in Grecia e a Roma* (1982), *Coinage and Money under the Republic* (1985) und zu den Quellen der Alten Geschichte: *Archaic and Classical Greece* (mit D. Whitehead, 1982), *Sources for Ancient History* (Hg., 1983), *Rome in the Late Republic* (mit M. Beard, 1985).

dtv-Geschichte der Antike
Herausgegeben von Oswyn Murray

Das frühe Griechenland
von Oswyn Murray

Das klassische Griechenland und die Demokratie
von John K. Davies

Die hellenistische Welt
von Frank W. Walbank

Das frühe Rom und die Etrusker
Neue Ausgabe in Vorbereitung

Die römische Republik
von Michael Crawford

Das Römische Reich
von Colin Wells

Das späte Rom
von Averil Cameron

Michael Crawford:
Die römische Republik

Deutscher
Taschenbuch
Verlag

Autorisierte Übersetzung aus dem Englischen von Barbara und Silke Evers, Übersetzung der Quellenzitate und Durchsicht von Kai Brodersen.

Das Buch erschien 1978 unter dem Titel *The Roman Republic* bei William Collins Sons & Co. Ltd. in der Reihe Fontana History of the Ancient World; die zweite, neubearbeitete Ausgabe, die hier in deutscher Übersetzung vorgelegt wird, bei Fontana Press 1992.

1. Auflage März 1984
5. Auflage April 1994: 20. bis 25. Tausend
Deutscher Taschenbuch Verlag GmbH & Co. KG,
München
© 1978, 1992 Michael Crawford
© 1984, 1994 Deutscher Taschenbuch Verlag (für die deutsche Übersetzung)
Umschlaggestaltung: Celestino Piatti
Vorlage: Kithara-Spielerin, Wandmalerei aus der
Villa Boscoreale, Pompeji, 1. Jh. v. Chr. (Metropolitan Museum of Art, New York)
Gesamtherstellung: C. H. Beck'sche Buchdruckerei,
Nördlingen
Printed in Germany · ISBN 3-423-04404-7

Vorwort des Herausgebers

Eine neue Geschichte der Antike braucht keine Rechtfertigung. Die moderne Forschung und neue Entdeckungen und Funde haben unser Bild der Antike in wichtigen Punkten verändert; es ist daher an der Zeit, die Ergebnisse dem Publikum zugänglich zu machen. Diese Reihe will aber nicht nur eine Darstellung des aktuellen Forschungsstands geben. Beim Studium der fernen Vergangenheit liegen die Hauptschwierigkeiten darin, daß es nur relativ wenig Zeugnisse gibt und diese zudem nicht leicht zu interpretieren sind. Dies aber macht es andererseits möglich und wünschenswert, die wichtigsten Zeugnisse dem Leser vorzulegen und zu diskutieren; so hat er selbst die Möglichkeit, die zur Rekonstruktion der Vergangenheit angewandten Methoden kennenzulernen und auch selbst die Ergebnisse zu beurteilen.

Diese Reihe hat sich deshalb als Ziel gesetzt, eine Darstellung der jeweils behandelten Periode zusammen mit möglichst vielen Zeugnissen zu bieten, die diese Darstellung ja erst ermöglichen. So sind ausgewählte Dokumente in die Erzählung einbezogen, werden dort erörtert und bilden oft sogar ihren Ausgangspunkt. Wo Interpretationen umstritten sind, werden die verschiedenen Meinungen dem Leser vorgelegt. Darüber hinaus enthält jeder Band eine Übersicht der unterschiedlichen Quellen jeder Epoche sowie Vorschläge zur vertiefenden Lektüre. Die Reihe wird, so hoffen wir, dem Leser die Möglichkeit geben, eigenen Vorlieben und Interessen folgend weiterzustudieren, nachdem er einen Eindruck von den Grenzen gewonnen hat, die dem Historiker bei seiner Arbeit gezogen sind.

Die Reihe ist zuerst auf englisch bei Fontana erschienen; die deutsche Ausgabe ist jedoch keine bloße Übersetzung, sondern eine revidierte Fassung. Wir haben unsere Texte überarbeitet und auf den neuesten Stand gebracht; insbesondere war es möglich, mehr und bessere Karten einzufügen und die Literaturhinweise für den deutschen Leser zu erweitern. Für die Organisation all dieser Verbesserungen danken wir besonders Kai Brodersen vom Institut für Alte Geschichte der Universität München.

Alte Geschichte ist eine europäische Disziplin, in der die Forschungstraditionen in jedem Land das jeweilige Bild der Antike prägen. Die »englische Sicht« in dieser Reihe wird dem deutschen Leser an manchen Stellen ungewöhnliche Aspekte auftun, wird aber auch in den Bereichen, in denen die deutsche Tradition besonders stark ist, ihr nicht ganz gerecht werden können. Doch vielleicht werden gerade diese Unterschiede zur Frische und Spannung unserer Reihe beitragen und das Interesse des deutschen Lesers steigern.

Für die Organisation und Übertragung der Neubearbeitung unserer Bände danken wir erneut Kai Brodersen vom Institut für Alte Geschichte der Universität München.

Oswyn Murray
Balliol College, Oxford

Inhalt

Vorworte 9

1. Die Quellen 13
   Geschichtsschreibung 13 Historische Verformungen 17
   Spätere Historiker 20 Zeitgenössische Quellen 21 Die Zeit
   Ciceros 22 Varianten der Tradition 23
2. Italien und Rom 25
   Nicht-römische Völker Italiens 25 Samniten 26 Griechen 27 Etrusker 28
3. Die römischen Führungsschichten 31
   Konsuln 31 Nobilität 33 *consilium* 35 Senat 35 *clientela* 36
   Wahlen 38
4. Die Eroberung Italiens 41
   Die Expansion 41 Gründe für Roms Erfolg 45 Latinische
   Rechte 46 Die Dedition der Latiner 47 Soldatenzahlen 49
5. Von der Herrschaft über Italien zur Herrschaft über den
   Mittelmeerraum 54
   Appius Claudius Caecus 54 Der römische Imperialismus 57 Pyrrhos 59 Der Erste Punische Krieg 60 Hannibal 61 Die Opposition 65
6. Die Eroberung des Ostens 69
   Der Illyrische Krieg 69 Philipp V. von Makedonien 71 Der
   Zweite Makedonische Krieg 73 Die Freiheit der Griechen 77 Die römische Aristokratie und die Außenpolitik 81
7. Das Weltreich und seine Auswirkungen für die herrschenden Schichten 84
   Das labile Gleichgewicht in der Oligarchie 85 *cursus honorum* 87 Der neue Reichtum 88 Wahlgesetze 93
8. Die Weltmacht 96
   Einstellung zur griechischen Kultur 96 Cato und die Griechen 97 Die Hellenisierung der Oligarchie 100 Makedonien und der griechische Osten 102 Karthago und Spanien 106 Religion 110
9. Das Weltreich und seine Auswirkungen für die Beherrschten 112
   Bevölkerungsrückgang 113 Soldatenmangel 115 Agrarische Probleme 117 Sklaven und freie Arbeit 123
10. Reform und Revolution 125
    Das Ackergesetz des Ti. Gracchus 125 Die offenen Probleme 128

11. Rom und Italien 132
    Der italische Hintergrund 132 C. Gracchus 135 Das Ende
    des C. Gracchus 141

12. Das Ende des Konsenses 142
    Zwist in der Oligarchie 142 C. Marius 143 Italien zerbricht 147 Außenpolitische Maßnahmen 151

13. Der Umbruch. 159
    M. Livius Drusus 159 Der Bundesgenossenkrieg 162
    Mithridates 165 Sullas Marsch gegen Rom 166 Sullas
    Rückkehr 169 Proskriptionen 172 Sullas innenpolitische
    Maßnahmen 173

14. Die Oligarchie an ihrem Ende...................... 176
    Außerordentliche Kommandos 176 Innenpolitische Probleme 179 *dignitas* 182 Versorgungsschwierigkeiten 183
    Catilina 184 Städtische Politik und Gewalttätigkeiten 187
    Clodius und Cicero 189 Traditionelle Institutionen in
    neuer Zeit 191

15. Die militärischen Dynasten 194
    Römische Herrschaft in den Provinzen 194 Ehrungen für
    Pompeius 199 Entwicklungen in der Religion 201 Das erste Triumvirat und seine Folgen 203 Caesars Marsch auf
    Rom 204 Der Bürgerkrieg 206 Caesars Alleinherrschaft 209

16. Ausblick 211
    Der Weg zur Autokratie 211 Der neue Konsens 212 Nach
    Caesar 215 Kultur der späten Republik 216

17. Exkurse 220
    I: Die römische Volksversammlung 220 II: Die römische
    Armee 223 III: Die *equites* 224 IV: Die außerordentlichen
    Kommandos 227

Anhang
    Karten 231
    Zeittafel 235
    Quellenübersicht 241
    Literaturhinweise 245
    Abbildungsnachweise 254
    Quellenregister 255
    Personen- und Sachregister 259

Vorwort zur 1. Auflage

In der Zeit zwischen der Eroberung Roms durch die Gallier im Jahre 390 v. Chr. und der Mitte des zweiten vorchristlichen Jahrhunderts eroberte Roms nicht stehendes Bauernheer, angeführt von der herrschenden Oligarchie, zunächst Italien und dann den Mittelmeerraum. Die Loyalität des römischen Volkes gegenüber seinen Anführern war durch eine Beteiligung an der Kriegsbeute gesichert. Mit zunehmender Ausdehnung des Reiches wurde es für die niederen Schichten schwieriger, sich ihren Anteil an dieser Beute zu verschaffen; gleichzeitig verschärften sich die Rivalitäten innerhalb der Oligarchie. Die Bauernheere von Rom wurden in die Auseinandersetzungen, die sich aus diesem Machtkampf ergaben, mit hineingezogen, und schließlich endete die Republik in der Anarchie.

Diese Geschichte mag zwar allzu dramatisch klingen, doch glaube ich, daß man durchaus von einer verheerenden Katastrophe sprechen kann, wenn man dieses Jahrhundert zwischen 133 und 31 v. Chr. betrachtet: Es hat in den Jahren von 91 bis 82 etwa 200 000 und zwischen 49 und 42 etwa 100 000 Menschenleben gefordert und ein Regierungssystem zerstört, das 450 Jahre lang Bestand gehabt hatte.

Drei weitere Themen spielen ebenfalls eine große Rolle.

1. Zunächst scheint es mir von Bedeutung zu sein, daß die vorherrschende Ideologie der römischen Führungsschicht Veränderungen gegenüber sehr aufgeschlossen war, was schließlich zur Abschaffung der Republik selbst führte; denn durch diese Ideologie wurde es möglich, im Grunde revolutionäre Maßnahmen in traditionellen Begriffen zu rechtfertigen.

Im römischen Staat wurde der Begriff *libertas*, Freiheit, frühzeitig gleichgesetzt mit *civitas*, Staatsbürgerschaft, das heißt mit politischen Rechten und Pflichten. Die *libertas* wurde daher allgemein als erstrebenswert betrachtet, und Schwierigkeiten ergaben sich nur, wenn es um die Frage ging, wessen *libertas* es zu verteidigen galt. Wer dem Staat große Dienste erwiesen hatte, errang darüber hinaus *dignitas*, Ansehen, und *auctoritas*, Einfluß, wonach ja alle fähigen und vornehmen Männer strebten.

In der Geschichte der Republik beriefen sich zwei Lager auf die Begriffe *libertas* und *dignitas*: Einerseits jene, die versuchten, radikale Veränderungen herbeizuführen, vor allem indem sie gegen den Willen der Aristokratie der Meinung des Volkes mehr Gewicht verliehen, und indem sie die wirtschaftliche Stellung des Volkes zu verbessern suchten. Andererseits aber auch diejenigen, die den Status quo sowohl in Hinblick auf die politische Machtverteilung als auch auf die Verteilung der materiellen Güter aufrechterhalten wollten.

Die Politiker konnten während der Zeit der Republik ihre Zwistigkeiten ungehindert austragen, da keine kommunalen Institutionen zur Aufrechterhaltung der Ordnung geschaffen worden waren. So mußte auch bei gerichtlichen Verfahren häufig zur Selbsthilfe gegriffen werden, etwa wenn es darum ging, einen Angeklagten vor Gericht zu bringen. Solche Zustände konnten in einer kleinen ländlichen Gemeinde vielleicht keinen allzu großen Schaden anrichten, und der Ständekampf zwischen Patriziern und Plebejern wurde schließlich so im Laufe des fünften und vierten Jahrhunderts v. Chr. gelöst. Als man jedoch in der späten Republik dazu überging, politische Differenzen mit Mitteln der Gewalt zu lösen, hatte das verheerende Folgen: es wurden sogleich ganze Legionen in den Kampf verwickelt.

2. Als zweiten wesentlichen Aspekt möchte ich hervorheben, daß die Aufgeschlossenheit der republikanischen Führungsschicht gegenüber Neuerungen sich auf die verschiedensten kulturellen und politischen Gebiete erstreckte. Betrachtet man die zwei Jahrhunderte, die zwischen dem Zweiten Punischen Krieg und dem Zeitalter Ciceros liegen, so gewinnt man den Eindruck, daß sich allmählich eine eigene römische Kultur aus der begeisterten Übernahme griechischer Kunst und griechischen Geistesgutes entwickelte. Die Hauptphase der Hellenisierung der römischen Oligarchie fiel genau in die Zeit, als diese von immer heftigeren inneren Machtkämpfen erschüttert wurde, die schließlich zur Zerstörung des ganzen Systems führten.

3. Als dritten wesentlichen Aspekt schließlich habe ich versucht darzustellen, daß die historischen Quellen zu einem bestimmten Ereignis häufig – bewußt oder unbewußt – polemisch gefärbt sind, und daß diese Polemik ihrerseits Teil der Geschichte der Republik selbst ist. Die Quellen zu dieser Phase der römischen Geschichte sind leider recht lückenhaft. Die Werke griechischer und römischer Geschichtsschreiber, die über zeitgenössische Ereignisse berichteten, sind großenteils nicht erhalten, ebenso wie die meisten offiziellen Aufzeichnungen; selbst die Werke späterer Geschichtsschreiber, die die Berichte früherer Historiker und offizielle Aufzeichnungen ver-

werteten und neu bearbeiteten, liegen uns nur selten vollständig vor. Immerhin werden unsere mangelnden Kenntnisse der tatsächlichen Geschehnisse teilweise dadurch aufgewogen, daß wir einen Eindruck davon erhalten, wie die Römer ihre Vergangenheit sahen und wie diese Sehweise ihr Verhalten bestimmte.

Innerhalb der gegebenen Grenzen – das Hauptgewicht sollte ja auf einer kritischen Auseinandersetzung mit der Aussage der Quellen liegen und nicht bloß den Ablauf der Ereignisse nacherzählen – habe ich mich um ein ausgewogenes Bild der römischen Republik und zugleich um ein interpretierendes Essay bemüht. Auch wollte ich der enormen Vielfalt des Quellenmaterials für diese Zeit gerecht werden, das ich oft nur anführen, nicht aber ausführlich zitieren konnte. Daß das Buch dabei nicht streng chronologisch vorgeht, möge durch die beigegebene Zeittafel wettgemacht sein; die genannten Orte sind zumeist auf den beigegebenen Karten eingezeichnet.

Dank sage ich Tim Cornell, Oswyn Murray, John North, Helen Whitehouse und Peter Wiseman, die alle das Manuskript des Buches gelesen und mich vor manchen Verirrungen bewahrt haben; für verbliebene Fehler sind sie freilich nicht verantwortlich. Peter Brunt, Filippo Coarelli, Emilio Gabba, Keith Hopkins, Claude Nicolet und den bereits Genannten verdanke ich viele interessante Diskussionen über die Geschichte der römischen Republik. Besonders bin ich jedoch meinen Kollegen aus der Entstehungszeit des Buches verpflichtet, Jack Plumb, Simon Schama und Quentin Skinner; ihnen sei das Buch gewidmet.

Für die deutsche Ausgabe, in die einige Verbesserungen eingearbeitet werden konnten, danke ich meinen Übersetzerinnen Barbara und Silke Evers sowie ganz besonders Kai Brodersen, der den Text durchgesehen, die Belege vervollständigt, den Anhang verfaßt und die Quellenzitate übersetzt hat.

Michael Crawford
Christ's College, Cambridge
im Sommer 1983

Vorwort zur Neubearbeitung

Die Neubearbeitung nach zehn Jahren bot die Möglichkeit, im Text einige neue Entdeckungen und geänderte Ansichten zu berücksichtigen. Außerdem wurde die Zeittafel neu gefaßt, um zu den einzelnen Kapiteln ein besseres chronologisches Gerüst zu bieten; die Literaturhinweise berücksichtigen verstärkt die im vergangenen Jahrzehnt erschienene Literatur.

In diesen wie in anderen Fällen habe ich aus den freundlichen Hinweisen der Rezensenten gelernt. Freilich konnte ich mich nicht darauf einlassen, die Quellenzitaten zugrundeliegenden Originaltexte in ihrem Sinngehalt willkürlich zu ändern, wie das in mancher Besprechung gefordert wurde. Auch bedauere ich keineswegs, Fragen der Sozial- und Wirtschaftsgeschichte ebenso wie solche der politischen und Institutionengeschichte behandelt zu haben. Ich bin weiterhin der Meinung, daß der Hauptgrund für die Zerstörung der republikanischen Regierungsform in Rom in der Vernachlässigung der legitimen Beschwerden der Bevölkerung seitens der herrschenden Schichten lag, wie ich auch bei der Auffassung bleibe, daß unserer eigenen Welt letztlich allein ein sozialdemokratischer Rahmen die Hoffnung auf ein Überleben bietet.

Daß mir die römische Republik ein so lebendiges und faszinierendes Forschungsgebiet wie je zuvor geblieben ist, verdanke ich großenteils der Freundschaft und der Begeisterung meiner beiden ebenfalls mit der republikanischen Geschichte befaßten Kollegen am University College London, Tim Cornell und John North; ich möchte sie in die obige Widmung dieses Buches mit aufnehmen.

Und erneut danke ich Kai Brodersen für seine sorgfältigen Vorschläge zur Neubearbeitung und für ihre Übertragung.

Michael Crawford
University College
London
im Herbst 1993

1. Die Quellen

Geschichtsschreibung

Ein gewisses Interesse daran, Geschichte niederzuschreiben, zeigten die Römer erst gegen Ende des dritten Jahrhunderts v. Chr. Es entsprang der Erkenntnis, daß Rom ein Teil der zivilisierten Welt war oder zu werden im Begriffe stand – der griechischen nämlich –, und daß es von Staaten umgeben war, die auf jahrhundertealte Traditionen und eine ruhmvolle Geschichte zurückblicken konnten. Eine vergleichbare Tradition aufweisen zu können wurde für Rom notwendig. Q. Fabius Pictor, ein Mitglied der römischen Oberschicht, machte sich daran, in griechischer Sprache eine Geschichte Roms zu schreiben; Cn. Naevius, ein Dichter aus Kampanien, verfaßte auf Lateinisch eine epische Dichtung über den Ersten Punischen Krieg, die eine Fülle von Fakten über die frühe römische Geschichte enthielt; die Familie des L. Cornelius Scipio Barbatus schließlich, der um 280 v. Chr. starb, schmückte dessen Sarkophag mit einer vier Zeilen umfassenden Darstellung seiner Laufbahn, statt sich mit der sonst üblichen ein- bis zweizeiligen Aufzählung seiner Namen und Titel zu begnügen (CIL I^2 7 = Warmington p. 2). All dies entstand im Abstand von wenigen Jahren.

Von diesem Zeitpunkt an gab es zahlreiche Werke römischer Historiker, die uns jedoch nur in Bruchstücken erhalten sind. Daneben existiert eine weitere Überlieferung, nämlich die der griechischen Historiker, die Rom von außen beobachteten. Die römische Überlieferung weist bestimmte vereinheitlichende Züge auf; bevor Fabius Pictor mit der Geschichtsschreibung begann, hatte sie fast ausschließlich zu den Aufgaben der staatlichen Priester gehört. Da diese aber der Aristokratie entstammten und eher Beamte als Priester waren, wurde die Art und Weise der Geschichtsschreibung durch den Aristokraten Pictor nicht wesentlich verändert. Geschichte schrieb man in Rom – zumindest unbewußt – fast ausschließlich aus der Sicht der Aristokratie und beschönigte – oft bewußt – deren Haltung. Sie weist eine starke Tendenz auf, die Probleme der Vergangenheit zu vereinfachen und – besonders in der späten Republik – die Verhältnisse vor dem Umsturz vom rein moralischen Standpunkt aus zu schildern, als hätten schlechte Menschen die heldenhaften Verfechter der *res publica* bekämpft.

Mit der griechischen Geschichtsschreibung verhält es sich wohl nicht so einfach. Nachdem König Pyrrhos von Epeiros im Jahre 275 von Rom besiegt worden war und daraufhin den Versuch einer Reichsgründung im Westen aufgegeben hatte, begann die griechische Welt aufzuhorchen, bevor sich Rom noch der Bedeutung dessen, was es erreicht hatte, bewußt geworden war. Der erste bedeutende griechische Historiker, der sich mit der Geschichte Roms befaßte, war Timaios. In Tauromenion (Taormina) geboren und als junger Mann von König Agathokles von Syrakus in die Verbannung geschickt, verbrachte er den größten Teil seines Lebens, insgesamt wohl 50 Jahre, in Athen; doch blieb sein Interesse an der westlichen Heimat bestehen und veranlaßte ihn, die Geschichte Siziliens und die des Pyrrhos zu schreiben. Für ihn, einen erklärten Gegner göttlicher Ehren für Könige, der von einem Tyrannen in die Verbannung geschickt worden war, muß der damalige Sieg einer Republik über einen hellenistischen König ein willkommenes Thema gewesen sein. Jedenfalls machte sich Timaios an eine eingehende Untersuchung der neuen Macht im Westen. Es ist daher kein Wunder, daß ein Jahrhundert später Polybios, in seinem Bestreben, sich als der größte Historiker Roms zu profilieren, soviel Mühe darauf verwandte, die Glaubwürdigkeit des Timaios zu erschüttern.

Timaios hat über die frühe Geschichte Roms und den Pyrrhischen Krieg berichtet; doch begnügte er sich nicht etwa damit, über die Macht zu schreiben, der Pyrrhos schließlich unterlegen war. Er befragte die Ortsansässigen über die römischen *sacra* in Lavinium, er wußte auch von den merkwürdigen römischen Bräuchen in Zusammenhang mit dem Opfer des Oktoberrosses, und er schilderte die Ursprünge des römischen Geldwesens und der durch den Census gegliederten Stände. Er ging davon aus, daß die Gründung Roms und die Karthagos zur gleichen Zeit erfolgt seien und wußte somit, im Gegensatz zu all seinen griechischen Landsleuten vor ihm, daß zwischen der Ankunft der Trojaner in Italien und der Gründung Roms eine lange Zeitspanne gelegen hatte.

Timaios erlebte nur noch den ersten folgenschweren Zusammenstoß Roms mit einem griechischen Staat. Ein Jahrhundert später berichtete Polybios aus Megalopolis nicht nur vom Sieg Roms über Karthago im Ersten und Zweiten Punischen Krieg;

er schilderte auch, wie Rom einen griechischen Staat nach dem andern besiegte und schließlich zur führenden Macht im Mittelmeerraum wurde. Im Gegensatz zu Timaios war Polybios aktiv politisch tätig: Als junger Mann hatte er sich für die Politik des Achaiischen Bundes engagiert, der im frühen zweiten Jahrhundert v. Chr. mit Rom verbündet war, dessen Hauptstadt Korinth jedoch im Jahre 146 von den Römern geplündert wurde. Polybios, der im Jahre 167 von Rom als Geisel genommen wurde, da sein politischer (prorömischer) Standpunkt zweifelhaft war, billigte insgesamt den Sieg der Römer von 146. Er hatte jedenfalls enge Freunde unter den Mitgliedern der römischen Aristokratie, und seine Darstellung Roms kann kaum als die eines reinen Außenseiters bezeichnet werden (s. S. 85).

Der letzte große griechische Historiker, der über Rom schrieb, war Poseidonios. Als Zeitgenosse und Freund vieler großer Männer der späten Republik schrieb er – neben zahlreichen Werken über Philosophie, Naturwissenschaften und Geographie – eine Geschichte Roms; dabei fuhr er dort fort, wo Polybios geendet hatte, nämlich bei der Zerstörung von Karthago und Korinth im Jahre 146 v. Chr. Er bewunderte zwar die traditionellen Wertvorstellungen Roms und verachtete dessen Feinde im griechischen Osten, beschrieb aber dennoch ausführlich die innerrömischen Spannungen und kritisierte Roms oft erbärmlich ungeschicktes Vorgehen bei der Regierung der Provinzen.

Von all den Historikern, die vor Caesars Tod über Rom geschrieben haben, ist uns kein einziges Werk vollständig überliefert. Am besten sind noch die Werke des Polybios erhalten; von den Aufzeichnungen anderer griechischer und sämtlicher römischer Historiker dagegen sind uns nur wenige Bruchstücke geblieben, zumeist in Form von Zitaten späterer Autoren, häufig von Grammatikern, deren Interesse in erster Linie seltenen Wortformen galt. Zwei Männern jedoch, die unter dem Prinzipat des Augustus schrieben, dienten diese Werke mehr oder minder unmittelbar als Grundlage ihrer historischen Schriften: dem Griechen Dionysios aus Halikarnassos (heute Bodrum) und dem Römer T. Livius aus Patavium (Padua). Die *Römische Geschichte* des Dionysios behandelt die Zeit bis zum Beginn des Ersten Punischen Krieges; sie ist uns bis zum Jahre 444/43 vollständig und danach in Auszügen erhalten. Livius' Geschichte *Ab urbe condita* (Seit Gründung der Stadt) hat die Zeit bis zur Niederlage des Varus in Germanien im Jahre 9 n. Chr. zum

Inhalt. Sie ist bis zum Jahre 293 (Bücher 1–10) und für die Jahre 218–167 (Bücher 21–45) vollständig erhalten. Den Rest kennen wir aus Zusammenfassungen, die für ein literarisch nur wenig interessiertes Publikum im spätrömischen Reich geschrieben waren, ferner aus Werken späterer Historiker und Sammler von *exempla*, also von moralischen Geschichten, und schließlich auch aus einzelnen längeren Zitaten.

Neben den Schriften früherer griechischer und römischer Historiker nahmen Dionysios und Livius auch offizielle römische Aufzeichnungen in ihre Werke auf. Obwohl die Römer bis zum Ende des dritten Jahrhunderts v. Chr. kein Interesse an ihrer Geschichte zeigten, hatten sie doch seit Beginn der Republik Aufzeichnungen verfaßt, die der Geschichtsschreibung später als Gerüst dienen konnten, und hatten auch bestimmte Dokumente von öffentlichem Interesse aufbewahrt.

Offenbar wurden die Chroniken, *Annales Maximi* genannt, Jahr für Jahr vom Pontifex Maximus, dem Oberhaupt des bedeutendsten römischen Priesterkollegiums, erstellt und an seinem Hause angeschlagen. Über ihren Inhalt ist wenig bekannt; zweifellos enthielten sie die Namen der jährlich ernannten Beamten und kurze Angaben über Vorkommnisse von religiöser Bedeutung, wie etwa Sonnenfinsternisse, sowie über wichtige Ereignisse wie z. B. größere Kriege. Nachdem sie angeschlagen worden waren, wurden sie sicherlich redigiert und standen in dieser Form offenbar lange Zeit – zumindest den Angehörigen der Aristokratie – zur Einsicht zur Verfügung; irgendwann wurde die ganze Sammlung überarbeitet und veröffentlicht. Der jährliche Anschlag der *Annales Maximi* wurde erst von P. Mucius Scaevola abgeschafft, der im Jahre 130 v. Chr. das Amt des Pontifex Maximus bekleidete. Vermutlich wurden sie deshalb nicht mehr angeschlagen, weil inzwischen in Rom eine eher literarische Form der Geschichtsschreibung aufgekommen war und die Veröffentlichung der *Annales Maximi* immer weniger Anklang fand; jedenfalls machten die Historiker der späten Republik und ihre Nachfolger kaum Gebrauch davon.

Wichtiger für uns ist, daß bedeutende Dokumente erhalten sind. Einige wurden schon von Polybios ausgewertet, insbesondere die frühen Verträge zwischen Rom und Karthago. Eine größere Anzahl solcher Urkunden sind uns durch Livius überliefert: vom Senatsbeschluß zur Abschaffung des Bacchuskultes im frühen zweiten Jahrhundert v. Chr. über Bestandsaufnahmen der Kriegsbeute, die siegreiche römische Generäle in die

Schatzkammer eingebracht hatten, bis hin zu Berichten der Schatzkammer über die Bautätigkeit. Der Senatsbeschluß über den Bacchuskult liegt auch auf einer zeitgenössischen Inschrift (CIL I² 581) vor, die die Genauigkeit der von Livius (39, 8–19) überlieferten Version bezeugt. Ein Zeichen für die römische Ehrfurcht vor religiöser Tradition sind die sorgfältigen Berichte über Tempelgründungen; das historische Bild, das uns diese Eintragungen vermitteln – etwa die Wiederentdeckung der griechischen Welt durch Rom um das Jahr 300 oder die Übernahme griechischer Formen der Siegesfeier –, deckt sich oft in auffälliger Weise mit archäologischen Berichten.

Historische Verformungen

Allerdings ist die historische Überlieferung durch Dionysios und Livius häufig stark deformiert. Das hat zwei Hauptursachen: Erstens befaßten sich die frühen Geschichtsschreiber, ob Griechen oder Römer, nur mit der jüngsten und mit der ältesten Geschichte; späteren Historikern, die sich, von einem Gefühl des *horror vacui* erfaßt, daran machten, diese Lücke zu füllen, dienten nur die sparsamen Angaben der *Annales Maximi* in ihrer unbearbeiteten und unveröffentlichten Form als Grundlage. Was sie schrieben, mag von gescheiten Mutmaßungen bis zur patriotischen Fiktion reichen: mit Geschichtsschreibung hat es nichts zu tun.

Zweitens – und dieser Grund wiegt schwerer – konnten nur wenige römische Geschichtsschreiber der Versuchung widerstehen, ihrer eigenen Familie in der Geschichte der Republik eine besonders glanzvolle Rolle zuzuweisen. Wie wir sehen werden, wurde Rom von den Mitgliedern einer Aristokratie regiert, zu deren Hauptanliegen es gehörte, sich gegenseitig zu übertrumpfen. Diese Wettbewerbsmentalität macht sich bereits bemerkbar in der Grabschrift des L. Cornelius Scipio, Sohn des (S. 13) genannten Scipio Barbatus, die etwa um das Jahr 230 in altertümelndem Latein verfaßt wurde: *honc oino ploirume consentiont R[omane] duonoro optumo fuise viro* – »die meisten Römer stimmen darin überein, daß dieser eine Mann der Beste unter den Guten war« (CIL I² 9 = Warmington p. 4). Die Wirkung dieser Mentalität auf die Geschichtsschreibung wird von Cicero anschaulich geschildert:

Die Lobreden auf Verstorbene bleiben erhalten: Die Familien selbst pflegen sie zu hüten, als Ehrenurkunden, sei es zum Gebrauch, falls jemand aus der Sippe sterben sollte, sei es zur Erinnerung an die Ruhmestaten ihres Hauses, sei es zur Verherrlichung ihrer vornehmen Abstammung. Doch durch diese Lobreden ist unsere Geschichtsschreibung verfälscht worden. Vieles findet sich da niedergeschrieben, was nie geschehen ist: unrichtige Triumphfeiern, zusätzliche Konsulate, ja sogar falsche Genealogien und Ansprüche auf den Patrizier-Status, indem eben Männer von niedrigerer Abstammung sich in ein fremdes Geschlecht desselben *nomen* eindrängen, etwa als ob ich mich für einen Nachkommen des Manius Tullius erklären wollte, der als Patrizier zusammen mit Servius Sulpicius zehn Jahre nach Vertreibung der Könige Konsul war. (Cicero, Brutus 62)

Die Bestattungen, bei denen solche Reden gehalten wurden, schildert Polybios aus eigener Anschauung:

Wenn in Rom ein angesehener Mann stirbt, wird er im Leichenzug in seinem ganzen Schmuck nach dem Markt zu den sogenannten *rostra* (der Rednertribüne) gebracht; dabei ist der Leichnam meist aufrecht gestellt, so daß ihn alle sehen können, liegend getragen wird er nur selten. Während das ganze Volk ringsherum steht, betritt entweder, wenn ein erwachsener Sohn vorhanden und anwesend ist, dieser, sonst ein anderer aus dem Geschlecht die Rednertribüne und hält eine Rede über die Tugenden des Verstorbenen und über die Taten, die er während seines Lebens vollbracht hat ... Wenn sie den Toten dann begraben und ihm die letzten Ehren erwiesen haben, stellen sie das Bild des Verstorbenen an der Stelle des Hauses, wo es am besten zu sehen ist, in einem hölzernen Schrein auf. Das Bild ist eine erstaunlich lebensnahe Maske, die die Form des Gesichts und seine Züge wiedergibt. Diese Schreine öffnen sie bei den großen Festen und schmücken die Bilder, so schön sie können. Und wenn ein angesehenes Glied der Familie stirbt, bringen sie sie im Trauerzug mit und setzen sie Personen auf, die an Größe und Gestalt den Verstorbenen möglichst ähnlich sind ... Wenn nun der Redner über den, den sie zu Grabe tragen, gesprochen hat, geht er zu den anderen über, die da auf den *rostra* versammelt sind, und berichtet, mit dem Ältesten beginnend, von den Erfolgen und Taten eines jeden (dessen Maske gezeigt wird). (Polybios 6, 53, 1–54, 1)

Selbst für Ereignisse der jüngeren Vergangenheit stellten sich solche Probleme: Livius sagt einmal (27, 27, 12ff.), die Geschichte vom Tod des M. Marcellus im Jahre 208 (zu einer Zeit also, die gar nicht so weit zurücklag) zu schreiben werde erschwert durch die Version, die der Sohn des Verstorbenen in seiner Grabrede davon gab. Ähnlich waren in einer der Quellen des Livius die Namen der Konsuln der Jahre 307 und 306 nicht genannt, entweder aus Versehen, oder, wie Livius zu verstehen gibt, weil der Autor sie für erfunden hielt. Auch beklagt Livius die Unmöglichkeit, die Wahrheit über einen Diktator aus dem Jahre 322 herauszufinden, weil die biographischen Daten durch die Grabreden verfälscht worden seien.

Dionysios und Livius waren letztlich großenteils auf die Berichte von Historikern angewiesen, die die Ereignisse, die sie beschrieben, noch selbst erlebt hatten oder ihnen zumindest zeitlich nahestanden. Wenn man bedenkt, daß diese Historiker sich von ihrem Familienstolz dazu verleiten ließen, die Geschichte zu verfälschen, so wird einem bewußt, welch gewagtes Unterfangen jeder Versuch bedeutet, mit Hilfe des noch vorhandenen, eher lückenhaften Quellenmaterials die geschichtlichen Tatsachen zu rekonstruieren, und seien es auch nur die der mittleren Republik vom vierten bis zum zweiten Jahrhundert v. Chr.

Doch trotz aller gebotenen Vorsicht sind die gewiß meist mündlichen Überlieferungen der Familiengeschichte nicht vollkommen wertlos. In einer modernen, gebildeten Gesellschaft spiegeln mündliche Überlieferungen, die über eine Generation hinausgehen, das wider, was in Büchern gelesen wurde; doch im frühen Rom hatten solche Überlieferungen, die ja in den *imagines* der Vorfahren ihren Ursprung hatten, wohl einen höheren Wahrheitsgehalt. Grabreden sind möglicherweise schon relativ früh niedergeschrieben worden; in Ciceros *De senectute* (21 und 61) betont Cato (s. S. 97ff.) ausdrücklich, der Anblick von Grabstätten längst verstorbener Männer diene dazu, die Erinnerung an ihre Taten wachzuhalten, und zitiert die Grabinschrift eines Mannes, der in den Jahren 258 und 254 Konsul war. Dazu kommt noch etwas anderes: Livius' Vorstellung von der frühen Republik war zwar ein Phantasiebild, doch deckte sie sich – zumindest in den Grundzügen – mit der seiner Zeitgenossen und Vorläufer. Und das ist ein äußerst wichtiger Umstand, wenn man eine Gesellschaft verstehen will, die, wie die römische, so sehr dazu neigte, sich mit ihrer Vergangenheit zu identifizieren.

Ein Problem anderer Art stellt sich in Verbindung mit Livius' Bericht über den Zweiten Punischen Krieg und das frühe zweite Jahrhundert v. Chr. Als Quellenmaterial dienten ihm hier das Werk des Polybios – wenn es sich um griechische Belange handelte – und im übrigen das früherer römischer Geschichtsschreiber, die ihrerseits auf offizielle Chroniken und zeitgenössische Autoren angewiesen waren. Die Folge ist ein chronologischer Bericht von größter Genauigkeit und ein besonders gemäßigter Stil, der bei der Schilderung der folgenden Zeitabschnitte nie mehr zu finden ist. Die Erzählweise zeichnet sich durch eine Sicherheit und eine Regelmäßigkeit aus, von denen im Quellenmaterial über die späte Republik nichts zu spüren ist. Es ist eine interessante Frage, inwieweit sich hier der auffällige Unterschied zwischen der mittleren und der späten Republik auf die unterschiedliche Beschaffenheit des Quellenmaterials zurückführen läßt.

Spätere Historiker

Vier in unserem Zusammenhang weniger bedeutende griechisch schreibende Autoren stellen uns vor ähnliche Probleme wie Dionysios und Livius und sollen hier kurz erwähnt werden. Diodoros von Sizilien verfaßte gegen Ende des ersten Jahrhunderts v. Chr. eine Universalgeschichte, die von den frühesten Anfängen bis zu seiner Zeit reichte. Über den Zeitraum, der uns interessiert, ist uns sein Werk zwar nur in Auszügen erhalten, es besitzt jedoch einen großen Vorteil: Dadurch, daß Diodor jeweils nur eine Quelle wörtlich oder sinngemäß wiedergab, hat er uns viel brauchbares Material erhalten. Die übrigen drei Geschichtsschreiber lebten alle im zweiten und frühen dritten Jahrhundert n. Chr., zu einer Zeit also, da die griechische Literatur eine Neubelebung erfuhr.

Appian, im ägyptischen Alexandreia geboren, verfaßte eine Reihe von Büchern (die uns größtenteils erhalten blieben) über die Kriege, die Rom während der Zeit der Republik führte. Wie Diodor spiegelt auch Appian meist gewissenhaft seine jeweiligen Quellen wider; die Naivität seiner eigenen Kommentare läßt den Verwaltungsapparat des Römischen Reiches, zu dessen Mitgliedern er zählte, in einem merkwürdigen Licht erscheinen. Da Appian nicht nur über Roms Kriege mit fremden Mächten, sondern auch über die Bürgerkriege berichtete, kam eine fortlaufende Geschichte des letzten Jahrhunderts der römischen Republik vom Jahre 133 bis zum Jahre 35 zustande. Darüber hinaus enthält das erste Buch der *Emphylia* (Bürgerkriege) die einzige brauchbare erhaltene Agrargeschichte Italiens.

Plutarch aus dem griechischen Chaironeia gehörte der dortigen Oberschicht an und war ein belesener und produktiver

Autor. Unter seinen Schriften findet sich eine Reihe vergleichender Lebensbeschreibungen berühmter Griechen und Römer, in denen mit gleicher Lebendigkeit halb legendenhafte Gestalten wie Romulus und historische Persönlichkeiten wie Julius Caesar dargestellt werden. Was die Glaubwürdigkeit dieser Porträts angeht, so müssen wir auf das gute Gedächtnis Plutarchs und auf die Zuverlässigkeit seines Quellenmaterials vertrauen.

(Cassius) Dio aus Nikaia in Kleinasien schließlich war um die Wende vom zweiten zum dritten Jahrhundert n. Chr. Mitglied des römischen Senats und ein scharfsinniger und origineller Beobachter seiner Zeit. Seine Darstellung der mittleren Republik existiert heute nur noch in einer verkürzten byzantinischen Version und in Auszügen; doch begegnet uns hier stellenweise eine Überlieferung, wie sie in dieser Form nirgends mehr zu finden ist. Dios Bericht über die letzte Generation der römischen Republik nach dem Jahre 69 ist fast vollständig erhalten und von enormem Wert.

Zeitgenössische Quellen

Zum Glück steht uns neben der historischen Überlieferung noch anderes Material zur Verfügung. Zunächst haben wir zahlreiche zeitgenössische Zeugnisse verschiedener Art, die unbeeinflußt und unverfälscht sind, z.B. öffentliche und private Inschriften, Werke der nicht-historischen Literatur, archäologische Funde und Münzen. Auch wo es nicht um die frühe römische Geschichte geht, ist archäologisches Beweismaterial von besonderer Bedeutung, da es uns die Möglichkeit gibt, weit mehr über das nicht-römische Italien zu erfahren, als den literarischen Quellen zu entnehmen ist. Hinzu kommt, daß die Entwicklung der römischen Kunst unter der Auftraggeberschaft der Aristokratie parallel zur Geschichte der Republik verlief. Die Prägung der republikanischen Münzen wurde jungen Männern anvertraut, die am Anfang ihrer politischen Laufbahn standen; ihre Wahl der Darstellungen spiegelte häufig das Prestigebedürfnis ihrer Familien und ihre persönlichen Ambitionen wider. Darüber hinaus wurde der Bereich, innerhalb dessen römische Münzen im Umlauf waren, immer größer, bis diese schließlich zur Währung eines Weltreichs wurden.

Zu den Zeugnissen außerhalb der Geschichtsschreibung zählen auch zwanzig Komödien von Plautus, die um die Wende vom dritten zum zweiten Jahrhundert v. Chr. entstanden. Sie vermitteln ein äußerst lebendiges Bild von der römischen Gesellschaft und ihren Institutionen. Und die Gedichte des Lucilius, so bruchstückhaft sie auch erhalten sind, skizzieren mit satirischer Bosheit die Aristokratie des späten zweiten Jahrhunderts v. Chr. Vom Jahre 200 an wurden die Beziehungen Roms zur griechischen Welt immer intensiver. Das hatte zahlreiche Senatsbeschlüsse und amtliche römische Schreiben zur Folge, die von den Gemeinden, für die sie bestimmt waren, gewissenhaft auf Stein geschrieben wurden. Gegen Ende der Republik nimmt die Zahl der Volksbeschlüsse, amtlichen Erlasse und Verträge zu, die uns, in Stein oder Bronze geschrieben, erhalten sind.

Noch ein weiterer Umstand dient uns bei der Ergänzung des historischen Quellenmaterials als Hilfe: Die Römer waren in mancher Hinsicht ein äußerst konservatives Volk, das bestimmte Institutionen – vor allem religiöser Art – selbst dann noch aufrechterhielt, wenn sie keinerlei Funktion mehr erfüllten. Gerade im ersten vorchristlichen Jahrhundert erregten solche Einrichtungen lebhaftes Interesse, und Altertumsforscher wie Varro hatten die Aufgabe, wichtige Zeugnisse dieser Art zur römischen Geschichte schriftlich festzuhalten und zu erklären. Solche kulturhistorischen Aufzeichnungen spielen z. B. eine wichtige Rolle, wenn man die Geschichte der römischen Volksversammlungen nachvollziehen will. Als weiteres Hilfsmittel schließlich kann uns gelegentlich die Sprache Aufschluß geben über die Frühzeit der römischen Geschichte.

Die Zeit Ciceros

Die Informationen, die uns über die letzten hundert Jahre der Republik vorliegen, sind nicht nur bedeutend zahlreicher, sondern auch von ganz anderer Art. Das umfangreiche Werk Ciceros dokumentiert nicht nur zahlreiche Aspekte seiner eigenen Schaffensperiode – etwa von den achtziger Jahren an –, es enthält auch viel Wissenswertes über die zwei Generationen vor ihm. Sallust, ein aufstrebender Politiker der späten Republik, schrieb, als er sich nach dem Tode Caesars zur Ruhe gesetzt hatte, zwei bis heute erhaltene Monographien über eine Vergangenheit, die für ihn noch nicht allzu weit zurücklag und über die noch genügend Material zur Verfügung stand. Sie handeln von der Verschwörung Catilinas und vom Jugurthinischen Krieg. Auch verfaßte er ein Werk über die Zeit von der Herrschaft Sullas bis zum Jahre 70, das wir jedoch nur noch in Bruchstücken besitzen. Appian schließlich stützt sich im ersten seiner Bücher über die Bürgerkriege auf Schriften aus der späten Zeit der Republik, die von manchen dem C. Asinius Pollio, einem Freund des Augustus, zugeschrieben werden. Jedenfalls widmete dieser Schriftsteller sozialen und wirtschaftlichen Fragen eine Aufmerksamkeit, die für das Altertum ungewöhnlich war.

Varianten der Tradition

Noch eine Bemerkung zum Schluß: Die Geschichte der mittleren Republik, wie sie uns in der römischen Überlieferung dargestellt wird, wirkt trotz ihres unterschiedlichen Quellenmaterials erstaunlich einheitlich. Das schriftliche Material enthält nur vereinzelt Varianten, wie etwa die Behauptung, Remus sei nicht von Romulus getötet worden oder Rom habe sich dem Lars Porsenna aus Clusium ergeben, oder auch, das Kapitol sei von den Galliern eingenommen worden. Die Grabinschrift des Scipio Barbatus aus dem späten dritten Jahrhundert spricht von Feldzügen, die nicht in der literarischen Überlieferung genannt sind; eine Grabmalerei auf dem Esquilinischen Hügel (Abb. 1), die etwa zur gleichen Zeit entstanden sein dürfte, berichtet von einem Ereignis, das in den historischen Schriften nicht auftaucht; und auf manchen Münzen sind Familienereignisse dargestellt, die in die allgemeine Überlieferung keinen Eingang gefunden haben.

In einem Fall stimmt das schriftliche mit dem archäologischen Material überein: Eine Version über die frühe römische Geschichte, die von Kaiser Claudius in etruskischen Quellen wiederentdeckt worden war, wurde durch Gemälde im Françoisgrab in Vulci bestätigt. Die Version, die Claudius kannte, und die Malereien handeln beide von dem Abenteuer des Mastarna, wie Servius Tullius, der sechste König von Rom, von den Etruskern genannt wurde. Dieser Fall mag deutlich machen, welch schwerwiegenden Verlust das Verschwinden der nicht-römi-

Abb. 1: Gemälde im Fabiergrab auf dem Esquilin
Das erste Feld ist zerstört; auf dem zweiten ist eine friedliche Begegnung außerhalb von Stadtmauern dargestellt, auf dem dritten eine (fragmentarische) Kampfszene sowie eine friedliche Begegnung zwischen einem M. Fannius und einem Q. Fabius; auf dem vierten Feld wiederum eine Kampfszene. Der historische Kontext für die Darstellung dürften die Samnitenkriege sein.

schen Überlieferung für unsere Kenntnis der römischen Republik bedeutet. Durch vereinzelte Hinweise wissen wir, daß es neben der etruskischen auch eine kampanische und selbst eine mamertinische (s. S. 60) Geschichte gab und zahlreiche lokale Überlieferungen, auf die Cato (s. S. 97ff.), als er im zweiten Jahrhundert v. Chr. sein Geschichtswerk schrieb, noch zurückgreifen konnte. Doch sind diese Überlieferungen, mit Ausnahme weniger Bruchstücke, verlorengegangen, und unsere Quellen sind fast ausnahmslos aus römischer Sicht geschrieben. Doch wenn man die Geschichte der römischen Republik schreibt, darf man nicht vergessen, daß es sich nicht nur um die Geschichte Roms, sondern auch um die Italiens handelt.

2. Italien und Rom

Als Hannibal im Jahre 218 v. Chr. in Italien einfiel, stand die gesamte Halbinsel unter römischer Herrschaft mit Ausnahme der Po-Ebene, die von Galliern bewohnt war und von den Römern als Gallia Cisalpina bezeichnet wurde. Bereits um 280, als Pyrrhos von Epeiros aus in Italien eindrang, war diese Entwicklung großenteils abgeschlossen. Viele der entscheidenden Schritte waren in den Jahren unmittelbar nach 338 unternommen worden, also nach dem Ende des letzten Krieges zwischen Rom und seinen unmittelbaren Nachbarn, den anderen latinischen Städten.

Nicht-römische Völker Italiens

Bevor wir uns dem Prozeß der Vereinigung Italiens und dem Wesen der römischen Institutionen zuwenden, sollten wir einen Überblick gewinnen über die verschiedenen Elemente dieses bunt gemischten Gebildes, das wir als das römische Italien bezeichnen; und zwar nicht nur deshalb, weil jedes dieser Elemente Rom zu einer Zeit beeinflußt hat, als es noch ein kleiner Stadtstaat war, sondern auch, weil all diese Einzelelemente die endgültige Form dieses Reiches unmittelbar mitgeprägt haben.

Aus diesen Gründen, aber auch wegen der besonderen Beschaffenheit bestimmter römischer Institutionen, wäre die Entwicklung anders verlaufen, wenn eine andere Macht Italien unter sich vereinigt hätte. Dennoch wäre es wohl eine Übertragung modernen Wunschdenkens auf die Welt der Antike, wenn man behaupten wollte, eine Vereinigung Italiens z. B. unter den Samniten hätte eher zu einem Zusammenschluß Gleichberechtigter geführt als zur Entwicklung einer Vorherrschaft.

Drei Volksgruppen spielen hier vor allem eine Rolle: Einmal die Bewohner des mittelitalischen Hochlandes, die in kultureller Hinsicht den Römern ebenbürtig oder auch unterlegen, jedoch ethnisch mit ihnen verwandt waren, und deren zahlreiche Sprachen dem Lateinischen nahestanden; ferner die Griechen aus den süditalischen Kolonien und die Etrusker, die beide auf einer höheren Kulturstufe standen als die Römer, ethnisch und sprachlich aber mehr oder weniger Fremde waren. Die Gallier aus der Po-Ebene, die, was ihre kulturelle Entwicklung betraf, nicht weiter fortgeschritten waren als die Römer und in Herkunft und Sprache ihnen nicht verwandt, wurden schließlich ausgerottet und ihre Kultur zerstört.

Noch aus einem weiteren Grund sollten wir uns eingehender mit den nicht-römischen Völkern Italiens befassen. Durch die Etrusker und in stärkerem Maße noch durch die Griechen des Südens, die ja beide mit anderen Teilen des Mittelmeerraums in Verbindung standen, wurden der expandierenden Republik neue Wege in diese Welt eröffnet.

Samniten

Der Überlieferung nach stellten sich die Völker des mittelitalischen Hochlandes der Ausbreitung der römischen Herrscher erbittert und nicht selten erfolgreich in den Weg. Doch berichtet Florus (1, 11, 8), der die Ereignisse ganz aus der Sicht Roms wiedergibt, der mächtige Stamm der Samniten sei vierundzwanzigmal von den Römern geschlagen worden. Die Samniten lebten, wie jüngste archäologische Arbeiten zeigen, in befestigten Gehöften und bauten Getreide, Oliven und Wein an. Denn obwohl der Apennin hoch und relativ schwer zugänglich ist, finden sich dort zahlreiche Gebiete mit gutem Ackerboden. Die Samniten besaßen wenige Rinder, dagegen viele Schweine und große Schaf- und Ziegenherden, die vermutlich abwechselnd auf den Sommerweiden und auf den Winterweiden in der Nähe der Gehöfte gehalten wurden (eine Wirtschaftsform, die als Weidewechsel oder Transhumanz bezeichnet wird). Schafe und Ziegen lieferten Milch für die Käseherstellung, Wolle und Molke für die Schweinemast sowie Fleisch. Die symbiotische Beziehung zwischen Tal- und Bergbewohnern, bedingt durch die Transhumanz, war offensichtlich im Apennin weit verbreitet und führte letztlich überall zur Entwicklung der gleichen Wirtschaftsform.

Die Völker des mittelitalischen Hochlandes verließen ihre Hügel, zunächst um Raubzüge zu unternehmen, schließlich aber in ernsterer Absicht: Es zog sie zu den fruchtbaren Ebenen Kampaniens, ebenso wie es die Volsker weiter nördlich zu den Ebenen Latiums zog. Im Jahre 423 fiel die etruskische Stadt

Capua (s. S. 29), 421 die griechische Stadt Cumae, wo jedoch ein Teil der griechischen Bevölkerung überlebte. Neapolis (Neapel) blieb die einzige griechische Stadt in Kampanien, obwohl auch sie allmählich überfremdet wurde. Auch die griechischen Städte des Südens wurden von den Stämmen aus dem Hinterland bedrängt. Am Ende wurden die Hügel von den Ebenen aus erobert; doch dieser Ausgang war um die Wende vom fünften zum vierten Jahrhundert noch keineswegs vorauszusehen.

Griechen

Von der Geschichte der drei Völkergruppen, von denen hier die Rede sein soll, ist uns die der Griechen im allgemeinen am leichtesten zugänglich. Verschiedene Griechenstädte hatten eine Kette selbstverwalteter Siedlungen entlang der Küste Italiens und Siziliens gegründet, deren erste gegen 775 auf Pithekussai (Ischia) entstand; die früheste dieser »Kolonien« (wie sie recht unzutreffend bezeichnet wurden) sollte mit größter Wahrscheinlichkeit als Niederlassung für den Handel mit Etrurien dienen. Dessen eigene Gründung hingegen, Cumae, auf dem gegenüberliegenden Festland, war eine landwirtschaftliche Gemeinde, wie die Mehrzahl der griechischen Kolonien.

Die griechische Kolonisation, die stets von einer organisierten Gemeinde ausging, bedeutete für die neuen Siedlungen die Übernahme einer entwickelten Gesellschaftsform und Kultur, eines politischen und religiösen Systems sowie der Sprache und des Münzsystems. Die Erfahrungen in den Kolonien und der Kontakt mit der eingeborenen Bevölkerung konnten natürlich auch auf griechischer Seite zu beträchtlichen Veränderungen führen.

Magna Graecia, der Sammelbegriff für die griechischen Städte in Italien und Sizilien, war durchaus ein wichtiger Bestandteil der griechischen Welt, obwohl die Athener vorgaben, vor der großen Expedition im Jahre 415 kaum etwas von der Existenz Siziliens gewußt zu haben. Unter den Teilnehmern an den großen griechischen Wettkämpfen waren auch Männer aus dem Westen, deren Siege vom griechischen Dichter Pindar im fünften vorchristlichen Jahrhundert gepriesen wurden. Im vierten Jahrhundert brach Timoleon von Korinth auf, um Sizilien gegen Karthago zu verteidigen, und eine Reihe griechischer Heerführer versuchte, wie wir sehen werden, Tarent (Taranto) in seinem Kampf gegen die Stämme des Hinterlandes zu unterstützen. Der letzte von ihnen, Pyrrhos von Epeiros, führte einen regelrechten Krieg gegen Rom, das inzwischen zur größten Bedrohung geworden war.

Die Lage einer griechischen Stadt, die von ihren barbarischen Nachbarn überwältigt worden war, wird von Aristoxenos von Tarent, der kurz nach dieser Zeit lebte, am Beispiel von Poseidonia (Paestum) anschaulich geschildert:

Wir verhalten uns wie die Leute von Poseidonia, die am Tyrrhenischen Golf wohnen. Denen geschah es, daß sie – ursprünglich Griechen – völlig »barbarisiert« und somit zu Tuscern wurden: Sie wechselten ihre Sprache und alle anderen Gewohnheiten. Doch ein einziges von den griechischen Festen feiern sie heute noch, sie versammeln sich, rufen sich die alten Worte und Gebräuche ins Gedächtnis und weinen vor einander, bis sie schließlich wieder fortgehen. (Athenaios 14 p. 632 a–b)

Die meisten Städte Italiens wurden von barbarischen Stämmen oder von Rom unterworfen – eine andere Wahl blieb ihnen nicht. Es ist nicht verwunderlich, daß viele sich für Rom entschieden, eine zivilisierte und – in den Augen mancher Griechen dieser Zeit – griechische Stadt. Die Überlebenden der ursprünglichen Bevölkerung von Capua machten im Jahre 343 den Anfang; ihnen folgten die Griechen von Neapolis (Neapel) im Jahre 326.

Etrusker

Die Andersartigkeit und Besonderheit der Etrusker war schon im Altertum bekannt. Ein einzigartiges Merkmal ihrer Religion bestand darin, daß sie sich auf heilige Schriften gründete, die ihrer Überzeugung nach übernatürlichen Ursprungs waren. Auch rühmten sie sich der Fähigkeit, den Willen der Götter durch eine Vielzahl von Wahrsagetechniken erforschen zu können. Darüber hinaus war die etruskische Gesellschaft durch den relativ hohen Status der Frau gekennzeichnet – zumindest in den oberen Schichten – und durch die tiefe Kluft zwischen der herrschenden Schicht und der Masse der Leibeigenen.

Die etruskische Kultur, die aus der mittelitalischen Villanova-Kultur hervorging, war vom achten vorchristlichen Jahrhundert an außerordentlich empfänglich für fremde Einflüsse und integrierte sie mit großem Geschick in die eigene Lebensform. Das meiste übernahmen die Etrusker wohl von den Griechen, deren kunstvolle Töpferwaren sie in großen Mengen im Austausch gegen Metall importierten. Der Ursprung ihrer Sprache liegt im dunkeln.

Gegen Ende des achten Jahrhunderts bewohnten sie das Gebiet zwischen Arno, Apennin, Tiber und Meer; während des sechsten und fünften Jahrhunderts gründeten sie – vermutlich von der Küste ausgehend – ein Reich in Kampanien und besetzten schließlich Capua, laut Cato im Jahre 470; ein weiteres Reich schufen sie sich während des fünften und vierten Jahrhunderts in der Po-Ebene. Dieser Expansionsprozeß führte unter anderem dazu, daß in Rom eine Zeitlang etruskische Heerführer als Könige regierten. Allerdings war der Expansionsprozeß nicht etwa eine gemeinsame nationale Bewegung, sondern spiegelte die Uneinigkeit Etruriens und seine Teilung in unabhängige Stadtstaaten wider.

Die Etrusker machten Rom früh mit bestimmten Formen der griechischen Kultur und vermutlich auch mit einigen ihrer Amtsinsignien bekannt:

Mit dieser Antwort gingen die (etruskischen) Gesandten fort und kamen in wenigen Tagen wieder, aber nicht bloß mit leeren Worten, sondern mit den Amtsinsignien, womit sie selbst ihre Könige auszeichneten: Eine goldene Krone, ein elfenbeinerner Thron, ein Zepter mit einem Adler oben auf der Spitze, ein purpurnes goldverbrämtes Gewand und ein purpurner Mantel, wie ihn die Lyder- und Perserkönige tragen, nur daß er nicht viereckig, sondern halbrund war.
Diese Art Kleidung nennen die Römer Toga, die Griechen aber Tebenna – woher, weiß ich nicht; denn griechisch scheint mir die Benennung nicht zu sein.
Auch brachten die Gesandten, wie einige berichten, zwölf Beile, von jeder Stadt eines. Denn es scheint Sitte bei den Tyrrhenern (Etruskern), daß in jeder Stadt ein *lictor* dem Könige zugleich mit den *fasces* (Rutenbündel) ein Beil vortrage, daß aber, wenn die zwölf Städte einen gemeinschaftlichen Feldzug unternehmen, dem gemeinsamen Oberbefehlshaber zwölf Beile übergeben werden.

(Dionysios von Halikarnassos 3, 61)

Wichtiger noch ist, daß die kapitolinische Trias, bestehend aus Iuppiter, Iuno und Minerva, etruskischen Ursprungs ist; dagegen scheint heute festzustehen, daß das System der römischen Namengebung mit dem persönlichen Namen (wie z.B. Marcus), dem Namen der *gens*, also der ganzen Sippe (wie Tullius) und dem *cognomen* oder Familiennamen (wie Cicero) eher italischen als etruskischen Ursprungs ist.

Das Reich der Etrusker in Kampanien wurde von den Samniten zerstört (s. S. 26f.), das in der Po-Ebene von den Galliern. Etrurien selbst geriet nach und nach unter römische Hoheit, was durch die Brüchigkeit der etruskischen Sozialstruktur erleichtert wurde; die unteren Schichten werden in Zusammenhang mit einem Feldzug vom Jahre 480 von Dionysios von Halikarnassos (2, 9, 2) als *penestai* bezeichnet: So wurden auch die Sklaven im griechischen Thessalien genannt. Als Gegenleistung für die Unterstützung gegen die niederen Schichten akzeptierte die herrschende Schicht nur allzu bereitwillig die römische Oberherrschaft, wie im Jahre 302 in Arretium und 264 in Volsinii. Nach diesem Verfahren sollte Rom in Zukunft noch öfter vorgehen.

3. Die römischen Führungsschichten

Bis zum Jahre 510 wurde Rom von Königen regiert. Es handelte sich zwar um eine gewählte Monarchie, doch spielte es keine unerhebliche Rolle, ob der jeweilige Anwärter von einem früheren König abstammte. Das Amt des *interrex*, desjenigen Mannes, der während eines Interregnums und während der Wahl des Nachfolgers die Macht innehatte, überdauerte das Ende der Monarchie; die Bezeichnung und – im wesentlichen – auch die Funktion blieben unverändert, nämlich während der Übergangszeit zwischen zwei ordnungsgemäß gewählten Gemeindevorstehern das Amt zu führen.

Konsuln

Die Bedeutung des Übergangs vom Königtum zur Regierung durch zwei Beamte mit einjähriger Amtszeit (von den Römern *magistratus* genannt) hat Livius gemäß den Vorstellungen seiner Zeit geschildert; selbst wenn er einige Tatsachen nicht richtig wiedergegeben haben sollte, so sind sie jedenfalls heute nicht mehr anders rekonstruierbar:

Freiheitlich sollte man die neue Verfassung eher deshalb nennen, weil das Amt der Konsuln auf ein Jahr begrenzt wurde und nicht, weil die Gewalt, wie sie der König ausgeübt hatte (und die nun auf die Konsuln übergegangen war), an irgendeiner Stelle geschmälert worden wäre. Alle Rechte, alle Zeichen der Königswürde behielten auch die ersten Konsuln; nur die eine Vorsorge wurde getroffen, daß nicht beide die Rutenbündel bekamen, damit die Furcht vor der Vollzugsgewalt nicht ebenfalls verdoppelt schiene. Zuerst (im ersten Monat) führte Brutus mit Zustimmung seines Kollegen die Rutenbündel ... (Livius 2, 1, 7–8)

Nun standen jedes Jahr zwei Konsuln anstelle eines Königs an der Spitze des Gemeinwesens. Sie wurden von einer Versammlung erwachsener Männer gewählt, die unverändert* blieb, ebenso wie der Rat der Ältesten, der ihnen zur Seite stand. Dies war der Senat, der im allgemeinen aus ehemaligen Magistraten

---
* Zu den verschiedenen Formen der römischen Volksversammlung s. Kap. 17, Exkurs I.

bestand. Die drei Elemente, deren Zusammenwirken das politische System Roms ausmachten, waren im Laufe der Zeit verschiedenen Veränderungen unterworfen; vor allem wurden zahlreiche niedere Beamtenstellen geschaffen (s. S. 83 u. 85); nichts änderte sich am Wesen der republikanischen Regierungsform, der gemeinschaftlichen Regierung von Aristokraten, die freilich in der Praxis vom Willen einer Volksversammlung abhängig war. Die Zugehörigkeit zur Aristokratie war in der Regel erblich; wenn auch im Laufe der Jahrhunderte viele Familien aus ihr verschwanden und neue darin aufgenommen wurden, blieb doch ein fester Kern von mächtigen Familien bestehen.

Es war eine Regierungsform, auf die unsere modernen Vorstellungen von Machtverteilung überhaupt nicht zutreffen. Der einzelne übte sein Amt nur von Zeit zu Zeit aus und – mit einer unwesentlichen Ausnahme (der Diktatur; s. S. 32 und 67) – stets als Mitglied eines Kollegiums von Magistraten mit gleichen Machtbefugnissen. Wer hohes Alter mit Erfahrung und Weisheit verband, konnte allerdings auf die Entscheidungen der herrschenden Kreise stärkeren Einfluß ausüben. So war die Meinung weniger einflußreicher Männer oft ausschlaggebend.

Auf der anderen Seite herrschte innerhalb dieser Elite ein heftiger Konkurrenzkampf, wenn es um das Amt des Konsuls oder das anderer Magistrate bzw. um die Frage ging, wer die größte Erfahrung und damit die geistige Vorherrschaft für sich in Anspruch nehmen konnte. Wenn man bedenkt, in wieviele Kriege Rom verwickelt war, dann kann es nicht verwundern, daß der Erfolg eines Konsuls nicht zuletzt von seinen Siegen auf dem Schlachtfeld und den darauf folgenden Triumphzügen abhängig war (s. S. 58); und wer den anderen an Erfahrung und Weisheit überlegen war, konnte zum *princeps senatus* ernannt werden, zum Führer der beratenden Körperschaft des römischen Staates.

Die Einstellung der Aristokratie zur politischen Entwicklung geht nicht nur aus den Grabinschriften der Scipionen (s. S. 13 u. 17) hervor, sondern auch aus der Aufzeichnung des Sieges von C. Duilius über die Karthager im Jahre 260:

[Als Konsul] befreite [er die Segest]an[er, römische Verbündete, von der karthagischen Belagerung; die karthagischen] Truppen [und ihre] höchsten Befehlshaber vertrieb er [am hellichten Tage] aus ihrem Lager [nach] neun [Tagen; die Stadt] Mace[la] nahm er im Sturm.
Im selben Amtsjahr als Konsul unternahm er erstmals [erfolgreich]

etwas mit einer Flotte zur See; er schuf erstmals Seestreitkräfte und rüstete eine Flotte aus; mit diesen Schiffen besiegte er die ganze punische Flotte, [darunter] sehr große karthagische Verbände im Beisein ihres Befehlshabers [Hannibal] auf hoher See, und er eroberte [einen] Siebenruderer und dreißig [Fünf-] und Dreiruderer ... (es folgt eine Beuteliste) ... [Er schenkte] die Seebeute dem Volk und führte viele freie Karthager (als Gefangene im Triumphzug).

(CIL I² 25 = Warmington p. 128 f.)

Nobilität

Die Geschichte der republikanischen Regierung ist großenteils die Geschichte des Wettkampfs zwischen der Form nach gleichgestellten Männern, der allerdings dort seine Grenzen hatte, wo es um vorrangige Entscheidungen der Gruppe ging. Durch Berichte (ob sie nun wahr oder erfunden waren) über das Schicksal von Männern, die in der frühen Republik versucht hatten, aus der Reihe zu treten, wurde die Idealvorstellung von einer kollektiven Regierungsform, wie sie während der mittleren und späten Republik herrschte, wirkungsvoll untermauert: So heißt es von Sp. Maelius, der Getreide aus seinem eigenen Besitz verteilt hatte, daß man mit Notmaßnahmen die Bedrohung zu bekämpfen suchte, die sein Ehrgeiz darstellte; unter anderem ernannte man einen Diktator sowie einen Reiteroberst als seine Stellvertreter, die sechs Monate im Amt blieben und mehr Macht besaßen als die Konsuln. Oder auch:

Der Reiteroberst Servilius (Ahala) war vom Diktator zu Maelius geschickt worden und sagte: »Der Diktator lädt dich vor.« Als der voller Angst fragte, worum es sich denn handle, und Servilius antwortete, er müsse sich verantworten und von dem Vorwurf reinwaschen, den Minucius vor dem Senat erhoben habe, da zog sich Maelius zuerst in die Schar seiner Anhänger zurück ... ihm folgte jedoch Servilius und erstach ihn. Blutbespritzt und dicht umdrängt von einer Schar junger Patrizier, meldete er dem Diktator, Maelius habe die verdiente Strafe erhalten, weil er, vor das Gericht des Diktators gefordert, den Amtsdiener (der versucht hatte, ihn festzunehmen) zurückgestoßen und die Menge aufgehetzt habe. Darauf sprach der Diktator: »Heil deiner Tapferkeit, C. Servilius, denn du hast der *res publica* die Freiheit gerettet (und sie vor einem Tyrannen bewahrt)!« (Livius 4, 14, 3–7)

Innerhalb des römischen Gemeinwesens war der enge Kreis der Patrizier schon während der Monarchie nach einem Verfahren bestimmt worden, das wir heute nicht mehr rekonstruieren können. Nach dem Sturz der Monarchie hatte dieser Kreis annähernd sämtliche Magistrate und Priesterämter inne; folglich machten die Patrizier zum großen Teil auch den Senat aus. Natürlich waren wohlhabende und ehrgeizige Plebejer-Familien, die von den Regierungsgeschäften ausgeschlossen waren, sehr darauf bedacht, auch in den Senat aufgenommen zu werden. Andererseits versuchten die ärmeren Plebejer, der finanziellen Ausbeutung, der sie unterworfen waren, wenigstens teilweise zu entkommen. Diese beiden kritischen oppositionellen Gruppen taten sich zusammen, um Zugeständnisse zu erzwingen, wie z. B. die Abschaffung des patrizischen Ämtermonopols und die Milderung des strengen Schuldrechts. (Nach diesem Recht konnte ein Bauer, der ein Darlehen – etwa das Saatgut eines reichen Nachbarn – nicht zurückzahlen konnte, zum Sklaven gemacht werden.) Mit der Zeit erreichte die *plebs* die Aufstellung einer eigenen Versammlung und eines eigenen gesetzgebenden Organs, des *concilium plebis* (s. Kap. 17, Exkurs I), sowie eigene Beamte, die Tribunen, deren Hauptaufgabe darin bestand, den Bürger vor der Willkür der Magistrate zu schützen. Irgendwann erhielten sie das entscheidende Recht, gegen jede Handlung eines Magistrats ein Veto einzulegen. Auch waren sie unverletzlich aufgrund eines Schwurs der Plebs, jeden zu töten, der einen Volkstribunen tötete.

Um das Jahr 342 war der Kampf im wesentlichen gewonnen; die Plebejer wurden zum Amt des Konsuls zugelassen; die wichtigste Folge war die Schaffung einer gemischten, aus Patriziern und Plebejern bestehenden Nobilität, deren Kriterium der Konsultitel darstellte; wenn jemand dieses Amt bekleidete, so waren seine Nachkommen für alle Zukunft geadelt. Diese Nobilität war weniger elitär als das Patriziat (obgleich wir nicht vergessen sollten, daß nach der römischen Überlieferung selbst das Patriziat einst eine neue Familie, nämlich die Claudier, in seine Reihen aufnahm). Diese gemischte Nobilität gründete ihre Rechte auf ihre Führungsrolle bei der Eroberung Italiens während der zweiten Hälfte des vierten Jahrhunderts v. Chr. Zum Lohn dafür war viel Land unter den ärmeren Plebejern verteilt worden, die sich daraufhin mit ihrer politischen Lage abgefunden hatten. Doch war damit das Problem des Schuldrechts wohl eher umgangen als gelöst worden.

Aristoteles stellte fest, daß eine Oligarchie, die einig bleibe, nicht gestürzt werden könne. Die kollektive Herrschaft der Aristokratie während der späten Republik löste sich erst im letzten Jahrhundert v. Chr. auf; sie hatte den zunehmenden Mißständen unter der armen Bevölkerung und ihrem wachsenden Groll keine Beachtung geschenkt, und einzelne Mitglieder der Aristokratie hatten von diesen niederen Schichten Unterstützung in ihrem internen Machtkampf verlangt. Dieser hatte inzwischen durch die Ausweitung der römischen Herrschaft im Mittelmeerraum bisher ungekannte Ausmaße angenommen.

consilium

Das wichtigste Merkmal der römischen Regierungsform bestand in der traditionellen Verpflichtung jedes Entscheidungsträgers, keine Maßnahme zu treffen, ohne mehrere Berater hinzuzuziehen. Dieser Grundsatz prägte die gesamte römische Gesellschaft. Die endgültige Entscheidung mochte zwar in der Hand eines einzelnen Mannes liegen, doch war die Verpflichtung, den Rat anderer einzuholen, ehernes Gesetz. So konnte etwa ein *pater familias* seine Familie zum *consilium* versammeln, ein Politiker konnte seine Familie und seine Freunde befragen (der glücklose Brutus beriet sich nach Caesars Ermordung mit seiner Mutter, seiner Halbschwester, seiner Frau und den Freunden Favonius, Cassius und Cicero)*, ein Magistrat in der Provinz mußte die Meinung seiner Umgebung berücksichtigen; der Senat schließlich war das *consilium* der beiden höchsten Magistraten, der Konsuln, und während der späten Republik das *consilium* der ganzen Welt (Cicero, Philippica 4, 14).

Senat

Obwohl seine Machtbefugnisse relativ begrenzt waren, spielte der Senat im römischen Staat eine entscheidende Rolle, indem er sich das alleinige Recht vorbehielt, die Magistrate während ihrer Amtszeit in Rom und Italien zu beraten. Zu den offiziel-

---

* Man könnte sagen, daß die politischen Gruppierungen der späten Republik aus Männern bestanden, die ein führender Politiker regelmäßig zu seinem *consilium* zusammenrief; in den dort geführten Gesprächen bereitete man sich auf Senatssitzungen und Treffen der Versammlung vor. Solche Gruppierungen scharten sich natürlich nicht immer aus Überzeugung, sondern manchmal auch aus Gewohnheit um einen führenden Politiker (s. S. 39).

len Befugnissen des Senats (Polybios 6, 13) gehörten die Kontrolle der Finanzen (die trotz Polybios' Einschränkung absolut war) und der Sicherheit sowie der Verwaltung Italiens und die Beziehungen zum Ausland (eine Ausnahme bildete die tatsächliche Entscheidung über Krieg und Frieden, die vom Volk getroffen wurde); die Kontrolle der Kriegsfinanzen ließ sich der Senat allerdings während der späten Republik aus den Händen nehmen (s. S. 204), was verheerende Folgen haben sollte.

Das Hauptgewicht der beratenden Funktion des Senats lag auf dem Gebiet der Gesetzgebung; wer vorhatte, ein Gesetz zu erlassen, mußte den Rat des Senats einholen. Damit war dieser natürlich auch befugt, bei der Außerkraftsetzung von Gesetzen seinen Einfluß geltend zu machen, was er während der turbulenten Jahre der ausgehenden Republik auszunutzen verstand. Die technischen und ideologischen Grundlagen einer solchen Außerkraftsetzung erläutert Cicero in einem Passus, der sehr bezeichnend ist für die unnachgiebige Haltung eines Teils der römischen Frühgeschichte:

Marcus Cicero: Das Volk trifft viele schlimme und verderbliche Entscheidungen, die es ebenso wenig verdienen, als Gesetze betrachtet zu werden, wie wenn irgendwelche Räuber sie gemacht hätten.
Quintus Cicero: Ich sehe es ganz deutlich ein und bin schon der Meinung, daß kein anderes (als das von dir definierte) für ein Gesetz gehalten, ja, daß jedes andere nicht einmal als solches bezeichnet werden kann.
Marcus: Also lehnst du Gesetze wie das des (Sextus) Titius und das des (L.) Appuleius (Saturninus) ab?
Quintus: Ja, auch das des (M.) Livius (Drusus).
Marcus: Und zurecht, zumal sie mit einer Zeile des Senats in einem Nu aufgehoben worden sind! (Cicero, De legibus 2, 13f.; vgl. 31)

clientela

Die Macht der römischen Führungsschicht fand ihren Ausdruck in der Institution der *clientela* (Klientel), einer althergebrachten Form persönlicher Abhängigkeit, die in Rom noch immer unvermindert fortbestand, ganz im Gegensatz zu Athen und der übrigen griechischen Welt. Cicero war der Ansicht, diese Einrichtung sei von Romulus geschaffen worden (De re publica 2, 16); der Klient war ein Untergebener, der nach altem

Brauch oder aus eigenem Antrieb sich dem Schutz eines Mächtigeren anvertraute und diesem als Gegenleistung bestimmte Dienste zu erweisen hatte.

Zu diesen Diensten gehörte in erster Linie die politische Unterstützung; einem Mann konnte durch die Stimmen seiner Klienten und seiner Freunde zu einem Amt verholfen werden. Selbstverständlich mußte er diesen seinerseits bei Bedarf die Stimmen seiner Klienten »leihen«. Wie tief verwurzelt diese Abhängigkeit der Klienten im besonderen und der niederen Schichten im allgemeinen war, zeigt uns Plautus mit drastischer Anschaulichkeit. Er schildert die Reaktion eines Mannes auf die mögliche Einheirat seiner Tochter in eine höhere Gesellschaftsschicht:

Wenn ich nun meine Tochter dir zur Ehe geb', so säh das aus, als wärest du der Stier und ich der Esel. Nun mit dir zusammen eingejocht, wenn ich in gleichem Schritt die Last nicht tragen könnt', ich läg' als Esel bald im Dreck, doch du als Stier, du sähst mich nicht, als hätten wir uns nie gekannt. Du wärst mir fremd, und meine Leut' verlachten mich. Entspänn' ein Streit sich unter uns, an keinem Ort fänd ich 'nen sichern Stall. Die Esel wiesen mir's Gebiß, die Rinder stießen mich mit dem Gehörn: Gefährlich, von den Eseln zu den Rindern zu gehn.
(Plautus, Aulularia 228–235; übers. v. L. Gurlitt ²1920)

Angesichts solch unterwürfiger Haltung ist es nicht verwunderlich, daß die römische Aristokratie von ihren Klienten auch wirtschaftliche Opfer fordern konnte. Das folgende Beispiel ist nur eines unter vielen (vgl. etwa auch Lucilius 166f. Marx = 159f. Warmington und Livius 38, 60, 9):

Mucius Scaevola, Aelius Tubero und Rutilius Rufus sind jedenfalls drei Römer, die sich an die *lex Fannia* (ein Gesetz, das den Aufwand für Nahrungsmittel sehr beschränkte) gehalten haben: ... Tubero zum Beispiel kaufte einfach von den Bauern, die auf seinen eigenen Gütern arbeiteten, Wildgeflügel für nur je einen Denar, Rutilius kaufte Fische, die Mine (Gewichtseinheit) zu einem halben Denar, von seinen Sklaven, die Fischer waren ... und Mucius setzte für das, was er von den ihm Verpflichteten kaufte, den Preis auf dieselbe Weise fest.
(Poseidonios FGrHist 87F59 = F 81 Theiler: Athenaios 6 p. 274 b–e)

Im England des siebzehnten und achtzehnten Jahrhunderts waren die Aristokraten von Krediten abhängig, und die Kreditgeber schufen somit eine Art Klientel-Wirtschaft. Welche Ressentiments der englischen Aristokratie entgegengebracht wurden, ist hinlänglich bekannt, und es ist sehr wahrscheinlich, daß die römische Aristokratie schließlich aus ähnlichen Gründen auf

Ablehnung stieß. Wenn das stimmt, dann bestätigt das P. A. Brunts These (s. Literaturhinweise), daß dem römischen Mob im ersten vorchristlichen Jahrhundert ebenso wie dem Mob des achtzehnten Jahrhunderts in Frankreich viele »Normalbürger« angehörten: Hier wie dort zeigte sich eine unerwartete Neigung zur Gewalttätigkeit.

Eine wichtige Folge der Institution der Klientel war, daß der Ständekampf zwischen Patriziern und Plebejern keineswegs ein Klassenkampf war. Die plebejische Führungsschicht, die reich und ehrgeizig war, wurde nicht nur von seiten derer unterstützt, die ein politisches Interesse daran hatten, sondern auch von ihren Klienten aus den verschiedensten sozialen Schichten. Auch die Patrizier wurden von ihren Klienten unterstützt – und die ärmsten unter diesen handelten damit vielleicht gegen die Interessen ihrer eigenen Schicht. Und doch bestand über die gegenseitige wirtschaftliche Abhängigkeit hinaus eine starke emotionale Bindung der Klienten an ihre Herren.

Wahlen

Man sollte sich auch vergegenwärtigen, daß das römische Regierungssystem nicht lediglich darauf beruhte, daß Klienten, Freunde und Verwandte sich darum bemühten, Aristokraten zu Amt und Würden zu verhelfen. Damals wie heute wurde politische Macht angestrebt, um ein bestimmtes Ziel zu erreichen; wenn ein Mann bevorzugt unterstützt wurde, so nicht nur wegen der traditionellen Verpflichtungen der Klienten gegen ihn, sondern auch, weil er mit großer Wahrscheinlichkeit bestimmte Ziele durchsetzen würde; sein Verhalten mußte den Wünschen und Plänen seiner Wähler entsprechen. Wem das römische Volk ein Amt übertrug, der mußte in der Lage sein, *rem publicam bene gerere* – die Staatsgeschäfte gut zu führen. Nach welchen Kriterien dabei geurteilt wurde – die vornehme Herkunft spielte eine große Rolle –, mag dem heutigen Leser vielleicht seltsam erscheinen.

Wahlen waren jedenfalls durchaus ernsthafte Kämpfe um die Gunst des Volkes. Seit Ap. Claudius Caecus (s. S. 54 ff.) unterstützten die unteren Schichten gelegentlich gegen den Willen der Mehrheit der Nobilität eines ihrer Mitglieder und verhalfen sogar unpopulären Außenseitern zum Amt des Konsuls. Um die Wende vom dritten zum zweiten Jahrhundert wurde T. Quinctius Flamininus Konsul, der Mann, der Philipp V. von Makedonien besiegt hatte (s. S. 77); er hatte zwar vorher nur unbedeutende Ämter bekleidet, doch hatte er dabei mit der Verteilung von Grundbesitz an die unteren Schichten zu tun gehabt und dort Anhänger gewonnen. P. Cornelius Scipio Nasica Serapio dagegen verlor eine Wahl – er hatte einen Bauern gefragt, ob seine Hände deshalb so hart seien, weil er auf ihnen laufe.

Tatsächlich bestand die römische Wählerschaft während der frühen und mittleren Republik zum größten Teil aus Bauern. Die erste Kodifikation des römischen Rechts, das Zwölftafelgesetz, das aus der Mitte des fünften vorchristlichen Jahrhunderts stammt, setzt bereits die Unterscheidung voraus zwischen dem *assiduus*, dem freien Grundbesitzer, und dem *proletarius*. Wenn Cato im zweiten Jahrhundert v. Chr. und andere nach ihm Rom als eine Gemeinde beschreiben, deren bäuerliche Bevölkerung stets zur Verteidigung des Landes bereitstand, so ist dies sicherlich eine Idealisierung. Doch der Legionärsdienst war vor dem Jahr 107 grundsätzlich allein das Recht und die Pflicht des *assiduus*. Diese Tatsache macht uns deutlich, daß das frühe Rom sich tatsächlich aus freien Grundeigentümern zusammensetzte, für die der Kriegsdienst ebenso untrennbar mit dem Bürgerrecht verbunden war, wie die Wahl in der Volksversammlung. Es ist kein Zufall, daß von den verschiedenen Formen von Versammlungen (s. Kap. 17, Exkurs I) es gerade diejenige, die das Volk als Heer gliederte, war, auf der die Konsuln gewählt wurden.

Die allgemeine Anerkennung – von außergewöhnlichen Umständen abgesehen – einer hierarchischen Gesellschaftsordnung und der Bedeutung traditioneller Werte führte zweifellos zu einer vorwiegend moralischen Auffassung der politischen Praxis; und trotz eines wachsenden Zynismus wurden die Konsequenzen, die sich aus dieser Auffassung ergaben, sehr ernst genommen. P. Cornelius Rufinus, Konsul in den Jahren 290 und 277, wurde 275 v. Chr. vom Senat ausgeschlossen, weil er fast vier Kilo schwere silberne Schalen besaß – ein Luxus, der gegen den Moralkodex der Führungsschicht verstieß. Seine Familie wurde daraufhin vier oder fünf Generationen lang von wichtigen Ämtern ferngehalten.

Wenn also meine Annahme richtig ist, daß das Verhalten der römischen Führungsschicht stets diesem Wertesystem entsprechen mußte, dann galt das zwangsläufig in noch weit höherem Maße für Angehörige der Nobilität, die bestimmte politische Ziele verfolgten; dieser Umstand war für die Entwicklung der römischen Revolution von Bedeutung.

4. Die Eroberung Italiens

Bisher habe ich wesentliche strukturelle Konstanten der aristokratischen Gesellschaft und Regierung während der römischen Republik hervorgehoben; doch in vieler Hinsicht war das Rom der frühen und mittleren Republik Neuerungen gegenüber erstaunlich aufgeschlossen.

In einem frühen Stadium der römischen Geschichte waren wahrscheinlich Männern, die zwar in Rom ansässig, aber keine vollwertigen Mitglieder des Gemeinwesens waren, politische Rechte und Pflichten zugestanden worden; und der Kampf zwischen Patriziern und Plebejern hatte schließlich zur Folge, daß letztere Zugang zu profanen und religiösen Ämtern fanden. Womöglich ist diese Lockerung der Regeln darauf zurückzuführen, daß die römische Führungsschicht ihre militärische *virtus* unter Beweis stellen wollte, wofür sie dem Druck derer nachgeben mußte, deren militärische Gefolgschaft ihr zum Sieg verhalf.

Die Aufgeschlossenheit, die für die privilegierten Schichten Roms charakteristisch war, kennzeichnete schließlich auch das Verhältnis Roms zu Italien. So wie Rom während der Zeit der frühen und mittleren Republik darauf bedacht war, seiner Bürgerschaft neue Mitglieder zuzuführen, war es auch, wie J. North (s. Literaturhinweise allg.) aufgezeigt hat, trotz eines zur Schau getragenen religiösen Konservatismus fremden Kulten gegenüber aufgeschlossen. Dies war eine allgemeine Tendenz.*

Die Expansion

Ursprünglich war Rom lediglich eine von mehreren latinischen Städten, die vor allem eine Reihe religiöser Kultstätten gemeinsam hatten. Doch besaß es aufgrund seiner Lage bestimmte strategische Vorteile; denn eine Straße längs des Tibers und eine

---

* Die römische Aristokratie behielt ihre Aufgeschlossenheit gegenüber Neuerungen auch nach 200 v. Chr. bei, doch verwandte sie ihre Kraft immer mehr auf die großen politischen Probleme, die sich durch die Begegnung mit der griechischen Welt ergaben, auf die Übernahme der griechischen Kultur und auf die Gewinnung der östlichen Reichtümer.

über den Fluß lagen auf seinem Gebiet. Im Gegensatz zu den anderen Mitgliedern des latinischen Städtebundes geriet Rom auch unter starken etruskischen Einfluß; unter der Herrschaft seiner etruskischen Könige breitete es sich auf Kosten seiner latinischen Nachbarn aus.

Schon beim Niedergang der Monarchie waren zu den vier regionalen Abteilungen der Stadt Rom – *tribus,* d. h. Stämme, die zur Durchführung des Census, zur Aushebung von Truppen und zur Besteuerung eingerichtet worden waren – fünfzehn regionale Einheiten aus der Umgebung Roms hinzugekommen.*

Dem Sturz der Monarchie folgte ein Aufstand der Latiner, der in der Schlacht am Regillus-See von Rom niedergeschlagen wurde; die Beziehungen Roms zu den latinischen Städten wurden daraufhin durch ein Abkommen geregelt, das als *foedus Cassianum* bekannt ist. Die Bedingungen dieses Vertrages existierten offensichtlich noch zur Zeit Ciceros. (Mit einigen latinischen Städten bestanden auch Einzelverträge.)

Das folgende Jahrhundert wurde geprägt durch die Schlachten zwischen Rom, den Latinern und dem mit ihnen verbündeten Stamm der Herniker einerseits sowie andererseits den Ferentinern, die den Hernikern gegenüber lagen, den Etruskern im Norden und den Volskern im Süden. Den Höhepunkt der an allen Fronten weitgehend siegreichen Kriege bildete die Einnahme von Veii durch Rom im Jahre 396. Fast unmittelbar darauf fielen die Gallier erstmals in Italien ein: Rom wurde in der Schlacht an der Allia besiegt, die Stadt geplündert und das Kapitol beinahe eingenommen; die Gallier zogen erst ab, nachdem sie eine hohe Abfindung erhalten hatten.

Man könnte meinen, daß danach alles in Trümmern lag, und dieser Eindruck wird verstärkt durch die deutlich patriotische Färbung des römischen Schrifttums über die Zeit nach dem Einfall der Gallier. Doch wir haben eindeutige Beweise dafür, daß die Plünderung durch die Gallier auf die Expansion Roms im Grunde keinen Einfluß hatte und seine Macht nicht wesentlich beeinträchtigen konnte. Schon für das Jahr 378, also zwölf Jahre nach der Plünderung, berichtet Livius vom Bau einer Mauer um die Stadt:

---

* Im Jahre 471 wurden diese regionalen Einheiten als Basis einer neuen Organisation des römischen Volkes zu Wahlzwecken ausgesucht, der *comitia tributa,* also Stammesversammlungen (s. Kap. 17, Exkurs I).

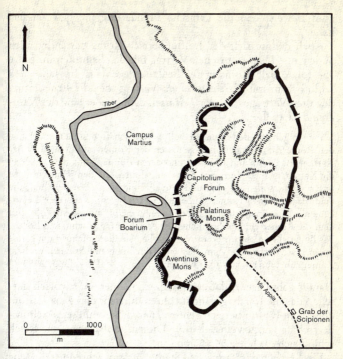

Abb. 2: Das 378 v. Chr. von Mauern umschlossene Stadtgebiet Roms

Den Schuldnern hatte man eine kleine Atempause gewährt; nachdem aber Ruhe vor dem Feind eingetreten war, wurde die Rechtsprechung (in Schuldensachen) wieder aufgenommen, und es gab so wenig Hoffnung auf eine Herabsetzung der alten Schulden, daß vielmehr durch eine Steuer zur Ausbesserung der Stadtmauer mit Quadersteinen, die die Zensoren ausgeschrieben hatten, neue Zinsschulden entstanden.

(Livius 6, 32, 1)

Es handelt sich um die sogenannte Servianische Mauer, die zu einem großen Teil noch erhalten ist. Dieser mächtige Bau zeugt von der intakten Struktur des römischen Staates, von seiner Funktionstüchtigkeit und von seiner Fähigkeit, erhebliche Mittel für ein Gemeindevorhaben aufzubringen. Das eingefriedete Gebiet (s. Abb. 2) war schon ziemlich groß, und die Mauer bestand aus Kalktuff aus dem Gebiet des eroberten Veii, wie zum Beweis, daß die gallische Plünderung nichts verändert habe.

Auch dehnte sich der Einflußbereich Roms beständig nach Süden aus. Dem römischen Vertrag mit den Samniten im Jahre 354 folgte bald Roms erster Feldzug gegen sie. Im Jahre 348 schloß Rom mit Karthago einen Vertrag, der die Erneuerung des alten Vertrages aus der Zeit nach dem Niedergang der Monarchie darstellte:

Unter folgenden Bedingungen soll Freundschaft bestehen zwischen den Römern und den Bundesgenossen der Römer und dem Volk der Karthager, Tyrier und Uticaeer und deren Bundesgenossen ... Wenn die Karthager in Latium eine Stadt einnehmen, die den Römern nicht untertan ist, sollen sie Hab und Gut und die Menschen behalten, die Stadt dagegen (den Römern) übergeben. Und wenn Karthager Gefangene machen (vermutlich ist Seeräuberei gemeint) aus einem Volk, mit dem die Römer einen schriftlichen Friedensvertrag geschlossen haben, das ihnen aber nicht untertan ist, so sollen sie diese nicht in die römischen Häfen bringen. Wenn aber einer dorthin gebracht wird, und ein Römer rührt ihn an, so soll er frei sein. (Polybios 3, 24, 3–6)

Daraus geht hervor, daß Rom sich ein Gebiet unterworfen hatte, an das die Karthager nicht rühren durften, daß ganz Latium zu seinem Einflußbereich gehörte, und daß es nun seine Schutzherrschaft ausgeweitet hatte. Diesem aufstrebenden Reich schloß sich im Jahre 343 Capua an.

Ein Versuch der latinischen Städte, die anwachsende faktische Hegemonie Roms abzuschütteln, schlug fehl, als sie im Jahre 338 eine Niederlage erlitten; obwohl die Volsker und Aurunker sowie einige Kampaner auf seiten der Latiner kämpften, verstand es Rom, sich zeitweilig die Hilfe der Samniten zu sichern und wenigstens die Sidiciner in Schach und den Rest der feindlichen Koalition in Atem zu halten.

Die Regelung von 338 sollte für die Art der Beziehungen Roms zum übrigen Italien (s. S. 47f.) sehr bedeutungsvoll werden; zunächst jedoch war sie nur ein weiterer Schritt auf dem Wege zur Hegemonie.

Im Jahre 328 gründete Rom eine Kolonie bei Fregellae – wodurch es sich zwangsläufig die Samniten zu Feinden machte – und wurde im folgenden Jahr in noch stärkerem Maße als bisher in die Angelegenheiten Kampaniens verwickelt. Mit Neapolis (Neapel), das 327 Rom um Hilfe bat, schloß es 326 ein Bündnis. Der Versuch, im Jahre 321 einen entscheidenden Sieg über die Samniten zu erringen, führte zu der verhängnisvollen

Niederlage, die sich mit dem Begriff des »Caudinischen Jochs« verbindet. Wieder wird das ganze Ausmaß dieser Katastrophe in den patriotisch gefärbten römischen Schilderungen der darauffolgenden Jahre ausgemalt. Auch dieses Mal konnte Roms Ausbreitung nur vorübergehend aufgehalten werden; schon 312 wurde die Via Appia gebaut, die Rom mit Kampanien verband. (Sie führte schließlich bis nach Brundisium [Brindisi], wo noch heute die Säulen, die ihr Ende markierten, unmittelbar neben dem jetzigen Hafen zu sehen sind.) Als im Jahre 304 mit den Samniten Frieden geschlossen wurde, bedeutete dies in Wahrheit deren Ende. Nachdem Rom Samnium unter seine Gewalt gebracht hatte, folgte bald die Gründung der Kolonien Beneventum (268) und Aesernia (263) auf samnitischem Boden. Durch die Begründung der römischen Macht über Italien wurde zugleich die Weidewirtschaft der Transhumanz des zweiten Jahrhunderts über weite Strecken ermöglicht (s. S. 119).

Einen letzten Versuch, sich dem Aufstieg Roms zu widersetzen, unternahmen Samniten, Gallier, Etrusker und Umbrier, die sich zusammengeschlossen hatten; doch scheiterten sie, als die Samniten und die Gallier im Jahre 295 bei Sentinum geschlagen wurden (was uns durch den griechischen Geschichtsschreiber Duris von Samos überliefert ist). Die einzigen Kriege, die Rom bis zur großen italischen Erhebung des Jahres 91 auf italischem Boden südlich der Po-Ebene führte, waren diejenigen gegen die Eindringlinge Pyrrhos und Hannibal. Daneben unternahm Rom kleinere Feldzüge, nämlich 264, als es von der Führungsschicht von Volsinii um Beistand gebeten wurde, sowie 241 und 125, als es vereinzelte Aufstände in Falerii und Fregellae niederschlagen mußte.

Gründe für Roms Erfolg

Daß Rom Italien zu erobern und zu halten vermochte, hatte vielerlei Gründe. Roms Erfolg damit erklären zu wollen, daß Alexander der Große Italien nicht angegriffen hat, führt uns hier nicht weiter; und auch Roms geographische Lage bietet – will man von der frühesten Zeit absehen – keine befriedigende Erklärung. Die Tatsache, daß Rom eine kulturell relativ hochstehende Macht darstellte, wirkte sich zuweilen, wie etwa im Falle von Neapolis, offenbar vorteilhaft aus. In anderen Fällen wurde das Eingreifen Roms – wie in Volsinii – durch den Umstand erleichtert, daß es von Aristokraten regiert war (s. S. 30). Daß Rom am Ende die gallischen Eindringlinge besiegte, war ebenfalls von Bedeutung; doch entscheidend war seine allgemeine Großzügigkeit, die Flexibilität, mit der es allmählich den Rest Italiens an sich band, und die Kriegsstärke, über die es dadurch verfügte. Darüber hinaus gibt die schrittweise Einverleibung Italiens durch Rom Aufschluß über das Wesen und die Gesetzmäßigkeiten der römischen Weltmachtpolitik. Ferner liefert auch der Erfolg der römischen Expansion und Roms Bereitwilligkeit, die damit verbundenen Gratifikationen zu teilen, eine Untermauerung seiner Stärke; sie beruhte auf dem Konsens sowohl innerhalb des römischen politischen Systems als auch mit dem italischen Bund zwischen dem späten vierten und dem frühen ersten Jahrhundert.

Latinische Rechte

Wie wir gesehen haben, hatte Rom engste Beziehung zu den latinischen Städten, die ihm grundsätzlich gleichgestellt waren; es bestanden bestimmte wechselseitige Rechte, wie etwa das Recht, gültige Verträge abzuschließen, *commercium*, ferner das Recht, Ehen mit legitimer Nachkommenschaft zu schließen, *conubium*, sowie *migratio*, also das Recht, den Wohnsitz zu wechseln und das Bürgerrecht des neuen Wohnortes zu erwerben; nach dem Jahre 471 (s. S. 42) gehörte dazu auch die Berechtigung, in einem durch das Los bestimmten regionalen Wahlbezirk des jeweiligen Wohnortes zu wählen.* Dies waren gewiß meist traditionelle Rechte, die im *foedus Cassianum* von 493 (s. S. 42) festgelegt waren.

Rom und die latinischen Städte teilten sich die Kriegsbeute und das Land, das sie durch ihre Feldzüge erwarben. Obwohl uns für die latinischen Gemeinden keine Beweise vorliegen, dürfen wir annehmen, daß sie wie Rom das so gewonnene Land einzeln, *viritim*, unter den Mitgliedern ihrer Bürgerschaft verteilten. Auch gründete der latinische Städtebund gemeinschaft-

* Viel später erst gestand ein Gesetz den Magistraten der latinischen Gemeinwesen das römische Bürgerrecht zu.

lich Kolonien, die zu den latinischen Gemeinden hinzukamen; sie verwalteten sich selbst und besaßen dieselben, auf Gegenseitigkeit beruhenden Rechte wie die alten latinischen Städte.

Die Dedition der Latiner

Nach dem Ende des Krieges gegen die Latiner im Jahre 338 nahm Rom viele der unzufriedenen Gemeinwesen in die eigene Bürgerschaft auf; einige der ursprünglichen latinischen Städte und manche Kolonien blieben jedoch abgesondert. Zusätzlich wurde der Status der *civitas sine suffragio,* des Bürgerrechts ohne Wahlberechtigung, den Kampanern und den Städten Fundi und Formiae zuerkannt (Livius 8, 14, 10).

Die Einverleibung einiger latinischer Gemeinwesen in die römische Bürgerschaft war nichts grundlegend Neues. Die Hegemonie Roms über Italien wurde teilweise durch tatsächliche Ausdehnung römischen Territoriums, des *ager romanus,* erreicht; doch vor dem Jahr 338 hatte auch schon eine gewisse Expansion stattgefunden, und zwar auf zweierlei Arten, die die relative Überlegenheit Roms über die Latiner im Jahre 338 erklären.

Rom hatte den Krieg gegen Veii großenteils aus eigener Kraft geführt; ähnlich kämpfte es später gegen den Rest Etruriens und in Kampanien, obwohl die Latiner dazwischen lagen; der Zuwachs an Land, Kriegsbeute oder Einfluß fiel demgemäß Rom allein zu. Durch die Verteilung des gewonnenen Landes an römische Bürger wuchs die Zahl derer, die aufgrund ihres Landbesitzes mit der vorgeschriebenen schweren Ausrüstung in den Kriegsdienst treten konnten. (Ebenso wuchs die Zahl der regionalen wahlberechtigten Bürgerschaftsabteilungen, *tribus,* in die das römische Volk eingeteilt war.)

Auch schon vor dem Jahre 338 hatte Rom sein Territorium durch die Aufnahme anderer Gemeinwesen vergrößert (über die näheren Umstände ist uns nichts bekannt): Vermutlich war Crustumeria während der Monarchie hinzugekommen (zur Ausdehnung römischen Territoriums unter der Monarchie s. S. 41 f.), Tusculum möglicherweise im frühen vierten Jahrhundert.

Die *civitas sine suffragio,* das Bürgerrecht ohne Stimmrecht hingegen ist eine Neuerung aus dem Jahre 338; diejenigen, die diesen Status besaßen, waren die ursprünglichen *municipes*, die die Bürden der römischen Bürgerschaft trugen: den Kriegsdienst, *militia*, und die direkte Besteuerung, *tributum*; sie waren des Lateinischen nicht mächtig und sicherlich deshalb vom Stimmrecht ausgeschlossen. Diese ursprünglich unabhängigen Gemeinden identifizierten sich schließlich mit Rom; diese Entwicklung ließ im Bewußtsein der Bevölkerung eine zweifache *patria* – die jeweilige Gemeinde einerseits und Rom andererseits – als etwas Selbstverständliches erscheinen; hier lag eine der großen Stärken der politischen Struktur Italiens während der späten Republik.

Die wahrhaft revolutionäre Folge des Abkommens von 338 war jedoch, daß Rom, obwohl der latinische Städtebund nicht mehr bestand, fortfuhr, Kolonien zu gründen, die den Status latinischer Städte erhielten. Die erste dieser neu gegründeten Gemeinden mit Selbstverwaltung, die natürlich vor allem strategischen Zwecken diente, war Cales (334); gleichzeitig begann Rom mit der Gründung kleiner Kolonien mit römischen Bürgern, die an besonders gefährdeten Punkten der italischen Küste als Garnisonen dienen sollten. Sie waren zwar zu klein, um den ganzen Apparat einer Selbstverwaltung zu besitzen, doch waren sicherlich einzelne damit beauftragt, im Falle eines Angriffs auf die Kolonie die Truppenaushebung zu organisieren.*

Die herrschende Meinung Roms über die Kolonien wird anschaulich von Cicero wiedergegeben:

Hat jeder Ort die Eigenschaften, daß es für das Staatswohl gleichgültig ist, ob man dort eine Kolonie anlegt oder nicht, oder gibt es Orte, die eine Kolonie erfordern, und andere, die ihr gänzlich widerstreben? Es ist der Mühe wert, bei dieser Frage, ebenso wie in den anderen Bereichen der Staatsverwaltung, über die Umsicht unserer Vorfahren nachzudenken; sie haben die Kolonien an geeigneten Stellen gegen mutmaßliche Gefahren errichtet, so daß sie offenbar nicht einfach Städte Italiens, sondern Bollwerke des Reiches waren.

(Cicero, De lege agraria 2, 73)

Die letzte und weitaus größte Gruppe in Italien um die Wende vom vierten zum dritten Jahrhundert war die der Bundesgenossen, die nach ihrer Niederlage vertraglich an Rom gebunden waren: Das verpflichtete sie in erster Linie dazu, Rom Truppen zur Verfügung zu stellen. Die allgemeine Folge war die militäri-

---

* Es gab verschiedene ad hoc-Maßnahmen, um römischen Bürgern in den Kolonien und in verstreuten Einzelsiedlungen Rechtsprechung zu ermöglichen.

sche Aushebung *ex formula togatorum* – die sich also nach der Liste derjenigen richtete, die die Toga trugen. Diese wesentliche Einteilung der Bevölkerung Italiens ist im Ackergesetz des Jahres 111 niedergelegt, in einer Formulierung, die in einer griechischen Inschrift (Archaiologike Ephemeris 1910, 345) aus dem frühen zweiten Jahrhundert vorweggenommen wird und die sicherlich archaisch ist:

... diejenigen, die dort römische Bürger sind oder Bundesgenossen oder zur latinischen Gruppe gehören *(nominis Latini)*, aus denen (die Römer) nach der Liste der Togaträger Soldaten im Land Italien ausheben ...
(CIL I² 585, 21, vgl. 50 = Warmington p. 388 = Roman Statutes 2)

Es wurde kein Zweifel daran gelassen, bei wem die Befehlsgewalt lag (vgl. Polybios 6, 21, 4–5); im Jahre 209 belegte Rom zwölf latinische Kolonien mit schwerer Strafe, die vorgegeben hatten, keine weiteren Truppen liefern zu können (s. S. 64).

Soldatenzahlen

Das Ausmaß der Truppenaushebungen wird von Polybios anläßlich des Einfalls der Gallier im Jahre 225 geschildert:

Damit aber an den Tatsachen selbst ersichtlich werde, wie groß die Macht war, die Hannibal anzugreifen wagte, wie gewaltig die Herrschaft, der er kühn entgegentrat, mit solchem Erfolg, daß er den Römern die schwersten Niederlagen beibrachte, will ich ihre Rüstung und die Größe der ihnen damals zur Verfügung stehenden Streitmacht angeben: (... Die Gesamtzahl aller Männer unter Waffen, Römer und Bundesgenossen, betrug 700 000 Mann zu Fuß und 70 000 Reiter.)
(Polybios 2, 24, 1f. 16)

Der Zusammenhang zwischen der Kriegsstärke Roms und der Bereitwilligkeit, mit der es das Bürgerrecht vergab, fiel schon Philipp V. von Makedonien auf, einem künftigen Gegenspieler Roms. Dies geht aus einem Brief an Larisa aus dem Jahre 217[*] hervor:

... man kann jene anderen betrachten, die eine ähnliche Haltung in der Frage der Zulassung zum Bürgerrecht einnehmen, etwa die Römer, die ihre Sklaven nach der Freilassung ins Bürgerrecht aufnehmen und sie (tatsächlich galt das erst für die Söhne) zu den Ämtern zulassen; da-

---

[*] Zur Datierung vgl. Chr. Habicht in: *Archaia Makedonia* [Ancient Macedonia] I, Thessaloniki 1970, S. 273 ff.

durch haben sie nicht nur ihr Heimatland vergrößert, sondern konnten auch Kolonien in fast siebzig Orte entsenden... (Syll.³ 543, Z. 31–34)

Auch Cato betont in den *Origines* ausdrücklich, daß durch die Aufnahme von Männern, die keine römischen Bürger waren, die (vermutlich militärische) Kraft des frühen Roms erheblich gestärkt wurde:

Dort kamen viele zusammen, und diese holten noch weitere von der Flur dorthin; so wuchs ihre Kraft.
(Cato, Origines Frg. 20 Peter = 22 Schönberger: Gellius 17, 12, 7)

Im vierten vorchristlichen Jahrhundert wurde nicht nur der italische Städtebund gegründet, sondern vermutlich auch die zunehmende Einteilung der römischen Bürgerschaft in jene fünf Census-Klassen vorgenommen, die man in der späten Republik kannte. Ursprünglich war die Bürgerschaft wahrscheinlich in *assidui* und *proletarii* eingeteilt worden: in die Mitglieder der einzigen existierenden Schicht und in diejenigen, die nicht dazu gehörten, in solche, die als Legionäre dienten, und solche, die das nicht durften. Zu den *assidui* zählten wohl einfach alle, die sich eine vollständige Kriegsbewaffnung leisten konnten. Möglicherweise hat schon Servius Tullius, der sechste König Roms, die *assidui* nach finanziellen Kriterien definiert; doch die wohldurchdachte Einteilung dieser *assidui* in fünf verschiedene Klassen nach dem jeweiligen Vermögensstand wurde wahrscheinlich erst im vierten Jahrhundert v. Chr. durchgeführt. Die Besoldung der Armee war im Jahre 406 eingeführt worden; sie sollte teils aus den Reparationsgeldern besiegter Feinde, teils aus dem *tributum,* einer Besteuerung der reicheren *assidui,* finanziert werden. Dieser Umstand und die zunehmende Komplexität des römischen Besteuerungssystems im allgemeinen führten zum sogenannten Servianischen System in seiner endgültigen Form. Die Ablösung eines Systems, das diejenigen auswählte, die sich ihre eigene Kriegsausrüstung leisten konnten, durch ein System, das die Wohlhabenden auswählte, war zweifellos ein entscheidender Schritt in der Entwicklung des römischen Staates.

Doch lieferte Italien in seiner damaligen Form nicht nur die Rom unterstellten Kampfkräfte, durch seine Loyalität Rom gegenüber stellte es auch ein nicht zu unterschätzendes Machtinstrument dar. Zunächst wurde durch die Vielfalt der Personenstände – von denjenigen, die die volle *civitas* innehatten, über

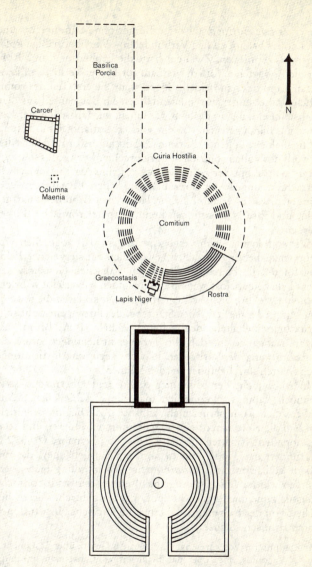

Abb. 3: *curia* (Senatsgebäude) und *comitium* (Platz der Volksversammlung) in Rom (oben) und in Cosa (unten); ähnliche Baukomplexe sind aus den latinischen Kolonien in Fregellae (328), Alba Fucens (303) und Paestum (273).

die *cives sine suffragio* (also die Bürger ohne Stimmrecht) und die Latiner bis hin zu den Verbündeten – eine übermäßige Polarisierung vermieden. Zweitens hatte die Eroberung durch Rom für die Besiegten natürlich Verluste zur Folge: Verluste an Beute, an Land oder an beidem. Doch wenn sie erst Teil des römischen Städtebundes waren, stand ihnen ein Beuteanteil aus dem nächsten Feldzug zu; deshalb war ihnen, wie wir sehen werden, durchaus daran gelegen, daß ein solcher stattfand. Und drittens schließlich ermöglichte die neue Organisationsform Italiens den Erwerb des vollen römischen Bürgerrechts. Die *civitas sine suffragio* wurde mit der Zeit nur noch als eine Art Zwischenstufe betrachtet, ungeachtet ihrer ursprünglichen Bedeutung. Verbündeten war es erlaubt, sich in latinischen Kolonien anzusiedeln, und ihre Nachkommen konnten später römische Bürger werden.

Wir sollten uns auch vergegenwärtigen, daß abgesehen von Truppenaushebungen, denen gewöhnlich ein siegreicher Feldzug folgte, die Herrschaft Roms die italischen Gemeinwesen nicht belastete. Selbst wenn die Gemeinden einverleibt wurden, behielten sie ihre örtliche Regierung; meist konnten die jeweiligen Mitglieder des italischen Städtebundes ihre eigene politische Struktur beibehalten oder weiterentwickeln. P. A. Brunt* hat sogar nachgewiesen, daß die Truppenaushebungen ohne die Unterstützung der offiziellen lokalen Regierungsinstitutionen nicht hätten durchgeführt werden können.

In Anbetracht der römischen Stärke und Übermacht ist es dennoch kaum verwunderlich, daß die verschiedenen Städte Italiens sich Rom immer mehr anpaßten. Zu Beginn orientierten sich die Kolonien offenbar an bestimmten äußeren und konzeptionellen Aspekten der Stadt Rom; so übernahm Cosa, 273 gegründet, das Modell der *curia*, des Senatsgebäudes, das mit einem kreisförmigen *comitium*, dem Versammlungsplatz, verbunden war (s. Abb. 3). Allgemein setzten sich stadt-römische Baustile zunehmend auch in der Umgebung durch. Cicero berichtet von der freiwilligen Übernahme römischer Institutionen durch latinische Städte:

Zur Zeit unserer Vorfahren hat C. Furius ein Gesetz über Testamente, hat Q. Voconius eines über das Frauenerbrecht, hat man unzählige andere eingebracht, die das bürgerliche Recht regeln: Die Latiner hießen hiervon gut, was ihnen zusagte. (Cicero, Pro Balbo 21)

---

* *Italian Manpower*. Oxford 1971, App. 19.

Das Ergebnis dieses ganzen sozialen und politischen Prozesses hat Ennius aus dem apulischen Rudiae zu Beginn des zweiten Jahrhunderts prägnant zusammengefaßt:

Cives Romani tunc facti sunt Campani. Zu römischen Bürgern sind sodann die Kampaner gemacht worden.

(Ennius, Annales 169 Vahlen)

5. Von der Herrschaft über Italien zur Herrschaft über den Mittelmeerraum

Appius Claudius Caecus

Auf die Zulassung der Plebejer zum politischen und religiösen Leben des römischen Staates folgten die endgültige Vorherrschaft Roms über Latium, der Sieg über die Samniten sowie der über die einfallenden Gallier im Jahre 295 v. Chr. Die aus Patriziern und Plebejern zusammengesetzte Nobilität bewährte sich und wurde durch die Erfolge jener Jahre in ihrer Macht bestätigt; doch ist es auch wahrscheinlich, daß die neuen Wege zur Macht, die sich den bisher unterprivilegierten Gruppen eröffneten, zuweilen zu Unruhen führten. Ein Beispiel hierfür ist der Werdegang des Appius Claudius Caecus, des ersten Römers, der in unseren Quellen als wirkliche Persönlichkeit erscheint (im Gegensatz zu den Stereotypen, in denen die Geschichtsschreibung der späteren Republik oder der Zeit des Augustus Figuren der Frühzeit beschreibt). Trotz der verzerrten Wiedergabe der historischen Überlieferung, die der *gens,* der er angehörte, häufig feindlich gesinnt war, sind die wesentlichen Fakten klar zu erkennen. Sein *elogium,* das unter Augustus in Arretium (Arezzo) erneut aufgezeichnet wurde, beeindruckt durch die Aufzählung zahlreicher Ämter, die er mehrfach bekleidete:

Appius Claudius, des Gaius Sohn, Caecus (der Blinde), Zensor, Konsul zweimal, Diktator, Interrex dreimal, Prätor zweimal, kurulischer Ädil zweimal, Quästor, Militärtribun dreimal, nahm mehrere Städte von den Samniten ein, zerstreute ein Heer der Sabiner und Etrusker und verhinderte einen Friedensschluß mit König Pyrrhos. Als Zensor ließ er die Via Appia pflastern, einen Aquädukt für Rom bauen und den Tempel der Bellona errichten. (CIL I² fasc. 1 p. 192: Elogia X*)

Die revolutionärste Phase seiner Karriere fiel in das Jahr 312, als er das Amt des Censors innehatte:

Ap. Claudius, der seinen Kollegen L. Plautius ganz in seiner Hand hatte, brachte viele überlieferte Gepflogenheiten durcheinander; er tat, was dem Volk gefiel, und achtete den Senat gering.
So ließ er einen Aquädukt, den man dann (aqua) Appia nannte, über achtzig Stadien (ca. 15 km) nach Rom bauen und gab für dessen Errich-

---

* Vgl. das originale Elogium auf Scipio Barbatus S. 13.

tung viele öffentliche Mittel aus, ohne daß dazu ein Senatsbeschluß vorlag. Darauf ließ er die – dann nach ihm (via) Appia benannte – Straße von Rom bis Capua zum Großteil mit festen Platten pflastern, also über tausend Stadien (ca. 180 km); dazu ließ er Hügel abgraben und Schluchten und Senken mit enormen Mengen Füllstoff auffüllen und gab so alle öffentlichen Einnahmen aus, schuf sich freilich selbst ein unvergängliches Denkmal als einem, der zu aller Nutzen ehrgeizige Pläne verwirklichte.

Er veränderte auch die Zusammensetzung des Senats, indem er nicht mehr nur die Adligen nach Geburt und Verdienst zuließ, wie es üblich gewesen war, sondern auch neue Söhne von Freigelassenen aufnahm, was ihm die übelnahmen, die auf ihre edle Abstammung stolz waren. Er gab auch den Bürgern die Möglichkeit, sich in einer *tribus (phylē)* ihrer Wahl von den Zensoren einschreiben zu lassen (? der Text ist hier verderbt).

Kurz, er sah den Haß, den die edlen Herren gegen ihn aufstauten, vermied es aber, bei anderen Bürgern Anstoß zu erregen und nahm so das Wohlwollen der Menge als Gegengewicht gegen die Entfremdung vom Adel. So ließ er bei der Inspektion der Reiterei (eine der Aufgaben des Zensors) keinem das (vom Staat gestellte) Pferd wegnehmen (was herabsetzend gewirkt hätte) und strich bei der Zusammenstellung der Senatorenliste keinen als unwürdig aus, was die Zensoren sonst immer getan hatten.

Da beriefen die Konsuln aufgrund ihres Hasses (gegen ihn) und aus dem Wunsch heraus, den Adligen zu Gefallen zu sein, den Senat nicht in der durch Appius erstellten Zusammensetzung ein, sondern in der, die frühere Zensoren erstellt hatten. Doch das Volk leistete dagegen Widerstand – es verfolgte ja dasselbe Ziel wie Appius –, und um das Vorankommen ihrer Ranggenossen zu sichern, wählten die Leute (304 v. Chr.) zum kurulischen Ädil Cn. Flavius, den Sohn eines Freigelassenen, der als erster Römer dieses (und wohl überhaupt ein) Amt als Sohn eines früheren Sklaven bekam. (Diodoros 20, 36, 1–6)

Abgesehen von anderen Ordnungswidrigkeiten, die er beging, weigerte sich Ap. Claudius, sein Censorenamt nach achtzehn Monaten niederzulegen, wie das Gesetz es forderte, und war einer Überlieferung zufolge noch Censor, als er im Jahre 307 für das Amt des Konsuls kandidierte. Auch blieb der Nachwelt im Gedächtnis, daß er die Familie der Potitii dazu überredet haben soll, die Öffentlichkeit über die Riten zu unterrichten, die in ihrem Auftrag am Herkulesaltar vollzogen worden waren; dadurch habe er den Zorn der Gottheit heraufbeschworen, die die Familie vernichtete. Auch habe er die Privilegien des ehrwürdigen Kollegiums der Flötenbläser *(tibicines)* angeprangert.

Vieles von dem mag zweifelhaft erscheinen, nicht jedoch die Sonderstellung des Ap. Claudius unter den Politikern seiner Generation; und eine andere, kaum zu bezweifelnde Tat* kann in Verbindung mit anderen Neuerungen um die Wende vom vierten zum dritten Jahrhundert gesehen werden. Es handelt sich um die Errichtung des Tempels der Bellona, den er während einer Schlacht zur Zeit seines zweiten Konsulats im Jahre 296 (im Jahre vor der Schlacht von Sentinum, s. S. 45) in Erfüllung eines Gelübdes hatte bauen lassen. Die Errichtung dieses Tempels ist dem Interesse an rituellen Ehrungen der Kriegs- und Siegesgötter zuzurechnen. Sie zeugten von Roms neuem Machtbewußtsein und – was noch mehr bedeutet – von seiner Vertrautheit mit der griechischen Siegesideologie. Erwähnenswert ist auch, daß Rom während der Zeit des Ap. Claudius die griechische Münzprägetechnik übernahm.

Gewiß veranlaßte das Bewußtsein der Machtfülle Roms Ap. Claudius gegen Ende seines Lebens zu seiner berühmten Rede an den Senat, in der er den Friedensschluß mit König Pyrrhos von Epeiros (s. S. 59) ablehnte:

Wohin hat euer Sinn, der bisher immer so aufrecht stand, sich im Wahnsinn gewendet, verlassend die Bahn des Rechten?
(Ennius, Annales 202–203 Vahlen)

Wie wir gesehen haben, beherrschte Rom zur Zeit der Invasion durch Pyrrhos praktisch ganz Italien südlich der Po-Ebene und war dadurch in der Lage, Pyrrhos – und andere Feinde nach ihm – zu besiegen. Darüber hinaus gibt die Art der römischen Herrschaft über Italien weitgehend Aufschluß über das Wesen des römischen Imperialismus überhaupt, das für uns von Interesse ist, für Polybios dagegen etwas Selbstverständliches war. Während des Krieges gegen Pyrrhos sah sich Rom nun zum erstenmal einem Feind aus der zivilisierten Mittelmeerwelt gegenüber – und die Niederlage des Königs machte diese Welt auf Rom aufmerksam (s. S. 14). Über Roms Kriege seit dem dritten Jahrhundert steht uns relativ viel Material zur Verfügung. Durch diese Kriege gelangte Rom in den Jahren zwischen 280 und 200 von einer Randposition innerhalb der Mittelmeerwelt zu einer – wie wir rückblickend sagen können – dominierenden Stellung. Zunächst wollen wir uns kurz dem Wesen des römi-

---

* Berichte über Tempelgründungen sind offenbar unabhängig von der allgemeinen historischen Überlieferung tradiert worden; s. S. 17.

schen Imperialismus zuwenden, um anschließend den Verlauf der Kriege Roms bis zum Sieg über Hannibal zu betrachten.

Der römische Imperialismus

Die römische Gesellschaft erscheint durch und durch militaristisch, und zwar in einem Ausmaß, wie es auf keinen griechischen Staat, nicht einmal auf Sparta zutraf. Wenn die Römer auch behaupteten – und sicher teilweise auch glaubten –, ausschließlich gerechte Kriege zu führen, so äußerte sich doch die hohe Bewertung erfolgreicher Eroberungskriege in zahlreichen wichtigen Institutionen. So durften einem alten Brauch zufolge, den Sulla wieder aufleben ließ, diejenigen, die geholfen hatten, das römische Territorium in Italien zu vergrößern, das *pomerium,* die geheiligte Grenzlinie um die Stadt Rom, erweitern; am Ende ihrer Amtszeit beteten die Zensoren zu den Göttern, daß Rom an Reichtum und Ausdehnung zunehmen möge; und die *haruspices,* Priester aus Etrurien, wurden zumindest vom dritten Jahrhundert an darüber befragt, ob die Opferhandlung zu Beginn des Krieges die (erhoffte) Erweiterung des römischen Territoriums anzeige; und Ennius sprach von »euch, die ihr Rom und Latium wachsen lassen wollt« (Annales 465 Vahlen). Daß sich das römische Territorium tatsächlich ausdehnte während der gesamten Zeit, da Rom seine Oberherrschaft in Italien sicherte, ist jedenfalls offensichtlich. Das Land, das den besiegten Völkern genommen und zur Gründung neuer Kolonien oder Einzelsiedlungen verwendet wurde, wurde zum *ager Romanus,* zum römischen Territorium, wenn es nicht den latinischen Kolonien zugewiesen wurde. Bis zum Jahre 200 kann seine ständig zunehmende Ausweitung festgestellt werden, danach blieb die Situation bis zum Jahre 91 unverändert. Es scheint, daß die Römer ihre erfolgreichen Eroberungsfeldzüge als Lohn für ihre Frömmigkeit und die Gerechtigkeit ihrer Sache betrachtet haben.

Ein General, der einen Krieg siegreich beendete, erwarb sich natürlich großes Ansehen, reiche Kriegsbeute und Beliebtheit dadurch, daß er diese Beute verteilte, sowie neue Klienten unter den Besiegten; meist wurde ihm auch ein Triumphzug zugestanden, eine glanzvolle öffentliche und religiöse Siegesfeier. All dies konnte einem ehrgeizigen Mitglied der vom Konkurrenzgeist geprägten Oligarchie nur willkommen sein. In seinen Komödien persifliert Plautus die Geltungssucht solcher Männer:

... geschlagen ist der Feind, den niemand für besiegbar hielt.
Den haben wir unter meiner Führung *(auspicium)* und meinem Befehl
 (ductus) beim ersten Treffen gleich besiegt.
(Plautus, Amphitruo 656–7; vgl. 192, 196)

oder auch in der Komödie *Epidicus:*

... ich gehe jetzt viel fröhlicher als ich gekommen:
Die Tapferkeit *(virtus)* und Führung *(auspicium)* des Epidicus bringt
 mich beuteschwer ins Lager heim.
(Plautus, Epidicus 380–1; vgl. 343)

Ein weiterer Faktor, der sich sowohl auf die Gemeinschaft als auch auf den einzelnen auswirkte, bestand in der Tendenz, sich in die Angelegenheiten entfernter Gebiete einzumischen: Als Rom im Jahre 220 von Sagunt um Beistand gebeten wurde, konnte es der Versuchung nicht widerstehen, diesem Hilferuf Folge zu leisten, obwohl Sagunt in Spanien lag, das Karthago mit Recht zu seinem Einflußgebiet zählte; dies gab der Feindschaft Karthagos gegenüber Rom neue Nahrung. In ähnlicher Weise mischten sich während des zweiten Jahrhunderts einzelne Mitglieder der Oligarchie in die inneren Angelegenheiten der Königreiche Makedonien, Syrien und Pergamon; wieder ein Zeichen für den Konkurrenzgeist innerhalb der Oligarchie.

Im übrigen hatte Rom natürlich auch Niederlagen erlitten, die im Augenblick verhängnisvoll erschienen; doch das erklärt noch nicht, warum ein Bedürfnis nach Sicherheit, das jedes Gemeinwesen empfindet, in Rom zu einem fast neurotischen Gefühl der eigenen Verletzlichkeit gesteigert war; so war Rom 149 v. Chr. überzeugt, von Karthago bedroht zu sein und zerstörte es bald darauf (s. S. 106f.).

Oft spielte auch reine Habgier mit, wie eine Figur bei Plautus offen zeigt:

Den Senat will ich in Finanzfragen einberufen; Tagungsort: mein Kopf,
Tagesordnung: Wem erklären wir den Krieg, damit ich Geld von daher
holen kann?... (Plautus, Epidicus 158–9)

Entscheidender aber als alle diese Faktoren war wohl die Beschaffenheit des römischen Bündnisses in Italien. Rom forderte von keinem seiner Bundesgenossen ein *tributum* (außer von den *cives sine suffragio),* sondern verlangte statt dessen, daß sie Krieger zur Verfügung stellten. Die Gründe für eine solche

Entwicklung sind durchaus einleuchtend, wenn man bedenkt, daß Rom, Latium und die Herniker ursprünglich ständig durch plündernde Stämme aus dem Hochland bedroht waren. Doch andererseits war die Folge dieser Einrichtung, daß Rom ausschließlich in Form von Truppenaushebungen Nutzen aus seinem Bündnis ziehen konnte. Die einzige Möglichkeit, seine Führungsrolle zu demonstrieren – was für ein Reich mindestens so wichtig ist wie die praktischen Vorteile einer Führungsrolle – bestand für Rom darin, die Truppen des Staatenbundes der Befehlsgewalt seiner Konsuln zu unterstellen; was also blieb, außer Krieg und Eroberung?

Pyrrhos

Roms Auseinandersetzung mit Pyrrhos ergab sich aus der Notlage Tarents. Unter dem wachsenden Druck der barbarischen Stämme aus dem Landesinneren während der zweiten Hälfte des vierten Jahrhunderts wandte sich Tarent an das griechische Mutterland um Unterstützung und wurde nacheinander von einer Reihe griechischer Heerführer verteidigt: von Archidamos von Sparta, Alexandros von Epeiros, Akrotatos von Sparta, Kleonymos von Sparta (er blieb von 304 bis 299 in Italien) und schließlich von Pyrrhos von Epeiros (der sich von 280 bis 275 im Westen aufhielt). Dieser nun wurde nicht um Hilfe gegen die barbarischen Stämme gerufen, die Tarent benachbart waren, sondern zur Unterstützung gegen die wachsende Macht Roms.

Nach einer Reihe militärischer Erfolge und nach einer Expedition nach Sizilien wurde Pyrrhos schließlich bei Beneventum von den Römern geschlagen und überließ die Bewohner Tarents ihrem Schicksal. Die Konfrontation mit Rom betraf die Karriere des Pyrrhos nur am Rande. Wichtig war, daß es sich um eine Konfrontation zwischen Rom und einem Nachfolger Alexanders des Großen gehandelt hatte, was bedeutete, daß Rom nun endgültig in der griechischen Welt eine Rolle spielte (s. S. 14).

Der Erste Punische Krieg

Kurz nach dem Sieg über Pyrrhos sah sich Rom im Jahre 264 veranlaßt, erstmals außerhalb Italiens zu intervenieren:

Von den Mamertinern (in Messene [Messina] angesiedelte italische Söldner, denen ein Angriff von Syrakus drohte)... wollten die einen zu den Karthagern ihre Zuflucht nehmen (der zweiten Großmacht im westlichen Mittelmeerraum neben Rom) und sich selbst und die Akropolis in ihre Hände geben, andere aber schickten Gesandte nach Rom, boten die Übergabe der Stadt an und baten, ihnen als Stammverwandten beizustehen. Die Römer waren lange unschlüssig, was sie tun sollten, denn die Inkonsequenz einer solchen Hilfeleistung war allzu deutlich: kurz vorher hatten sie nämlich ihre eigenen Mitbürger auf das schwerste bestraft und hingerichtet, weil sie Verrat an den Leuten von Rhegion (Reggio) verübt hatten; gleich danach zu versuchen, den Mamertinern, die sich in gleicher Weise nicht nur an den Messeniern, sondern eben auch an Rhegion vergangen hatten, zu helfen, hielt man für ein schwer zu entschuldigendes Unrecht. Die Römer waren sich hierüber völlig im klaren; da sie aber auf der anderen Seite sahen, daß die Karthager sich nicht nur ganz Libyen (Afrika), sondern auch große Teile von Iberien (Spanien) unterworfen hatten (Polybios – oder seine Quelle – übertreibt hier), dazu alle Inseln im Sardinischen und Tyrrhenischen Meer in ihrer Gewalt hatten, waren sie in großer Sorge, die Karthager könnten, wenn sie auch noch die Herrschaft über Sizilien gewönnen, ihnen äußerst gefährliche Nachbarn werden, da jene sie dann eingekreist hätten und Italien von allen Seiten bedrohten. Daß die Karthager Sizilien in kurzer Zeit unter ihre Herrschaft bringen würden, wenn die Mamertiner keine Hilfe erhielten, war offenbar. Würde ihnen nämlich Messene ausgeliefert und wären sie dann Herren dieser Stadt, dann würden sie binnen kurzem Syrakus vernichten, da sie beinahe über ganz Sizilien geboten.

Dies alles sahen die Römer voraus und erkannten, daß ihnen nichts anderes übrigblieb, als Messene nicht preiszugeben und eben nicht zuzulassen, daß die Karthager einen Brückenkopf für den Übergang nach Italien gewönnen. Lange berieten sie, und der Senat faßte aus den angegebenen Gründen überhaupt keinen endgültigen Entschluß (Messene zu Hilfe zu kommen), denn die Inkonsequenz einer Hilfeleistung für die Mamertiner schien den daraus entspringenden Vorteilen das Gleichgewicht zu halten.

Das Volk dagegen, das durch die vorangegangenen Kriege schwer gelitten hatte und in vielfältiger Weise einer Verbesserung seiner Lage bedurfte, und dem die vorgesehenen Feldherren zugleich mit den eben genannten Gründen – also den Vorteilen des Kriegs für die Gesamtheit – auch den offenbaren und großen Nutzen für den einzelnen (nämlich Beute) vor Augen hielten, dieses Volk also beschloß (auf der Volksversammlung), die Hilfeleistung zu gewähren.   (Polybios 1, 10, 1–11, 2)

Nachdem Rom einige Erfolge errungen hatte – unter anderem hatte es Hieron von Syrakus als Verbündeten gewonnen –, stellte es fest, daß der Krieg in eine Sackgasse geraten war: Die Karthager beherrschten das Meer, die Römer beherrschten Sizilien, mit Ausnahme einiger weniger Befestigungen. Da sie auf technischem Gebiet zu Neuerungen ebenso fähig waren wie auf anderen Gebieten, machten sich die Römer daran, die See zu erobern:

Da sie nämlich sahen, daß sich der Krieg in die Länge zog, gingen sie – erstmals – daran, Schiffe zu bauen, 100 Fünfruderer und 20 Dreiruderer. Da aber die Schiffsbaumeister im Bau von Fünfruderern völlig unerfahren waren – bis dahin hatte noch niemand in Italien solche Schiffe benutzt –, bereitete ihnen diese Aufgabe große Schwierigkeiten. Eben hieran aber kann man wohl am besten den hohen Sinn und den Wagemut erkennen, der den Römern eigen ist. (Nach dem Modell eines karthagischen Schiffswracks bauten die Römer schließlich eine Flotte und stachen in See). (Polybios 1, 20, 9–11)

Es war die Ausdauer der Römer, die den Krieg entschied – ein Wesenszug, der ihnen schon geholfen hatte, Pyrrhos zu besiegen, und der ihnen später dazu verhelfen sollte, Hannibal, den größten karthagischen General des Zweiten Punischen Krieges, zu schlagen. Rom war Karthago gegenüber mit einer Flotte im Vorteil und zwang es im Friedensschluß von 241 dazu, sich aus Sizilien zurückzuziehen und hohe Reparationen zu zahlen. Durch eine Aktion, die sogar von Polybios als unlauter betrachtet wurde, brachte Rom kurz darauf Sardinien in seine Gewalt.

Hannibal

Es ist nicht verwunderlich, daß in Karthago Stimmen laut wurden, die das Verdikt des Ersten Punischen Krieges als nicht endgültig bezeichneten. Nach der Gründung eines Reiches in Spanien, die ihm beträchtliche militärische und finanzielle Möglichkeiten in die Hand gab, fiel Hannibal im Jahre 218 in Italien ein. (Die römische Geschichtsschreibung versuchte, den völlig berechtigten Angriff der Karthager auf Sagunt als casus belli hinzustellen; damit sollte das schlechte Gewissen Roms beruhigt werden, das auf den Hilferuf Sagunts nicht mit der nötigen Einsatzbereitschaft reagiert hatte; s. S. 58.) Durch eine Ironie

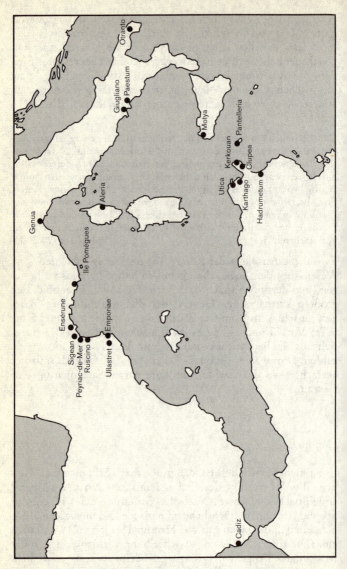

Abb. 4: Roms Handelsverbindungen
Auf der Karte sind die Orte eingezeichnet, die um die Mitte des 3. Jh. v. Chr. feine Keramik aus Rom importierten.

des Schicksals kam es zur entscheidenden Konfrontation zwischen Rom und Karthago zu einem Zeitpunkt, als die Handelsbeziehungen zwischen den beiden Mächten intensiver waren als je zuvor – ein Großteil der kunstvollen Töpferwaren, die Rom zwischen 250 und 225 v. Chr. exportierte, ging nach Karthago und seiner Umgebung (s. Abb. 4)*. Hannibals Anfangserfolge waren aufsehenerregend. Er drang mit 20 000 Mann Fußvolk und 6000 berittenen Soldaten in Italien ein und schlug die Römer in einer Folge von Schlachten: im Jahre 218 am Ticinus und an der Trebia in der Po-Ebene, 217 am Trasimenischen See in Etrurien und 216 bei Cannae im Südosten Italiens. Die geringe Zahl seiner Streitkräfte zwang ihn, sich durch jeden verfügbaren Verbündeten Verstärkung zu verschaffen, und der endgültige Sieg hing tatsächlich davon ab, ob es ihm gelingen würde, den größten Teil der Verbündeten Roms für sich zu gewinnen. Aufgrund der jahrhundertealten Feindschaft zwischen den Römern und den Galliern, die die Po-Ebene bewohnten, und weil Rom unmittelbar vor dem Jahre 218 versucht hatte, dort Kolonien zu gründen, hatten die Gallier natürlich ein Interesse daran, sich Hannibal anzuschließen – ganz abgesehen von der Aussicht auf Kriegsbeute. Doch machte die Unterstützung der Gallier Hannibal im übrigen Italien nicht beliebter.

Hannibals aufsehenerregende Anfangserfolge verdeckten nur die Tatsache, daß er letzten Endes scheitern mußte. Auf die Schlacht bei Cannae folgte der Aufstand mehrerer italischer Gemeinwesen, besonders der Capuas: Manche wollten sich von Rom lösen, andere wurden mit Waffengewalt zum Aufstand gezwungen. Hieronymos, der Enkel des Hieron von Syrakus, des Verbündeten Roms im Ersten Punischen Krieg (s. S. 61), wurde dazu bewogen, sich Karthago anzuschließen. Doch die meisten Verbündeten Roms blieben loyal, und die Interessen, die sie mit Rom verbanden, waren ausschlaggebend für den Ausgang des Krieges.

Unmittelbar nach der Schlacht bei Cannae stand fest, daß Rom sich niemals ergeben würde; angesichts dieser Erkenntnis erinnerten sich seine Verbündeten daran, wie sie in einer Reihe von Schlachten gegen die Gallier von Rom geführt worden waren und daß die Gallier nun Verbündete Hannibals waren; sie erinnerten sich des Zusammengehörigkeitsgefühls, das Italien

---

* Interessant auch, daß die Römer das Wort *macellum*, Markt, aus dem Phönizischen übernahmen.

unter Roms Oberherrschaft vereint hatte; und vor allem erinnerten sie sich der gemeinsam geteilten Kriegsbeute.

Im Jahre 211 wurde von M. Claudius Marcellus Syrakus zurückerobert, das nur wegen der genialen Kriegsmaschinen des Archimedes (der bei der Plünderung der Stadt den Tod fand) so lange hatte standhalten können. Im Jahre 209 eroberte P. Cornelius Scipio den karthagischen Stützpunkt in Spanien, Nova Carthago. Inzwischen mußte Hannibal in Italien zusehen, wie der ihm an Kriegsstärke überlegene und im Grunde ungebrochene römische Staatenbund allmählich die Städte unterwarf, die er auf seine Seite gezogen hatte und die er nicht zu verteidigen vermochte. 207 rief er Hasdrubal und die verbliebenen karthagischen Streitkräfte aus Spanien herbei, die jedoch in einer Schlacht am Metaurus in Norditalien aufgerieben wurden. Hannibals Abzug aus Italien und seine endgültige Niederlage (bei Zama, 202) war nur noch eine Frage der Zeit; das römische Expeditionskorps, das ihn besiegte, wurde von P. Cornelius Scipio angeführt, der in der Folge den Beinamen Africanus erhielt.

Zwölf latinische Kolonien erklärten im Jahre 209 in einem an Rom gerichteten Appell, daß sie weder in der Lage seien, mehr Männer aufzubieten, noch die Geldmittel für sie aufzubringen. Aus Roms Reaktion geht hervor, in welchem Maße es seine Verbündeten unter Kontrolle hatte:

Damals gab es 30 (latinische) *coloniae* des römischen Volkes, von denen zwölf bei einer Zusammenkunft der Abgesandten in Rom den Konsuln erklärten, sie wüßten nicht mehr, woher sie Soldaten und Geld nehmen sollten (und kündigten ihre Unterstützung auf). Getroffen von dieser Neuigkeit glaubten die Konsuln, diese von ihrem verabscheuenswerten Plan eher mit Tadeln und Schelten abbringen zu können als sie mit Freundlichkeit zu gewinnen, und sagten, sie hätten da etwas zu sagen gewagt, das die Konsuln niemals wagen könnten, im Senat zu wiederholen. Es handle sich ja nicht um einen Versuch, sich der Pflichten des Kriegsdiensts zu entziehen, sondern vielmehr um einen offenen Abfall vom römischen Volk ... (Schließlich leisteten die anderen *coloniae* mehr als ihr jeweiliges Soll, weshalb die zwölf genannten zunächst ignoriert wurden; später strafte man sie mit zusätzlichen Belastungen.)
(Livius 27, 9, 7–8)

Die Opposition

Die Beteiligung am Kriegsgewinn bewirkte Loyalität sowohl bei den Verbündeten gegenüber Rom als auch bei den niederen Schichten gegenüber der Herrschaft der Oligarchie, wenn es auch in beiden Fällen zu gelegentlichem Aufbegehren kam. Die Laufbahn des Manius Curius Dentatus, eines *homo novus*, der nicht auf Vorfahren mit hohen Ämtern zurückblicken konnte, war sicherlich von der Unterstützung des Volkes abhängig. Während seines Konsulats im Jahre 290 besiegte er die Samniten und die Sabiner, hielt zwei Triumphzüge ab und verteilte anschließend das Land, das er den Sabinern abgenommen hatte, unter die Bedürftigen Roms. Kein Wunder, daß man ihm in den achtziger Jahren des zweiten vorchristlichen Jahrhunderts im Kampf gegen die Senonen wieder die Befehlsgewalt übertrug. Er bekleidete das Amt noch ein weiteres Mal und besiegte Pyrrhos im Jahre 275. Ein letztes Konsulat im Jahre 274 war sein Lohn.

Doch den schwersten Zusammenstoß zwischen der Oligarchie und einem Volksvertreter rief C. Flaminius hervor; er war 232 Tribun und setzte in jenem Jahr gegen den Widerstand des Senats ein Gesetz durch, das römischen Bürgern private Anteile am *ager Gallicus* und am *ager Picenus* zusprach. Welchen Groll die Oligarchie gegen C. Flaminius hegte, konnte Polybios um die Mitte des folgenden Jahrhunderts seinen aristokratischen Quellen entnehmen:

An Kolonisten verteilten die Römer in Gallien (in der Po-Ebene) den sogenannten *ager Picenus,* aus dem sie den gallischen Stamm der Senoni nach ihrem Sieg vertrieben hatten; C. Flaminius war der Urheber dieser demagogischen Politik, die man sozusagen als Roms ersten Schritt weg vom graden Weg (des Gehorsams gegenüber der Oligarchie) bezeichnen muß, aber auch für die Ursache des nun folgenden Kriegs gegen die Gallier halten kann. Denn viele von diesen waren jetzt bereit, den Krieg aufzunehmen, vor allem die Boii, deren Gebiet an das römische grenzt, und die glaubten, daß die Römer mit ihnen nicht mehr um Vormachtstellung und Herrschaft Krieg führten, sondern mit dem Ziel ihrer vollständigen Vertreibung und Vernichtung.   (Polybios 2, 21, 7–9)

Weshalb sich der Senat dem Vorschlag des C. Flaminius widersetzte, ist unschwer zu erraten: Es ging nicht etwa um die Sorge, eine Ausdehnung des römischen Territoriums könne sich negativ auf den Stadtstaat auswirken, sondern ganz einfach um die Befürchtung, C. Flaminius könne zuviel Ansehen und zuviele Klienten gewinnen.

Doch wurde der Zwist zwischen C. Flaminius und dem Senat nicht nur durch das Gesetz von 232 ausgelöst:

Bei den Senatoren war er auch wegen eines neuen Gesetzes verhaßt, das der Volkstribun Q. Claudius gegen den Senat und mit Unterstützung nur eines einzigen Senators, C. Flaminius, durchgebracht hatte: Niemand, der selbst oder dessen Vater Senator sei, dürfe ein Seeschiff von mehr als 300 Amphoren Ladekapazität besitzen. Diese Größe genüge, um damit Früchte aus den Landgütern abzuholen; jegliche Art Spekulation sei für Senatoren nicht geziemend. Die Folge dieser mit großer Heftigkeit geführten Verhandlung war für Flaminius als Befürworter des Gesetzes Haß von seiten des Adels, Wohlwollen von seiten des Volkes und von daher das zweite Konsulat. (Livius 21, 63, 3–4)

Das Gesetz, die *lex Claudia*, hatte keine praktischen Folgen, da ein Senator sich bei wirtschaftlichen Transaktionen eines Mittelsmannes bedienen konnte, wie Cato der Ältere, dieser Verfechter traditioneller Werte, entdeckte; in der Tat gab das Gesetz sogar der Grundüberzeugung der römischen Führungsschicht Ausdruck, ein Edelmann müsse von seinem Grundbesitz leben – oder jedenfalls so tun. Die Hauptbedeutung des Gesetzes lag darin, daß es die öffentliche Anerkennung des Senats als herrschende Ratsversammlung des römischen Gemeinwesens beinhaltete (und in der Anerkennung der Tatsache, daß ein Senator *und* noch dessen Sohn einer besonderen Gesellschaftsschicht angehörten); das Gesetz betonte, Senatsmitglieder müßten über weltliches Tun erhaben sein.* Auch kam die Bereitschaft des Volkes zum Ausdruck, feste Regeln für das Verhalten seiner Anführer aufzustellen, und hier lag der eigentliche Anstoß für die Handlungsweise jener Anführer, die – und dies sollte sich mehrfach wiederholen – während des Umschwungs in der späten Republik eine Rolle spielten.

Das zweite Konsulat des C. Flaminius, das er durch seine Unterstützung der *lex Claudia* erwarb, war das von 217. Die Niederlage am Trasimenischen See kostete ihn das Leben und lieferte der Oligarchie zusätzliche Gelegenheit, sein Andenken zu verunglimpfen. Doch er sollte nicht der letzte Anführer sein, dem das Volk während des Hannibalischen Krieges gegen den

---

* Die Vermutung mancher Gelehrter, hinter dem Gesetz hätten Geschäftsleute gestanden, die Senatoren als Konkurrenten ausschließen wollten, erscheint mir unbegründet.

Willen der Oligarchie ins Amt verhalf. C. Terentius Varro, einer der Konsuln des Jahres 216, wurde nicht zuletzt deswegen ernannt, weil das Volk mit der Kriegführung der Oligarchie unzufrieden war (auch Livius 22, 34, 8 liefert eine plausible Erklärung für die Einstellung seiner Anhänger); es wurde dem Q. Fabius Maximus vorgeworfen, er habe, indem er Schlachten mit Hannibal aus dem Wege ging, den Krieg in die Länge gezogen, der ohne weiteres hätte gewonnen werden können. Durch C. Terentius Varro erlitten die römischen Legionen dann die schwerste Niederlage dieses Krieges bei Cannae.

Trotz Varros Versagen dauerten die Unruhen an. Es kann nicht überraschen, daß die Oligarchie mehrmals während des Hannibalischen Krieges einen Konsul damit beauftragte, einen Diktator zu ernennen, der sechs Monate lang die höchste Macht innehatte. Dieses für Notzeiten geschaffene Amt war schon (im Jahr 217) ad absurdum geführt worden, als das Volk M. Minucius Rufus neben Q. Fabius Maximus zum Diktator erhob. Merkwürdigerweise schwächte der Senat selbst die Stellung des Maximus: Er machte ihm zum Vorwurf, daß er Lösegeld für Gefangene aus öffentlichen Mitteln verlangt hatte. Das Volk ernannte im Jahre 210 erneut einen Diktator; und in jenem Jahr war es den Volkstribunen erstmals erlaubt, sich in die Aktivitäten eines Diktators einzumischen. Das Amt kam dann außer Gebrauch, und seine Aufgaben wurden später, als sich die Notwendigkeit ergab, von einer ganz anderen Institution übernommen (s. S. 141); in neuer Form wurde es unter Sulla und Caesar wiedereingeführt.

Doch das bemerkenswerteste Ereignis, in dem das Volksempfinden während des Hannibalischen Krieges seinen Ausdruck fand, war das Auftauchen eines Führers, der sich zwar für den Augenblick mit der Oligarchie nicht anlegen wollte, dessen Beispiel jedoch nicht ohne ernste Folgen für die Zukunft bleiben sollte: P. Cornelius Scipio. Das begeisterte Volk machte ihn zum Befehlshaber in Spanien, wo er von einigen spanischen Truppen als König gefeiert wurde. Als Reaktion auf dieses peinliche Kompliment schlug er ihnen statt dessen den Titel *imperator* vor. Dieser Titel war zunächst ausschließlich auf Mitglieder seiner eigenen Familie beschränkt; während der immer heftigeren politischen Machtkämpfe der späten Republik bewarben sich auch andere um ihn. Sein Sieg über Karthago bei Zama brachte Scipio den Beinamen Africanus ein und verhalf ihm zu einer bisher nie dagewesenen Vorrangstellung über die ihm Gleichgestellten.* Noch war jedoch die Macht des Senats nicht gefährdet; das Erstaunliche ist nicht, daß sich die Volksversammlung im Jahre 200 gegen einen weiteren Krieg, nämlich gegen Philipp V. von Makedonien, aussprach, sondern daß sie so leicht umzustimmen war: So fest hielt die Oligarchie den römischen Staat im Griff.

* Symptomatisch dafür, zu welcher Berühmtheit eine Persönlichkeit damals gelangen konnte, ist auch der Kult, mit dem M. Claudius Marcellus, der Eroberer von Syrakus, von dieser Stadt geehrt wurde (ob zu seinen Lebzeiten oder posthum, wissen wir nicht).

6. Die Eroberung des Ostens

Der Illyrische Krieg

Das politische Engagement Roms östlich des Adriatischen Meeres begann mit dem Ersten Illyrischen Krieg im Jahre 229. Dieser Krieg ist ausschlaggebend für unser Verständnis der römischen Expansion; ebenso bedeutsam war er für das Denken des Polybios, der nun die »Welt« in seinem ganz auf Griechenland gerichteten Blick von Rom erobert sah. Laut Polybios überfielen die Illyrer seit langem Schiffe, die aus Italien kamen; diese Übergriffe häuften sich, als sie unter Königin Teuta von Illyrien Phoinike in ihre Gewalt brachten. Als die Römer dagegen Protest einlegten, wurde L. Coruncanius, einer der römischen Gesandten, auf dem Rückweg ermordet – das hatte die Kriegserklärung zur Folge. Roms Erbitterung über eine Königin, die nicht in der Lage oder nicht willens war, ihre Untertanen von der Seeräuberei abzuhalten, ist verständlich. Man vergleiche nur, wie streng Rom die Truppen bestrafte, die im Jahre 280 Rhegion einnahmen. Doch sollte man nicht unterschätzen, welche Bedrohung Illyrien durch seine strategische Lage – mit seiner Hauptstadt Rhizon in der Bucht von Kotor – bedeutete. »Wer immer Kotor beherrscht, der ist Herr über das Adriatische Meer, und in dessen Macht steht es, in Italien einzufallen und es von allen Seiten, zu Wasser wie zu Lande, einzukreisen«, bemerkte ein französischer Gesandter, Saint-Gouard, im Jahre 1572*. Die Bittgesuche der Opfer lieferten den Römern greifbare Beweise für die Macht, die Illyrien nach der Einnahme Phoinikes besaß.

Im Verlaufe des Krieges gegen Königin Teuta vertrieb Kerkyra (Korfu) seine illyrische Garnison, ergab sich, auf Anerbieten der Römer, deren *fides* und wurde in ihre *amicitia* aufgenommen. Von Apollonia, Epidamnos, den Parthinern, den Atintanen und von Issa vermerkt Polybios ausdrücklich, daß sie diesem Beispiel gefolgt seien. Wie empfänglich Rom für die diplomatischen Feinheiten der hellenistischen Welt war, geht mit aller Deutlichkeit aus seiner Handlungsweise hervor. Nachdem

---

* Zitiert nach F. Braudel, *The Mediterranean and the Mediterranean World in the Age of Philipp II*. Bd. I, Glasgow 1972, S. 126.

die Römer Teuta endgültig besiegt und sie zur Zahlung eines Tributs verurteilt hatten, entsandten sie Siegesboten nach Aitolien und Achaia, wohin sich die Opfer der Illyrer ebenfalls um Hilfe gewandt hatten. Die Boten verkündeten den Sieg auch in Athen, der geistigen Hauptstadt Griechenlands, und in Korinth, wo gerade die Isthmischen Spiele abgehalten wurden; die Römer wurden zu den Spielen zugelassen. Schon zu diesem frühen Zeitpunkt war die Selbstdarstellung Roms in der griechischen Welt durchaus nicht zufällig.

Die politische Struktur dieser Welt (s. Abb. 21) war durch die Eroberungen Alexanders des Großen geprägt. Als er im Jahre 323 starb, erstreckte sich sein Reich, zu dem die sogenannten freien Städte Griechenlands in einem schwierigen symbiotischen Verhältnis standen, von Makedonien bis Indien. Aus den Kämpfen, die sich über ein bis zwei Generationen nach seinem Tod hinzogen, gingen drei starke Monarchien hervor: das Königreich Makedonien, das Reich der Seleukiden, die Syrien und einen Großteil Kleinasiens beherrschten, und das Reich der Ptolemaier, die Ägypten unter sich hatten. Im Laufe des dritten Jahrhunderts v. Chr. wurde das Königreich Pergamon aus dem seleukidischen Herrschaftsgebiet in Kleinasien herausgelöst. Die hellenistischen Monarchien verwalteten, besteuerten und beschützten ihre riesigen Territorien; die bäuerliche Bevölkerung lebte in Dörfern und hatte keinerlei politische Rechte. Darüber hinaus führten die Monarchen immer wieder Krieg miteinander und warben um die Griechenstädte; diese beriefen sich jedoch auf ihren freien Status, wenn sie ihn in Wahrheit auch nicht immer besaßen. Das erklärte Ziel Spartas in seinem Krieg gegen Athen in den Jahren 431 bis 404 war es, die griechischen Städte vom Joch Athens zu befreien. Die verschiedenen allgemeinen Friedensschlüsse im vierten vorchristlichen Jahrhundert hatten zwar alle die Autonomie der Städte verkündet, sie aber nicht wirklich durchgesetzt. Folglich mußte sich jeder hellenistische Monarch als Befürworter der Freiheit dieser Städte zeigen; besonders, da die Gefahr bestand, daß eine Stadt, die mit seinem Patronat unzufrieden war, sich anderswohin um Hilfe wenden würde. Tatsächlich gelang es den Monarchen, die griechische Welt in ein Mosaik von Protektoraten aufzuteilen. Diese Welt, mit ihrer festen politischen Struktur und ihrer Vorstellung von autonomen griechischen Städten war es, die Rom vorfand.

Philipp V. von Makedonien

Nach dem Ersten Illyrischen Krieg ließ Rom Demetrios von Pharos in einflußreicher Stellung in Illyrien zurück, die er mit der Zeit zu einer beherrschenden Position auszubauen verstand. Im Jahre 220 beschlossen die Römer, ihn zu entmachten, sicherlich, weil sie um ihre östliche Flanke im bevorstehenden Krieg mit Karthago fürchteten. Sie begründeten diese Maßnahme damit, daß Demetrios griechische Städte in Illyrien unterworfen und zerstört habe (dieses Gebiet unterstand – laut Polybios – Rom). Weiter wurde ihm Piraterie in der Ägäis vorgeworfen; damit hatte er natürlich gegen das Verbot verstoßen, das Illyrien nach dem Ersten Illyrischen Krieg auferlegt worden war, nämlich das Meer südlich von Lissos zu befahren. Höchstwahrscheinlich wollte Rom damit die öffentliche Meinung der Griechen für sich gewinnen.

Demetrios sah sich gezwungen, zu Philipp V. von Makedonien zu flüchten, und Rom zog seine Streitkräfte östlich des Adriatischen Meeres wieder ab. Allerdings war sich Philipp V. nun darüber im klaren, daß die Römer de facto einen Teil Illyriens beherrschen. (Von den Städten, die von Demetrios von Pharos angegriffen wurden, berichtet Polybios, sie hätten Rom unterstanden.) Bald darauf beobachtete er mit Unbehagen das Eingreifen Roms zugunsten seines Feindes Skerdilaidas. Nach einem mißlungenen Vorstoß ins Adriatische Meer im Jahre 216 nutzte er die Schwäche der Römer nach der Schlacht bei Cannae, um sich mit Hannibal zu verbünden und damit das Kräfteverhältnis zu seinen Gunsten zu verändern. Merkwürdigerweise sind die Streitigkeiten zwischen Rom und Makedonien nicht etwa auf das römische Eingreifen östlich des Adriatischen Meeres zurückzuführen, sondern vielmehr auf die Reaktion Philipps V. auf die Auswirkungen der Intervention.

Er verpflichtete sich, Karthago zu helfen. Karthago wiederum verpflichtete sich, dafür zu sorgen, daß jeder Friedensschluß mit Rom auch Makedonien mit einschloß; auch wollte Karthago Makedonien vor Angriffen schützen. Rom sollte nicht länger über Kerkyra, Apollonia, Epidamnos, Pharos, Dimale, über die Parthiner und die Atintanen herrschen.

Bedroht von Philipp V. und zugleich unfähig, genügend Streitkräfte in Italien zu mobilisieren, wandte sich Rom an Aitolien und handelte in den Jahren 212–211 ein Bündnis aus. Die Bedingungen dieses Bündnisses sind zum Teil auf einer fragmentarischen Inschrift erhalten, die man in Thyrrheion gefunden hat:

[Gegen] alle diese [Feinde] sollen die Beamten der Aitoler [Krieg] führen lassen, sobald sie es wollen.
Wenn die Römer von diesen Völkern irgendwelche Städte mit Gewalt einnehmen, sollen diese Städte und ihr Umland – soweit es das Volk der Römer betrifft – dem Volk der Aitoler gehören; was aber außer Stadt und Umland die Römer einnehmen, soll den Römern gehören.
Wenn die Römer und die Aitoler irgendwelche dieser Städte gemeinsam einnehmen, sollen diese Städte und ihr Umland – soweit es das Volk (der Römer) betrifft – den Aitolern gehören. Was sie außer der Stadt einnehmen, soll gemeinsam beiden gehören.
Wenn irgendwelche von diesen Städten zu den Römern oder zu den Aitolern übergehen oder abfallen, sollen die Aitoler die [Bewoh]ner und die Städte und das Umland – soweit es das Volk der Römer betrifft – [in ihren] Bund aufnehmen, [...] autonom [...] den Fried[en ...].
(IG IX 1^2 2, 241 = StV III 536)*

Der Text ist ein anschauliches Zeugnis dafür, wie sehr Rom darauf bedacht war, einen Konflikt in Griechenland zu vermeiden. Trotzdem brachten diejenigen Bestimmungen, die sich auf die bewegliche Beute bezogen – und die sogleich ausgeführt wurden –, Rom in der griechischen Welt für lange Zeit in Mißkredit. Die Nachricht von der Eroberung Antikyras und Aiginas verbreitete sich wie ein Lauffeuer. Ähnliche Bestimmungen über die Beute finden sich zwar schon vorher in der griechischen wie in der römischen Welt; doch wenn man bedenkt, wie sehr die Römer Konflikte in Griechenland zu vermeiden suchten, und daß der Vertrag auf der Inschrift die Übersetzung eines lateinischen Originaltextes ist, dann kann man davon ausgehen, daß die Bestimmungen auf Geheiß der Römer eingefügt wurden. Sicherlich wurde auch später nach ähnlichen Prinzipien gehandelt, als Rom und Attalos von Pergamon Andros und Oreos eroberten. Und in Griechenland, wo die Versessenheit auf bewegliches Beutegut als illyrischer Wesenszug galt, konnten solche Bestimmungen der Beliebtheit der Römer nicht gerade förderlich sein. Polybios' brillanter und bitterer Bericht über die römische Plünderung von Nova Carthago in Spanien im Jahre 209 gibt wieder, wie Rom zu jener Zeit von den Griechen gesehen wurde:

---

* H. H. Schmitt, *Die Staatsverträge des Altertums*. Bd. III, München 1969, nr. 536.

Als P. Scipio genügend Truppen in der Stadt zu haben glaubte, schickte er die meisten, wie es bei den Römern üblich ist, gegen die Bewohner der Stadt aus, mit dem Befehl, zu töten, wen sie träfen und keinen zu schonen, aber nicht zum Plündern überzugehen, bevor nicht das Zeichen dazu gegeben würde. So handeln sie, wie mir scheint, um Schrecken zu verbreiten (und dadurch den Widerstand vollends zu brechen). Daher kann man oft in Städten, die von den Römern erobert worden sind, nicht nur Menschenleichen*, sondern auch Hunde sehen, die ein Schwertstreich zerteilt hat, und abgeschlagene Gliedmaßen anderer Tiere. Damals war die Zahl der Opfer wegen der hohen Bevölkerungszahl besonders groß. (Polybios 10, 15, 4–6)

Für ihren Friedensschluß mit Philipp im Jahre 206 mögen die Aitoler verschiedene Beweggründe gehabt haben. Zum einen hatten sie ebensowenig Anlaß, Krieg zu führen, wie zur Zeit ihres Friedensschlusses mit Philipp im Jahre 217. Auch waren sie allgemein verhaßt, weil man sie mit dem römischen Kriegsgebaren in Zusammenhang brachte; ferner ahnten sie vielleicht, daß die Römer sich bei der erstbesten Gelegenheit gegen Griechenland wenden würden, sobald es die Lage in Italien zuließ; und schließlich sahen sie sich 207 von Rom nicht genügend unterstützt. Im Jahre 206 schlossen auch die Römer Frieden mit Philipp.

Der Zweite Makedonische Krieg

Fünf Jahre später führten sie erneut Krieg gegen ihn. Damit zeichnete sich erstmals Roms Bereitschaft ab, sich in größerem Umfang im griechischen Osten zu engagieren. In diesem Krieg stellt sich uns das Problem des römischen Imperialismus in seiner ganzen Deutlichkeit und Schärfe dar. Deshalb müßte man die unmittelbaren Ursachen dieses Krieges ermitteln, was bei unserem gegenwärtigen Wissensstand fast unmöglich scheint. Wir wollen es trotzdem versuchen.

Für Livius war die Sache einfach; sowohl Philipp V. als auch Rom hatten in ihren Vertragsbedingungen von 206 einige ihrer Verbündeten mit einbezogen, Rom vor allem die Stadt Athen. Im Jahre 203 beschwerte sich eine Abordnung der römischen

---

* Die Überreste einer mutwillig verstümmelten Leiche wurden bei den Ausgrabungen von Morgantina in Sizilien gefunden, das im Jahre 211 von den Römern geplündert wurde.

»Verbündeten« in Griechenland über Angriffe Philipps (und meldete zugleich, daß die Makedonier nun auf seiten Karthagos standen). Rom zog schließlich in den Krieg, um Athen zu verteidigen; die Volksversammlung lehnte den Krieg zunächst ab, stimmte ihm dann aber zu Beginn des Konsulatsjahres im März 200 doch zu.

Wenn wir allerdings Polybios glauben wollen, so befand sich Rom noch nicht im Kriegszustand, als M. Aemilius Lepidus noch im gleichen Jahr in Abydos eine Unterredung mit Philipp hatte (der die Stadt gerade belagerte):

Denn die Römer hatten auf Rhodos sichere Nachrichten von der Belagerung von Abydos erhalten und wollten ihrem Auftrag gemäß mit Philipp persönlich verhandeln. Sie verschoben daher die Weiterfahrt zu den anderen Königen und entsandten M. Aemilius. Dieser traf bei Abydos mit Philipp zusammen und erklärte dem König, der Senat habe beschlossen, ihn aufzufordern, weder mit irgendwelchen Griechen Krieg zu führen noch gegen ptolemaische Besitzungen vorzugehen, und sich für das Attalos (von Pergamon) und den Rhodiern zugefügte Unrecht zu verantworten. Wenn er danach handle, könne er Frieden haben, andernfalls stehe ihm der Krieg mit den Römern bevor.
Als der König den Aemilius belehren wollte, daß die Rhodier ihn angegriffen hätten, fiel dieser ihm ins Wort und fragte: »Was ist mit Athen? Was mit Kianos? Was jetzt mit Abydos? Hat auch von diesen einer zuerst die Hand gegen dich erhoben?« Der König wußte darauf keine Antwort und sagte, aus drei Gründen verzeihe er ihm seine hochfahrende Rede, erstens, weil er noch jung und in der Politik unerfahren sei, zweitens, weil er der schönste Mann sei, dem er je begegnet wäre – und er war wirklich schön! –, drittens, weil er ein Römer sei. »Ich aber«, sagte er, »bitte die Römer sehr darum, die Verträge nicht zu verletzen und nicht gegen uns Krieg zu führen; wenn sie das aber doch tun, werden wir uns tapfer zur Wehr setzen und die Götter um ihren Beistand anrufen.« (Polybios 16, 34, 2–7)

Auch dies ist noch keine Kriegserklärung, sondern lediglich ein Bericht über einen Senatsbeschluß; darin wird Philipp ermahnt, keinen Krieg gegen die Griechen zu führen und den Besitz des Ptolemaios V. von Ägypten unangetastet zu lassen; auch wird ihm nahegelegt, den Entscheid über die Forderungen des Attalos sowie diejenigen von Rhodos gegen ihn anzuerkennen. Hier ist vielleicht schon angedeutet, was später den förmlichen casus belli liefern sollte, nämlich das Unrecht gegen Attalos und Rhodos; sie konnten durchaus als Verbündete Roms bezeichnet werden, hatten unter Philipp zu leiden gehabt und konnten Rom zum Handeln zwingen.

Aus Philipps Entgegnung auf die Worte des M. Aemilius Lepidus geht hervor, daß noch die Möglichkeit einer friedlichen Lösung bestand, was sich auch aus dem Versuch der Achaier schließen läßt, Rhodos und Philipp unmittelbar nach Abydos' Niederlage miteinander zu versöhnen.

Es stellt sich jedoch auch die Frage, weshalb Rom, nur wenige Monate nach dem Friedensschluß mit Karthago, überhaupt gegen Philipp in den Krieg zog, eine Frage, die Polybios nicht sonderlich beschäftigt zu haben scheint. M. Holleaux* wendet sich gegen die Vorstellung, es habe der Plan bestanden, den Osten zu annektieren; er führt das Argument an, Rom sei zu dem Krieg getrieben worden, nachdem es von dem Vorhaben zwischen Philipp V. und Antiochos III. von Syrien erfahren hatte, das Reich des Ptolemaios V. von Ägypten unter sich aufzuteilen. In einer Weiterentwicklung dieser Theorie durch A. H. McDonald und F. W. Walbank** wird behauptet, die Nachricht von dem Pakt sei eingetroffen, nachdem sich die erste Volksversammlung im Jahre 200 gegen den Krieg ausgesprochen hatte, und habe die zweite Versammlung dazu bewogen, dem Krieg zuzustimmen. Doch ist es unwahrscheinlich, daß zwischen den beiden Versammlungen längere Zeit verstrich; und es ist in Anbetracht der umfassenden Kenntnisse, die die Römer Ende des dritten Jahrhunderts über den Osten besaßen (s. S. 69), schwer vorstellbar, daß der Senat sich durch einen solchen Pakt zu voreiligem Handeln treiben ließ.

Meiner Ansicht nach betrachtete der Senat den Frieden des Jahres 206 als provisorisch und war im Grunde stets entschlossen, den Krieg mit Philipp fortzusetzen, sobald sich eine Gelegenheit bieten würde; ein Entschluß, der Attalos und Rhodos sicherlich entgegenkam. Der Dolchstoß nach der Schlacht bei Cannae konnte durch den Friedensschluß von 206 nicht als gerächt gelten. Es erscheint mir auch möglich, daß persönlicher Ehrgeiz im Spiel war, wie er, laut Polybios, das Verhalten des Flamininus einige Jahre später bestimmte – um so mehr, als nun der Wunsch hinzukam, Scipio Africanus zu übertreffen. Und es darf wohl vermutet werden, daß einige Senatoren in einem erfolgreichen Krieg im Osten eine Lösung der drückenden finanziellen Probleme sahen, die durch den langen Krieg gegen Kar-

---

* Cambridge Ancient History. Bd. VIII, Cambridge 1930, Kap. 6.
** *The Origins of the Second Macedonian War.* Journal of Roman Studies 27 (1937) 180–209, bes. 187.

thago entstanden waren. Die Weigerung der ersten Volksversammlung, für den Krieg zu stimmen, mag darauf zurückzuführen sein, daß die vorgebrachten formalen Kriegsgründe auf äußerst schwachen Füßen standen, während die wahren Gründe anstandshalber verschleiert werden mußten.

Was vor allem gegen die zitierte Theorie spricht und die Ansicht stützt, Rom habe sich erst im letzten Augenblick zu einem Krieg gegen Philipp entschlossen, ist die angebliche Zurückweisung der Aitoler durch Rom, die möglicherweise in den Frühherbst des Jahres 200 fiel, vielleicht aber auch in den Winter des Jahres 201/00; dies wird als Zeichen dafür gewertet, daß Rom an der Unterstützung eines potentiellen Verbündeten gegen Philipp keinerlei Interesse hatte. Doch wie wir sehen werden, lag Rom 197 sehr viel daran, den Aitolern wegen ihres Separatfriedens von 206 die kalte Schulter zu zeigen. Eine angebliche Zurückweisung Aitoliens im Jahre 201/00 kann daher nur schwerlich herangezogen werden, um irgendwelche Theorien zum Kriegsausbruch im Jahre 200 zu untermauern.

Im Herbst 201 wurde P. Sulpicius Galba, der schon in Griechenland gedient hatte, zu einem der beiden Konsuln für das Jahr 200 gewählt. Aus dieser Wahl geht meines Erachtens hervor, daß eine Mehrheit innerhalb des Senats für den Krieg gegen Philipp war. Daß in der Folge die Befehlsgewalt in Griechenland Galba übertragen wurde und nicht seinem Amtskollegen, kann sicher auf Manipulation bei der Auslosung zurückgeführt werden (wie schon 1627 Thomas Gataker schrieb, war das nicht sonderlich schwierig*). Was die folgenden Jahre wirklich interessant macht, ist die erstaunliche Geschicklichkeit, mit der die Römer eine Politik formulierten und betrieben, durch die sie die öffentliche Meinung in Griechenland für sich zu gewinnen suchten; erstaunlich ist auch, wie sich Rom trotz seines früheren Verhaltens in der griechischen Welt so viele Sympathien zu erwerben wußte. Das umfassende Engagement Roms im griechischen Osten nach dem Jahre 200 war nicht nur eine unerläßliche Voraussetzung für die Hellenisierung der römischen Aristokratie während des zweiten vorchristlichen Jahrhunderts; auch die Entstehung eines politischen Philhellenismus im Verlaufe dieses Engagements spielte bei dieser Entwicklung eine wichtige Rolle.

---

* *Of the nature and use of Lots; a treatise historical and theological.* London 1627.

Die Freiheit der Griechen

Das Werben Roms um griechische Sympathien begann während des Winters 201/00 in Athen. Die Stadt war kurz zuvor von makedonischen Truppen und Schiffen angegriffen worden und verdankte ihre Rettung der Initiative von Rhodos und der des Attalos. Es erschien eine römische Abordnung, gefolgt von Attalos persönlich; bei seiner Unterredung mit den römischen Gesandten stellte er fest, daß sie zu einem Krieg gegen Philipp bereit waren. Gemeinsam mit einer Abordnung aus Rhodos, die sich zur gleichen Zeit in Athen aufhielt, überredete Attalos die Athener, ebenfalls einem Krieg gegen Philipp zuzustimmen.

Es ist nicht verwunderlich, daß Philipps General Nikanor daraufhin Attika überfiel. Die Römer baten ihn, Philipp mitzuteilen, er möge keine griechische Gemeinde bekriegen (und seinen Streit mit Attalos durch ein Schiedsgericht entscheiden lassen); nur so könne er sich den Frieden mit Rom erhalten. Während Nikanor zu Philipp aufbrach, schickten sich die Römer an, den Epiroten, Amynander von Athamanien, den Aitolern und den Achaiern von ihrem diplomatischen Schritt Bericht zu erstatten. Die ideologische Grundlage für das Eingreifen Roms in Griechenland war bereits gegeben. Von diesem Zeitpunkt an wurde eine absolut konsequente Politik betrieben, von der Botschaft des Aemilius Lepidus an Philipp bei Abydos über den Friedensschluß mit Philipp nach der Schlacht von Kynoskephalai bis hin zur Proklamation am Isthmos und zur Kriegserklärung gegen Antiochos III.

Welche Zwänge eine Politik zur Folge hatte, die darauf beruhte, die Freiheit der Griechen zu verteidigen, geht am deutlichsten aus den Beziehungen hervor, die die Römer nach der Schlacht bei Kynoskephalai mit den Aitolern unterhielten.

Der Vertrag von 212/11 zwischen Rom und Aitolien setzt in seiner letzten uns erhaltenen Klausel (s. S. 72) eindeutig fest, daß jede Stadt, die zu den Römern oder den Aitolern übergehe, Aitolien einverleibt werden könne. Der Umstand, daß die gleiche Maßnahme zur Anwendung kommen konnte, unabhängig davon, ob eine Stadt zum einen oder zum anderen Verbündeten überging, zeigt, daß die Einverleibung wohl keinen großen Einschränkungen unterlag; die verschiedenen Versuche moderner Wissenschaftler, aus der Inschrift etwas anderes herauszulesen, als darin steht, sind Verschwendung menschlicher Erfindungsgabe.

Im Jahre 197 konnten die Römer wegen des Separatfriedens der Aitoler von 206 den Vertrag natürlich mit vollem Recht als ungültig erklären; und genau dies war Flamininus' Argument, als die Aitoler sich auf den Vertrag beriefen. Doch das war nicht alles; einerseits war er tatsächlich durchaus bereit, sich grundsätzlich an den Vertrag zu halten und das Phthiotische Theben an Aitolien abzutreten, weil es sich widersetzt hatte; andererseits mußte er, um die Rolle Roms als Verfechterin der Freiheit Griechenlands glaubhaft zu machen, jeder Stadt, die zu den Römern überging, ein Recht auf ihre Freiheit zubilligen. Folglich erklärte Flamininus bei einer Zusammenkunft in Tempe die letzte Klausel des Vertrags von 212/11 für nicht existent:

Die Aitoler waren empört und erwiderten, es sei zwingend notwendig, daß sie die Städte zurückerhielten, die früher zu ihrem Bund gehört hätten, erstens, weil sie Seite an Seite mit den Römern gefochten hätten, zweitens nach dem alten Bündnisvertrag, demzufolge bei der Eroberung einer Stadt die bewegliche Habe den Römern, die Stadt selbst den Aitolern gehören solle. Flamininus gab zur Antwort, beides sei ein Irrtum: das Bündnis habe mit dem Augenblick aufgehört zu bestehen, als sie mit Philipp den (Separat-)Frieden geschlossen und die Römer im Stich gelassen hätten; und selbst wenn das Bündnis noch in Kraft wäre, hätten sie nicht auf die Städte Anspruch, die sich freiwillig in ein Schutzverhältnis zu den Römern begeben hätten, wie das jetzt bei den thessalischen Städten der Fall sei, sondern nur auf die, die mit Waffengewalt erobert worden wären. (Polybios 18, 38, 6–9)

Die Aitoler hatten tatsächlich in der Darstellung ihres Falles den Wortlaut des Vertrags vereinfacht, wie es auch Polybios und Livius anderswo tun. Flamininus ging nun so weit, absichtlich auf die letzte Klausel des Vertrags anzuspielen und zugleich ihre Existenz zu leugnen. Daß er skrupellos genug war, so etwas zu tun, muß nicht in Zweifel gezogen werden; denn er war allem Anschein nach bereit, im Jahre 198 mit Philipp Frieden zu schließen, falls man ihm nicht erneut das Kommando gegen Philipp übertrüge, und auch bereit, den Mord an Roms Gegner Brachyllas stillschweigend zu übergehen. Natürlich hatten die Aitoler Rom mit ihrem Separatfrieden von 206, mit der Prahlerei über ihre Rolle beim Sieg von Kynoskephalai und mit ihrer Vorliebe fürs Plündern Grund zum Ärger gegeben. Doch die Lüge des Flamininus diente einem wichtigeren Ziel Roms, nämlich der Fortführung der Politik, die Rom die moralische Überlegenheit im Krieg gegen Philipp sicherte und auch im Krieg gegen Antiochos sichern sollte.

Bereits bei den Verhandlungen am Aoos im Jahre 198 hatte Flamininus gefordert, Philipp solle seine Garnisonen aus den griechischen Gemeinden abziehen und diejenigen entschädigen, deren Städte und deren Land er verwüstet hatte. Bei den Verhandlungen von Nikaia im folgenden Winter forderte Flamininus, Philipp solle sich aus ganz Griechenland zurückziehen; erst dann machte er einige vage Äußerungen über die Gebiete, die in Illyrien erobert bzw. dem Ptolemaios V. von Ägypten genommen worden waren; Philipps Gesandte in Rom wurden gefragt, ob er die »Fesseln Griechenlands«, Korinth, Chalkis und Demetrias, abtreten wolle. Die Lüge des Flamininus bei den Verhandlungen von Tempe entsprach einer Politik, die vom Senat im Winter 201/00 begonnen, von ihm konsequent fortgeführt und vom Senat dann wiederaufgenommen worden war.

Doch besteht auch kein Zweifel daran, daß Flamininus diese Lüge noch aus einem weiteren Grund aussprach: Der Seleukide Antiochos III. war im Anmarsch.

Der Senat erteilte den zehn Bevollmächtigten, die zu Flamininus' Unterstützung geschickt wurden, den offiziellen Auftrag, sich für die Freiheit der Griechen einzusetzen, und sandte einen Senatsbeschluß, der allen Griechen in Europa und Asien die Freiheit zusicherte, und der auch die Weisung enthielt, für die Befreiung von Kios durch Prusias von Bithynien zu sorgen. Es folgten die Proklamationen der griechischen Freiheit des Flamininus anläßlich der Isthmischen Spiele; und ein Versuch der Bevollmächtigten, Oreos und Eretria dem Eumenes II. von Pergamon, dem Nachfolger des Königs Attalos, zu übergeben, wurde durch Flamininus vereitelt. Als er Antiochos in seine Schranken verweisen wollte, gelang es Rom, einen sofortigen moralischen Vorteil zu erringen, indem es ihm befahl, die Griechenstädte, die freien Städte Asiens und auch diejenigen Städte unbehelligt zu lassen, die vormals unter der Herrschaft von Philipp und Ptolemaios V. gestanden hatten.* Rom unterstrich die Lauterkeit seiner Absichten durch den Abzug sämtlicher Truppen aus Griechenland im Jahre 194. Im Jahre 193 wurde dem König Antiochos vom Senat in Gegenwart von Gesandten aus der giechischen Welt befohlen, die Griechen Asiens freizulassen und Europa zu räumen, wobei letzteres offenbar durch Androhung von Waffengewalt bekräftigt wurde.

---

* Rom erbot sich dabei anscheinend (nicht ganz konsequent), Ptolemaios V. die Städte wiederzugeben, die unter seiner Herrschaft gestanden hatten.

Zum Kriegsausbruch kam es schließlich, als die Aitoler, die über ihre schlechte Behandlung durch Flamininus erzürnt waren, Demetrias im Namen des Antiochos eroberten und ihn herbeiriefen. Dieser Versuch, den Gedanken der Freiheit für die Griechen gegen die Römer zu wenden, scheiterte kläglich; es war ein Leichtes, Antiochos aus Griechenland zu vertreiben, und nun mußten sich die Aitoler Rom stellen. Die Politik, die die Römer in Griechenland betrieben, blieb konsequent; in den endgültigen Abmachungen wurde den Aitolern nicht einmal erlaubt, Städte wieder in Besitz zu nehmen, die von Rom erobert worden waren, geschweige denn solche, die mit Rom durch Freundschaft verbunden waren.

Bevor sie mit Antiochos aneinander gerieten, hatten die Römer in Asien folgende Bedingungen gestellt (mit deren Zurückweisung sie möglicherweise gerechnet hatten): Antiochos solle nicht nur die Städte in der Aiolis und in Ionien freigeben, sondern auch das Gebiet westlich des Taurusgebirges. In der Abmachung nach der Schlacht von Magnesia im Jahre 190 wurde das Gebiet westlich des Taurus in zwei Teile geteilt; Lykien und Karien gingen zum größten Teil an Rhodos, der Rest, mit Ausnahme einiger Gebiete im Inneren, an Eumenes II. von Pergamon. Die Städte, die bisher dem Attalos Tribut gezahlt hatten, sollten ihn künftig dem Eumenes entrichten; diejenigen, die dem Antiochos Tribut gezahlt hatten, sollten ganz davon befreit werden.

Schließlich blieben all jene Städte frei, die vor der Niederlage des Antiochos frei gewesen waren. Von den Städten, die ihren Tribut dem Antiochos entrichtet hatten, wurden also nur diejenigen vom Tribut befreit, die sich Rom überantwortet hatten, noch bevor der Ausgang der Auseinandersetzungen als sicher galt; sie schlossen sich der bereits bestehenden Gruppe freier Städte an (Livius 37, 56, 2 und 6; Polybios 21, 45, 2). Doch ein großer Teil von Karien wurde *nicht* der Herrschaft von Rhodos unterstellt – Milet, Herakleia, Myndos, Halikarnassos, vielleicht das nahe Pedasa, wahrscheinlich Iassos und Bargylia, möglicherweise Euromos, sicherlich Mylasa, vermutlich auch Alabanda und Alinda; vielleicht blieb der in den Augen Roms wohl griechischste Teil des Rhodos zugeschriebenen Gebietes frei. Wie vormals in Griechenland nach der Niederlage Philipps wurden diejenigen befreit, die es verdienten; Rom erntete auch Dankbarkeit, indem es die Macht der keltischen Stämme brach, die auf der anatolischen Hochebene angesiedelt waren.

Die römische Aristokratie und die Außenpolitik

Daß die Römer den Leitsatz »Freiheit für die Griechen« zur Grundlage ihrer Ostpolitik nach dem Jahre 200 machten, war nur ein Teil ihrer Strategie; sie verwendeten viel Geschick und Energie darauf, sich Kenntnisse über die griechische Welt anzueignen und sich sowie ihre Institutionen auf eine für die Griechen verständliche Weise darzustellen. Wie A. D. Momigliano* gezeigt hat, war das Beherrschen einer Fremdsprache für die Römer gleichbedeutend mit Macht; Polybios und Poseidonios suchten den Erfolg der Römer mit den althergebrachten Tugenden zu erklären; doch die Römer waren eher durch den Erwerb neuen Gedankengutes als durch konservatives Denken zur Macht gelangt.

Die Briefe des Flamininus an Chyretiai in Thessalien aus der Zeit um 197 bis 194 (Syll.³ 593), des Valerius Messalla an Teos aus dem Jahre 193 (Syll.³ 601), des P. und des L. Scipio an Herakleia am Latmos aus dem Jahre 190 veranschaulichen diese Entwicklung.** Der letztgenannte Brief hebt die römische Tugend der *fides*, der Verläßlichkeit, hervor:

[L. Cornelius Scipio,] Oberbefehlshaber der Römer, [und P. Scipio, sein Bru]der, entbieten dem Rat und dem Volk von Herakleia [ihren Gruß.]
Es trafen mit uns zusammen eure Gesandten (es folgt eine Namensliste), [hervorragende] Männer, die uns euren Beschluß überreichten und auch selbst zu dem im Beschluß Festgelegten sprachen, wobei sie es nicht an [Einsatz] fehlen ließen.
Wir stehen den Griechen wohlwollend gegenüber und werden versuchen, jetzt, wo ihr euch in unseren [Schutz] begeben habt, angebrachte Vorsorge für euch zu treffen und immer etwas Gutes zu bewirken. Wir gewähren euch die Freiheit ebenso wie den anderen Städten, die sich in unsere Fürsorge begeben haben; ihr sollt die gesamte Organisation eures Staates gemäß euren eigenen Gesetzen durchführen. Und wir werden auch in anderer Hinsicht versuchen, euch zu nützen und immer etwas Gutes zu bewirken.
Wir nehmen die von eurer Seite dargebrachten Ehrungen und die [Versicherungen eurer Loyalität] entgegen und werden versuchen, es bei der Dankesbezeugung an nichts fehlen zu lassen. Wir haben zu euch Lucius Orbius entsandt, der sich um die [Stadt und] ihr Umland kümmern wird, auf daß euch niemand belästige. Lebt wohl! (Syll.³ 618)

---

* *Hochkulturen im Hellenismus.* (BSR 190) München 1979, S. 32f.
** Vgl. R. K. Sherk, *Roman Documents from the Greek East.* Baltimore 1969, Nr. 33–35.

Die Römer betonten nicht nur ihre *fides,* sondern waren auch bemüht, nicht in den Verdacht der Habgier zu geraten; sie kämpften stets gerechte Kriege, sei es, um ihre Verbündeten zu verteidigen (Polybios, Frg. 99), sei es, um sich für erfahrenes Unrecht zu rächen. (Wie aktuell die *rerum repetitio,* die Entschädigungsforderung, damals um die Wende vom dritten zum zweiten Jahrhundert war, läßt sich daran erkennen, daß sich Plautus in seinem Stück *Amphitruo,* 205–210, darüber lustig macht.) Die *pietas* (Frömmigkeit) der Römer war vorbildlich; als Sieger zeichneten sie sich durch Mäßigung aus. Das Geschick und die Anpassungsfähigkeit der Oligarchie bei der Handhabung politischer Probleme, die sich aus der Berührung mit der griechischen Welt ergaben, waren erstaunlich.

Auch in anderer Hinsicht waren das ausgehende dritte und das beginnende zweite Jahrhundert eine Zeit des Experimentierens und des Umbruchs. Während des Hannibalischen und der folgenden Kriege entstand ein regelrechtes römisches Berufsheer, obwohl noch keine formalen Veränderungen der Rekrutierungsmethoden und der Bedingungen des Kriegsdienstes vorgenommen worden waren. Es ist kein Zufall, daß das Auftauchen eines charismatischen Führers, wie er von P. Scipio Africanus erstmals verkörpert wurde (s. S. 67), gerade in die Zeit fiel, da es galt, ein ganz neuartiges Heer zusammenzustellen und anzuführen.

Noch bedeutsamer ist, daß das Verhältnis Roms zur Welt außerhalb Italiens feste Formen annahm. Die Ausdehnung der römischen Herrschaft in Italien war durch den Abschluß von *foedera,* von Bündnisverträgen, gekennzeichnet sowie durch die Gründung von Kolonien an Orten, wo Kontrolle notwendig war. Wenn Rom während des Ersten Punischen Krieges und einige Zeit danach in Sizilien einen Bündnisvertrag mit einer Stadt geschlossen, ihr seine Freundschaft erklärt oder ihren freien Status anerkannt hatte, so war dies meiner Ansicht nach eher beiläufig und aufs Geratewohl geschehen, wie es die Umstände gerade erforderten, und oft wohl auch auf Betreiben der jeweiligen Stadt. Vom Jahre 200 an war der Bündnisvertrag ein selten gewährtes Privileg, und die Gemeinden außerhalb Italiens, die mit Rom in Beziehung standen, wurden in eine *formula amicorum,* eine Freundesliste, eingetragen. Die Anerkennung des freien Status durch Rom war die übliche Voraussetzung, wenn man in diese Liste aufgenommen werden wollte, wenngleich auch ein besiegter Feind wie Philipp von Makedonien zum Freund ernannt wurde. Zugleich wurde die Kolonisation als Mittel der Kontrolle nicht über Italien hinaus ausgedehnt; statt dessen wurden ein Statthalter und ein de facto stehendes Heer eingesetzt. Bei alledem bewies die römische Oligarchie große Flexibilität, wie auch damals, als sie die Zahl der Magistraten erhöht hatte, um den Bedürfnissen des wachsenden Gemeinwesens und seiner zunehmenden Verantwortung gerecht zu werden.*

---

* Ein Prätor wurde erstmals für das Jahr 366 gewählt, um die Konsuln von der Rechtsprechung zu entbinden; ihm wurde etwa ein Jahrhundert später ein zweiter Prätor zur Seite gestellt: Der erste konzentrierte sich nunmehr auf die Rechtsprechung zwischen römischen Bürgern; der zweite auf Prozesse, an denen Ausländer beteiligt waren. Zwei Quästoren wurden erstmals für das Jahr 446 gewählt, und ihre Zahl nahm fortan ständig zu. Ihnen oblagen finanzielle Angelegenheiten. Die Plebejer (s. S. 34) hatten schon sehr früh ihre eigenen Ädilen, also Verwaltungsbeamte; zwei kurulische Ädilen, die entsprechenden Beamten der Patrizier, wurden erstmals für das Jahr 366 gewählt.

7. Das Weltreich und seine Auswirkungen für die herrschenden Schichten

Der Einsatz für die Freiheit der Griechen, eine Politik, die die Römer aus rein taktischen Gründen verfolgten, schloß natürlich jede Annektierung von Gebieten östlich des Adriatischen Meeres nach dem Jahre 200 aus. Rom sah sich jedenfalls genötigt, seine Herrschaft über die Po-Ebene wieder geltend zu machen, die es unmittelbar vor Hannibals Invasion behauptet, bald aber wieder verloren hatte. Auch galt es, den organisatorischen Aufbau der Provinzen in Spanien zu betreiben, die Rom ohne zu fragen von Karthago »geerbt« hatte.

Die Kriege, die sich daraus ergaben, bewirkten ein zunehmendes Engagement Roms in Spanien und waren einer der Gründe für die tiefe Unzufriedenheit der niederen Stände, die schließlich zum Tribunat des Tiberius Sempronius Gracchus führte (s. S. 112). Doch daß Rom keine direkte Herrschaft über die griechische Welt ausübte, bedeutete keineswegs, daß es sich dort nicht engagierte. Wie Philipp V. schon erkannt hatte, war Illyrien von Rom abhängig, und es war nun offensichtlich, daß Rom diejenige Macht war, nach der sich ein Großteil der griechischen Welt zu richten hatte. Obwohl Rom nach dem Jahre 190 Asien und Syrien gegenüber keine bestimmte Politik verfolgt und auch kein starkes Interesse bezeugt hatte, strömten doch aus den Städten Griechenlands, Asiens und Syriens Gesandte nach Rom, so wie ihre Vorgänger sich in die damals mächtigsten Länder Persien, Makedonien und die hellenistischen Monarchien begeben hatten. Zugleich hatte die römische Führungsschicht durch den Erfolg an Selbstvertrauen gewonnen. Sie war nun vollends in den Einfluß der griechischen Welt geraten und verwandte nicht nur viel Mühe auf die Lösung politischer Probleme, die sich durch die Berührung mit dieser Welt ergaben; die Kenntnis dieser Welt und der Zugang zu ihren Reichtümern ermöglichte es der römischen Führungsschicht auch, sich die griechische Kultur und den aufwendigen und prunkvollen Lebensstil zu eigen zu machen. Der Wettstreit der Aristokraten untereinander förderte diese Entwicklung noch.

Das labile Gleichgewicht in der Oligarchie

Die Folge war, daß das Gleichgewicht innerhalb der Führungsschicht immer stärker gefährdet war; dieses Phänomen beschreibt Polybios, wenn auch in allgemeiner Form und ohne sich ausdrücklich auf die Entwicklung im Rom des zweiten Jahrhunderts zu beziehen:

Wenn ein Staat viele große Gefahren abgewehrt hat und zu einer unbestrittenen Machtstellung und Herrschaft gekommen ist, und wenn dann langdauernder Wohlstand eingezogen ist, ist es offenbar, daß natürlich die Lebenshaltung üppiger wird, und daß die Männer ehrgeiziger als nötig bei der Bewerbung um die Ämter und in anderen Dingen werden. (Polybios 6, 57, 5)

Weiterhin berichtet Polybios von dem Groll, den das Volk gegen die Mächtigen hegte, und davon, wie es die Ehrgeizigen im Kampf gegen sie unterstützte; daß sich die Oligarchie dieser Entwicklung bewußt war und die zunehmende politische Aktivität des Volkes fürchtete, geht aus den Maßnahmen hervor, mit denen sie versuchte, diesen Tendenzen Einhalt zu gebieten. Mit großer Wahrscheinlichkeit spricht Polybios hier die Ansicht seiner römischen Freunde aus.

Bemerkenswert ist zunächst, daß bereits die Ausdehnung der römischen Hegemonie an sich die Ursache verstärkter Konkurrenzkämpfe innerhalb der römischen Elite war. Die Anzahl der Prätorenämter war im Jahre 227 von zwei auf vier erhöht worden (s. S. 83); im Jahre 197, als die Provinzen in Spanien aufgebaut werden mußten, stieg ihre Zahl auf sechs. Infolgedessen erreichten von diesem Jahr an jährlich sechs Männer die zweithöchste Rangstufe, während die höchste Stufe, nämlich das Amt des Konsuls, nach wie vor nur zwei Männern Platz bot; jedenfalls strebten ehrgeizige Männer eifrig nach dem Konsulat, wie aus der Laufbahn des Africanus und des Flamininus hervorgeht; und das Spektakuläre an diesen beiden Karrieren ließ das höchste Amt noch erstrebenswerter erscheinen.

Im Jahre 181 erging unter M. Baebius Tamphilus als Konsul ein Gesetz, demzufolge abwechselnd in einem Jahr sechs und im folgenden vier Prätoren eingesetzt werden sollten. Dieses Gesetz wurde gegen den Widerstand Catos bald wieder außer Kraft gesetzt, da es keineswegs eine Verbesserung des bisherigen Zustandes brachte: Wenn Rom nicht jedes Jahr genügend neue Beamte zur Verfügung hatte, um den vielfältigen Verpflichtungen des Reiches nachzukommen, mußten bereits vorhandene Ämter prorogiert, d. h. die Amtszeiten verlängert werden, was häufig Anlaß zu Unstimmigkeiten gab. Und Flamininus war vielleicht sogar bereit gewesen, die Interessen seines Volkes hintan zu stellen und seine Haltung Philipp von Makedonien gegenüber davon abhängig zu machen, ob seine Amtszeit verlängert würde (s. S. 78).

Andererseits stellten auch die Anforderungen des Reiches selbst einen Unruheherd dar. Wie viele frühe Großreiche besaß Rom eine geringe Anzahl fester Beamter und war angewiesen auf die persönlichen Beziehungen zwischen Mitgliedern seiner eigenen Aristokratie und den Standespersonen der Provinzgemeinden, um seine Vormachtstellung zu organisieren; Rom regierte die ihm unterstehenden Provinzen hauptsächlich mit Hilfe solcher persönlicher Beziehungen wie *amicitia* und *clientela*. Nun brachte eine solche Klientel großes Ansehen ein, und manche Mitglieder der Aristokratie hoben sich damit von ihren Standesgenossen ab.* Zugleich gerieten durch die *clientelae* allmählich bestimmte Regierungsbereiche aus öffentlichen in private Hände; die Warnung an Iugurtha durch Aemilianus kam zur rechten Zeit, wurde aber nicht berücksichtigt:

Aber als nach der Zerstörung von Numantia P. Scipio beschlossen hatte, die Hilfstruppen zu entlassen und selbst nach Hause zurückzukehren, führte er den großartig beschenkten und in öffentlicher Versammlung gelobten Iugurtha ins Feldherrnzelt und mahnte ihn dort im geheimen, er solle von Staats wegen und nicht so sehr als Privatmann die Freundschaft mit dem römischen Volk pflegen und sich nicht daran gewöhnen, gewissen Leuten Spenden zukommen zu lassen: Gefährlich sei es, von wenigen zu kaufen, was vielen gehöre.

(Sallust, Bellum Iugurthinum 8, 2)

Mit der Ausdehnung des Imperiums wuchs die Rivalität unter den Aristokraten, und das Ansehen derjenigen unter ihnen stieg, die im Ausland besonders stark engagiert waren. Die römische Aristokratie äußerte ihre Besorgnis über die Anzahl der Prätorenämter und möglicherweise auch über die Beziehungen zwischen Männern wie Iugurtha und führenden Römern, wenn

---

* So konnten etwa Klienten aus den Provinzen zugunsten ihrer Schutzherren aussagen, wenn diesen Fehler in der Regierung angelastet wurden (s. S. 91); auch waren sie in der Lage, ihren Schutzherren exotische Tiere zu liefern, mit denen sie sich vor dem römischen Volk brüsten konnten; und später, zur Zeit des Umschwunges, stellten diese Klienten Heere für die Militärherrscher auf.

die Haltung des P. Scipio Aemilianus als typisch gelten darf; sie unternahm darüber hinaus auch Schritte, die man als Versuch deuten kann, das eigene Verhalten zu kontrollieren.

cursus honorum

Zunächst wurden Maßnahmen eingeführt, die die Reihenfolge der Ämter festsetzten. T. Quinctius Flamininus z. B. hatte für das Konsulat des Jahres 198 kandidiert, ohne zuvor das Amt des Prätors oder Ädilen innegehabt zu haben, was öffentliches Mißfallen erregte (Livius 32, 7, 8); auch sein Amtskollege und einer seiner Nachfolger waren nicht Prätoren gewesen. Von nun an waren alle Konsuln zuvor schon Prätoren (eine Ausnahme stellt Africanus dar, der im Jahre 194 zum zweitenmal Konsul wurde); vermutlich war es ein uns nicht überliefertes Gesetz aus dem Jahre 197, das dem Ehrgeiz solcherart Grenzen setzte.* Im Jahre 180 setzte der Tribun L. Villius ein Gesetz durch, das das Alter für bestimmte Ämter festsetzte und eine zweijährige Amtspause vorschrieb. Man konnte nun erst mit 36 Ädil, mit 39 Prätor und mit 42 Konsul werden. Dieser Weg durch die verschiedenen Ämter, die man erst erreichen konnte, wenn man das Amt des Quästors bekleidet hatte – es war das unterste in der Rangfolge, und Flamininus hatte es tatsächlich innegehabt –, wurde als *cursus honorum* bezeichnet. Einerseits stellte dieser Weg lediglich den äußeren Ablauf einer Karriere dar, der zur Konvention geworden war und der die Bedeutung der jeweiligen Ämter widerspiegelte. Doch zusätzlich bedeutete dieses Gesetz einen weiteren Versuch, den Ehrgeiz der Aristokratie in Zaum zu halten.

Der letzte Versuch vor der Herrschaft des Tiberius Gracchus, den Besitz von Ämtern zu regeln, wurde wahrscheinlich im Jahre 151 unternommen. Im Jahre 152 war M. Claudius Marcellus zum dritten Mal Konsul; eine solche Machtstellung war gefährlich, und so wurde ein Gesetz erlassen, demzufolge man nur ein einziges Mal Konsul werden durfte.** Bezeugt ist uns

---

* Man konnte die Bekleidung des Ädilenamtes nicht zur Vorschrift machen, da es jedes Jahr nur jeweils vier Ädilen, aber – nach dem Jahre 197 – sechs Prätoren gab.

** Bereits im Jahre 343 war zwischen der Ausübung desselben Amtes ein Zeitabstand von 10 Jahren vorgeschrieben worden.

dieses Gesetz nur durch seine Aufhebung, die P. Scipio Aemilianus im Jahre 134 die Möglichkeit gab, zum zweitenmal Konsul zu werden.

Der neue Reichtum

Als Nächstes ergriff die Aristokratie Maßnahmen gegen Bestechung: Auf das Jahr 181 geht die erste sicher belegte Verfügung gegen Bestechung zurück, die von den beiden Konsuln *ex auctoritate senatus*, mit der amtlichen Genehmigung des Senats, erlassen wurde. Trotzdem sind aus diesem Jahr 166 Fälle von Bestechung überliefert; zwei Jahre später wiederholte Cato (Frg. 173 ORF = 282 Schönberger) seine früher aufgestellte Behauptung: »Niemals habe ich mein Geld oder das unserer Verbündeten zum Zwecke der Bestechung verwendet.« Cato ging offensichtlich davon aus, daß solche Praktiken weit verbreitet waren. Für den Reichtum, der Bestechung und andere schädliche Entwicklungen erst ermöglichte, machte er hauptsächlich das Imperium verantwortlich.

Die römische Expansion in Italien war durch die Eroberung von Beutegut wie auch von Land gekennzeichnet, doch die einzige gleichbleibende Forderung an die Gemeinden unter römischer Herrschaft bestand darin, Streitkräfte zu stellen (s. S. 47f.). Allerdings zahlten Sizilien seit 241 sowie Sardinien und Korsika seit 238 ihren Tribut in Naturalien. Vom Jahre 197 an mußte jeder neuerhobene Tribut an Rom jedoch in Form von Geld gezahlt werden; betroffen waren als erste die beiden spanischen Provinzen, deren Finanzwesen ausgerechnet von Cato organisiert wurde. Darüber hinaus floß nun Geld aus Reparationszahlungen vornehmlich aus Karthago, Makedonien und Syrien in einem Ausmaß nach Rom, das die Entschädigungssummen des dritten Jahrhunderts weit in den Schatten stellte. Natürlich brachten die Kriege weiterhin reichliche Beute, eine willkommene Begleiterscheinung des Strebens nach *gloria*, nach Ruhm. Die Einkünfte des römischen Staates erregten die Bewunderung des Verfassers des 1. Makkabäer-Buches (8, 1–4), aber auch die des Polybios und später des Poseidonios (beide berichten über die spanischen Bergwerke). Nach 167 wurde kein *tributum* (s. S. 42) mehr erhoben. Ein Großteil des Reichtums ging aus öffentlichen in private Hände über, *zum Teil* sicherlich auf ganz rechtmäßige Weise, etwa als (vielleicht sehr großzügige) Rückzahlung privater Auslagen an Beamte oder als Zahlung an Unternehmer, die nicht dem Senat angehörten. Seit der zweiten Hälfte des zweiten Jahrhunderts wurde die Staatskasse als Einnahmequelle betrachtet: »Ich brauche einen Quästor und Versorgungsminister, der mich auf Staatskosten mit Gold versorgt.« (Lucilius 428-9 Marx = 456-7 Warmington, vgl. 1078 [= 1016])

Einige Rückschlüsse auf den großen Reichtum Roms im zweiten Jahrhundert können wir aus der Tatsache ziehen, daß Athen umgerechnet 12 Millionen Denare für den Parthenontempel, die Kultstatue der Athene und für den monumentalen Zugang zur Akropolis zahlte; Rom dagegen gab in den vierziger und dreißiger Jahren des zweiten Jahrhunderts allein für den Aquädukt Aqua Marcia 45 Millionen Denare aus. Die öffentlichen Bauten des zweiten vorchristlichen Jahrhunderts haben das Stadtbild Roms grundlegend verändert.

Zudem hatten Generäle und Statthalter im Ausland nahezu unbegrenzte Möglichkeiten, sich auf unrechtmäßige Weise zu bereichern. P. Cornelius Scipio Africanus etwa legte nie genau Rechenschaft ab über die 18 Millionen Denare, die er von Antiochos für den Unterhalt des römischen Heeres nach der Schlacht bei Magnesia im Jahre 190 erhalten hatte. Die verschiedenen Möglichkeiten der Selbstbereicherung werden von Cato beleuchtet (s. S. 88):

Niemals habe ich Präfekten in den Städten eurer Bündner eingesetzt, die deren Güter und Kinder raubten. Niemals habe ich Beute, die dem Feind abgenommen war, oder auch den Beuteerlös unter ein paar Freunden von mir aufgeteilt (vgl. Frg. 98 ORF [= 216 Schönberger] und Frg. 224 [= 325]) und es somit niemals denen entrissen, die es erobert haben. Niemals habe ich Reisen im Staatsauftrag vergeben und es somit niemals meinen Freunden ermöglicht, kraft des Amtssiegels große Gelder einzustreichen. Niemals habe ich das Geld für den Festwein unter meine Bedienten und Angestellten verteilt (vgl. Frg. 132 [= 250]) und sie somit niemals zum Schaden des Staats bereichert.
(Cato, Frg. 173 ORF = 282 Schönberger)

Welches Ausmaß das Privatvermögen während dieser Zeit erreichte, kann man der folgenden Tatsache entnehmen: Als L. Aemilius Paullus starb, der im Jahre 167 das Königreich Makedonien besiegt hatte, besaß er 360 000 Denare – zu einer Zeit, da ein Legionär wahrscheinlich 108 Denare Jahressold erhielt. Dabei galt Paullus in der römischen Aristokratie als arm.

Ein weiteres Gesetz gegen Bestechung wurde im Jahre 159 erlassen. Polybios glaubte, in dem Teil seines Werkes, das er wohl in den späten vierziger Jahren des zweiten Jahrhunderts schrieb, mit Recht behaupten zu können (6, 56, 4): »Unter den Karthagern besticht man in aller Öffentlichkeit, um zu Ämtern zu gelangen, in Rom dagegen steht auf solches Handeln die Todesstrafe.« Das hätte die Zahl der römischen Aristokraten allerdings stark dezimiert!

Gegen Ende seines Lebens jedoch war sich Polybios der Unbestechlichkeit der Römer nicht mehr ganz so sicher (18, 35, 2; vgl. 31, 25, 3): »In der Gegenwart würde ich mich (im Gegensatz zu früheren Zeiten) nicht getrauen, es von allen zu sagen, im einzelnen aber über die Mehrzahl der Bürger immer noch zu erklären wagen, daß sie in dieser Hinsicht zuverlässig sind.« Daß Geschichten über die Unbestechlichkeit der Römer früherer Zeiten, wie z.B. die des Manius Curius Dentatus und der Samniten, bereits im zweiten Jahrhundert im Umlauf waren, ist bezeichnend (Ennius, Annales 373 Vahlen). Solche Geschichten sollten gewiß die offizielle Ideologie untermauern, doch blieben sie ohne Erfolg. In den Äußerungen des Polybios geht es gerade um die Bestechung von Römern durch Fremde; Kotys von Thrakien bediente sich ihrer wahrscheinlich in seinem Zwist mit der Stadt Abdera, und mit Sicherheit wissen wir, daß im Jahre 161 der syrische Satrap Timarchos zum Mittel der Bestechung griff. Auch Iugurtha erhielt im Jahre 133 in Numantia den Hinweis, *Romae omnia venalia esse,* daß in Rom alles käuflich sei; und im Jahre 123 setzte C. Gracchus (Frg. 44 ORF) Bestechung durch fremde Herrscher als etwas Selbstverständliches voraus (Gellius 11, 10).

Die dritte Maßnahme der Aristokratie bestand in der Verabschiedung von Luxusgesetzen; es mag den heutigen Leser verwundern, daß Rom vom zweiten Jahrhundert an bis zur Zeit des Augustus immer wieder versuchte, durch Gesetze die Ausgaben etwa für private Vergnügungen oder Bekleidung zu beschränken. Diese Versuche werden verständlich, wenn man bedenkt, wie wesentlich für die Aristokratie des zweiten Jahrhunderts die Kohärenz ihrer Gruppe war.

Das erste dieser Gesetze, die *lex Oppia,* das als notwendige Reaktion auf den Zweiten Punischen Krieg zu verstehen ist, wurde 195 wieder aufgehoben (Livius 34, 1–8); doch seine Abschaffung traf damals schon auf den Widerstand Catos, und von 181 an wurden innerhalb von vierzig Jahren fünf einschlägige Gesetze erlassen: die *lex Orchia* von 181, die *lex Fannia* von 161, ein Senatsbeschluß aus demselben Jahre, die *lex Didia* von 143, die *lex Licinia* von 142 oder 141. All dies waren Versuche, Mitglieder der Aristokratie an einer aufwendigen Lebenshaltung und an der protzigen Zurschaustellung ihres Wohlstandes zu hindern, die bei den übrigen zu Neid und Haß oder auch zu dem Versuch führen mußten, sie noch an Pomp zu übertreffen.

Die vierte Einschränkung betraf die Triumphzüge (s. S. 57); in den Jahren nach 200 wurde eine nie dagewesene Anzahl von Triumphzügen für Männer abgehalten, die lediglich das Prätorenamt bekleidet hatten (einige von ihnen wurden allerdings mit einer sogenannten *ovatio* abgespeist, einer weniger glanzvollen Festlichkeit, die nach langer Zeit wieder auflebte); viele Triumphzüge und *ovationes* galten Siegen in Spanien, sie zeugten von der Notwendigkeit, ein neues Gebiet zu beherrschen und zu diesem Zwecke keine Konsuln, sondern andere Beamte einzusetzen. Doch diese Entwicklung wurde offenbar als gefährlich betrachtet, und etwa vom Jahre 175 an gelang es dem Senat, das Recht auf einen Triumphzug im wesentlichen wieder denjenigen vorzubehalten, die bereits das Amt des Konsuls bekleidet hatten.

Als fünftes befaßte sich die Aristokratie mit der Verwaltung der Provinzen. Die Gelder, die für die aufwendige Lebenshaltung und für Bestechungszwecke ausgegeben wurden, stammten großenteils aus der Ausbeutung der Provinzen; doch mußte Rom auch aus einem wichtigeren Grund Verantwortung zeigen: Es wäre sonst durch den allgemeinen Unmut gefährdet gewesen. Auch wer im Osten oder Westen die römische Herrschaft anerkannte und sich mit ihr identifizierte, wäre bedroht gewesen; griechische Honoratioren ermahnten Rom zur Mäßigung, und die Standespersonen Spaniens und anderer Gebiete trugen Rom in rührendem Vertrauen ihre Klagen vor. In seinem Bericht über den Abfall der spanischen Verbündeten von Karthago wollte Polybios vielleicht auch Rom auf seine moralische Verantwortung hinweisen:

Nach ihrem Sieg über die römischen Heere ... glaubten die Karthager, unbestrittene Herren über Spanien zu sein und behandelten daher die Bewohner des Landes hochmütig. So aber wurden ihre Untertanen aus Bundesgenossen und Freunden zu Feinden – eine notwendige Folge dieser Behandlung. Die Karthager glaubten nämlich, man müsse eine Herrschaft mit anderen Mitteln gewinnen, als behaupten, und sie hatten nicht begriffen, daß diejenigen ihre Macht am sichersten bewahren, die unverändert die Methoden beibehalten, mit denen sie sie erworben haben. (Polybios 10, 36, 3–5; vgl. 3, 4, 4–6)

Die Situation war äußerst kompliziert, denn keinesfalls durfte das *imperium* derer geschwächt werden, die in den Provinzen die Befehlsgewalt innehatten. Eine relativ einfache Maßnahme traf man 182 v. Chr. mit einem Senatsbeschluß, der die Höhe der Summe regelte, mit der sich die Verbündeten an den Kosten der Spiele beteiligen sollten; und in der ersten Hälfte des Jahrhunderts führten Beschwerden mehrfach zu ad hoc-Verfahren des Senats, die manchmal mit der Entschädigung der Betroffenen, häufiger aber mit dem Freispruch der Angeklagten endeten. Im Jahre 149 wurde durch die *lex Calpurnia* ein ständiges Verfahren eingeführt, dessen Gerichtshof *(quaestio)* aus Senatoren bestand; neu (und vielleicht von den Griechen übernommen) war, daß der Prätor, der den Vorsitz führte, sein Urteil nach der Stimmenmehrheit zu richten hatte. Bisher hatte ein Magistrat bei der Rechtsprechung sein *consilium* (s. S. 39) befragen müssen, war aber nicht verpflichtet gewesen, sich nach der Mehrheit zu richten.

Im allgemeinen brachte die *lex Calpurnia* wenig Neues. Es wurden noch immer keine Strafen verhängt, sondern man verhandelte nur über Entschädigungen. Kläger mußten sich nach wie vor durch *patroni* aus dem Senat vertreten lassen, denen es wohl oft widerstrebte, sich gegen Mitglieder ihres eigenen Standes zu stellen, und die Verfahren konnten endlos vertagt werden, bis die Kläger schließlich ihre Sache aufgaben. Erst C. Gracchus sorgte später für straffere Gerichtsverfahren und führte Strafen ein.

Möglicherweise gab ein bemerkenswerter Senatsbeschluß dem Aemilianus Gelegenheit, seine hervorragende Rechtschaffenheit unter Beweis zu stellen. Wahrscheinlich verbot die Regelung den Statthaltern, Sklaven zu kaufen (außer als Ersatz für einen anderen), da sie aufgrund ihrer Machtstellung den Preis beeinflussen konnten. Während seines Aufenthaltes im Osten übertraf Aemilianus diese Regel noch, indem er den Ersatz für einen verstorbenen Sklaven aus der Heimat kommen ließ. (Seine Bescheidenheit hatte er schon dadurch bewiesen, daß er nicht mehr als fünf Sklaven mitführte.)

Wahlgesetze

Doch die Oligarchie versuchte nicht nur, Regeln für sich selbst aufzustellen, sondern auch, verschiedene Methoden zu finden, um die niederen Stände unter Kontrolle zu halten. Diese waren nämlich durch Umstände, die Polybios schildert (s. S. 85), zunehmend in das politische Geschehen verwickelt.

In diesen Zusammenhang gehören auch die *leges Aelia et Fufia*, für die wir nur spärliche Belege haben; sie schufen die Grundlagen dafür (oder setzten sie wieder ein), bestimmte Verfahren in Volksversammlungen zu verhindern oder nachträglich für ungültig zu erklären. Diese Grundlagen waren hauptsächlich religiöser Art und zweifellos sehr alt; daß sie ein geeignetes Mittel zur gesellschaftlichen Kontrolle darstellten, liegt auf der Hand. Die Gesetze verboten es wahrscheinlich auch, legislative Versammlungen in dem Zeitraum zwischen Ankündigung und Durchführung von Wahlversammlungen abzuhalten; auch hatten diese Gesetze die Wahl des Aemilianus im Jahre 148 ermöglicht, indem sie ihn von den Vorschriften der *lex annalis* (s. S. 87) befreiten; kurze Zeit darauf wurden vermutlich die einschränkenden Bestimmungen eingeführt. Damit waren neue Möglichkeiten geschaffen, die Volksversammlung unter Kontrolle zu halten und sie daran zu hindern, übermäßig ehrgeizige Mitglieder zu unterstützen.

Auch die frühen Wahlgesetze sind als Versuche der Oligarchie zu werten, Mißbrauch zu verhindern; die *lex Gabinia* führte das geheime Wahlrecht für die Wahlen des Jahres 139 ein; vielleicht sollte damit vermieden werden, daß die Wähler unter Druck gesetzt wurden, wie es angeblich bei den Wahlen des Jahres 185 geschehen war; auch sollte damit der Bestechung Einhalt geboten werden. Die Ausweitung der geheimen Wahl auf den Gerichtshof für Erpressungen durch die *lex Cassia* im Jahre 137 war sicherlich eine Reaktion auf den Versuch des L. Aurelius Cotta im Jahr zuvor, durch Bestechung einen Freispruch zu erreichen. Gewiß wurde die *lex Cassia* von Aemilianus gebilligt (Cicero, De legibus 3, 33; Brutus 97), ebenso wohl auch die *lex Gabinia*. Es ist jedoch ungewiß, ob Ciceros Vermutung bloßes Wunschdenken war, daß die Wahl, obwohl geheim, *optimatibus nota* war, d. h. den führenden Männern des Staates bekannt. Die geheime Wahl hat letzten Endes die Bestechung gewiß nicht aus der Welt geschafft, sondern nur dazu geführt, daß die Zahlungen verzögert wurden; erst spätere Wahlgesetze, die die geheime Wahl weiter ausbauten*, galten als gegen den Willen der Oligarchie verabschiedet.

Wir besitzen auch Belege über eine bedeutsame Debatte aus dem Rom des frühen zweiten Jahrhunderts, die die Zusammensetzung der römischen Bürgerschaft und die herrschende Elite betraf: Zunächst ging es darum, wer der römischen Bürgerschaft zuzurechnen sei und wer von ihr ausgeschlossen werden müsse; wie wir wissen, war Roms Aufnahmebereitschaft gegenüber Nicht-Römern einer der Gründe für seine Macht in Italien, was sowohl von Philipp von Makedonien als auch von Cato erkannt wurde (s. S. 48ff.). Doch über die Haltung gegenüber Freigelassenen herrschte Uneinigkeit; sie mußten sich – wahrscheinlich aufgrund eines Census aus dem Jahre 230/29 – auf die vier städtischen Wahlkreise beschränken, die weniger Ansehen genossen als die 31 ländlichen. Vielleicht wurden die Bestimmungen im Jahre 174 dahingehend gelockert, daß Freigelassene mit Söhnen (das waren ohnehin wenige, da Sklaven meist erst in hohem Alter freigelassen wurden und Kinder von Sklaven selbst Sklaven blieben) oder solche, die durch ihr Vermögen der ersten *classis* angehörten, sich eintragen durften, wo sie wollten. Erstere Bestimmung wurde im Jahre 169 wieder aufgehoben, wenn auch nicht rückwirkend; der Vater der Tribunen von 133 und 123, Ti. Sempronius Gracchus, versuchte gar – allerdings erfolglos –, sämtlichen Freigelassenen, die nicht der ersten *classis*** angehörten, das Wahlrecht zu entziehen.

Ähnliche Auseinandersetzungen gab es auch über die Zusammensetzung der Führungsschicht. M. Cato versuchte, vielleicht während seines Censorenamtes im Jahre 184, vergebens, die Zahl der Männer zu erhöhen, die vom Staat ein Pferd erhielten und damit in den Ritterstand erhoben wurden (s. Kap. 17, Exkurs III); etwa zur gleichen Zeit wurde festgesetzt, welches Vermögen man besitzen mußte, um für den Ritterstand in Betracht zu kommen. Das Mindestvermögen, um in die erste *classis* aufgenommen zu werden, wurde von 120000 auf 100000 Asse herabgesetzt; ein weiteres Zeichen für das Bestreben, die Zahl der führenden Männer im Staat zu erhöhen. Auch wurde

---

* Es handelt sich um die *lex Papiria* von 131 oder 130, die die geheime Wahl auf legislative Versammlungen ausdehnte, und um die *lex Coelia* von 107, die sie auch auf Verratsprozesse übertrug. Die *lex Maria* aus dem Jahre 119 stellt den Versuch dar, die Beinflussung der Wähler auf ein Minimum zu reduzieren.

** Dieselbe ausschließende Haltung erklärt *vielleicht* auch den allmählichen Übergang von der Gründung latinischer zur Gründung römischer Kolonien.

wahrscheinlich im Jahre 179 in der Versammlung, die auf dem System der *classes* beruhte, in den *comitia centuriata*, etwas demokratischer vorgegangen (s. Kap. 17, Exkurs I).

Insofern scheint die Oligarchie im zweiten Jahrhundert flexibel und Neuerungen gegenüber aufgeschlossen gewesen zu sein; ähnliches galt, zumindest anfänglich, für das Gebiet der Außenpolitik; doch machten sich hier zunehmend Anzeichen von Intoleranz bemerkbar, die sich in den Jahren vor dem Tribunat des Tiberius Gracchus auch in der Innenpolitik feststellen ließ.

8. Die Weltmacht

Einstellung zur griechischen Kultur

Die römische Oligarchie des zweiten vorchristlichen Jahrhunderts erwies sich also als flexibel und aufgeschlossen, zumindest was innere Reformen betrifft; dieselbe Haltung zeigte sie bei der Übernahme griechischen Kulturgutes. Bereits im Jahre 167 lebte eine größere griechische Gemeinde in Rom, deren Ansichten zur römischen Rhodos-Politik uns durch Polybios überliefert sind. So konnte dieser schon kurz nach 167 dem P. Scipio Aemilius mitteilen, es gebe viele Griechen in Rom, bei denen er sich über griechische Belange informieren könne. Diese Griechen befanden sich offenbar in Rom, weil eine Nachfrage nach ihrem Wissen bestand. Es liegt auf der Hand, daß die Begegnung der römischen mit der griechischen Welt bei vielen Römern den Wunsch weckte, sich zumindest einen Teil dessen anzueignen, was die griechische Welt zu bieten hatte. So entstand ein Interesse für die Fähigkeiten nicht nur jener angesehenen Griechen, deren Ansichten Polybios für berichtenswert hielt, sondern auch für die der gebildeten Sklaven.

Wahrscheinlich unterstützten viele Römer nicht nur deshalb Griechen, weil sie von ihrem Fachwissen profitieren wollten, sondern auch, weil sie als Männer von griechischer *paideia*, also von griechischer Bildung und Kultur gelten wollten. Diese Tatsache ist viel bedeutsamer als die schwer zu beantwortende Frage, wie gründlich die Kenntnisse der griechischen Kultur tatsächlich waren und wie ernsthaft man sich um sie bemühte. Schon im Jahre 211 hatte M. Claudius Marcellus in Syrakus den Versuch unternommen, die Schrecken der römischen Plünderungen abzuschwächen (s. S. 73); zum Dank wurden ihm zu Ehren griechische Festspiele abgehalten (s. S. 67). T. Quinctius Flamininus, der die Grundlagen der römischen Diplomatie in der griechischen Welt, die zu Beginn des Zweiten Makedonischen Krieges (s. S. 78ff.) geschaffen worden waren, weiter ausbaute, beherrschte die griechische Sprache natürlich perfekt; er machte sich die Mühe, einige Schilde, die in Delphi geweiht wurden, mit griechischen Epigrammen versehen zu lassen; auch erwarb er in Rom eine Statue mit griechischer Inschrift. Als M. Fulvius Nobilior im Jahre 186 die Spiele abhielt, die auf ein

Gelöbnis aus dem Aitolerkrieg zurückgingen, ließ er sogar Schauspieler aus Griechenland kommen (sie erschienen *honoris eius causa*, also um ihn – vermutlich als Freund der Griechen – zu ehren) und führte zum erstenmal athletische Wettkämpfe in Rom ein. Auch zu den Spielen, die von L. Scipio abgehalten wurden, sollen Schauspieler aus Griechenland angereist sein; diese vermutlich frei erfundene Geschichte zeigt, worauf es einem römischen Edelmann bei seiner Selbstdarstellung ankam. L. Anicius läßt ein ähnliches Bestreben erkennen, seine Vertrautheit mit der griechischen Kultur hervorzuheben; auch er ließ griechische Darsteller zu seinen Spielen kommen; doch ließ er es zu, daß sie vom Publikum, dem sie zu anspruchsvoll in der Darbietung waren, zu entwürdigenden Auftritten gezwungen wurden. P. Scipio Africanus hatte seine Kenntnisse der griechischen Welt bereits unter Beweis gestellt, als er in Spanien das Begrüßungszeremoniell für den Imperator eingeführt hatte; an Philipp V. schrieb er griechisch. Ti. Sempronius Gracchus wollte Eindruck machen, indem er die Bewohner von Rhodos auf Griechisch ansprach; und der Sohn des Africanus schrieb ein Geschichtswerk in griechischer Sprache.

Cato und die Griechen

Vor diesem Hintergrund erscheint die Einstellung des M. Porcius Cato äußerst zwiespältig. Den deutlichsten Ausdruck seiner Antipathie gegen alles Griechische finden wir in einem bei Plinius (Naturalis historia 29, 7, 14–15) erhaltenen Fragment aus den Büchern für seinen Sohn Marcus:

Ich werde dir über dieses Griechenvolk noch sprechen, Marcus: ... daß es gut ist, in ihre Literatur einen Blick zu werfen, nicht aber sie genau zu studieren. Ich will ihre grundverdorbene und unbelehrbare Art *(nequissimum et indocile genus)* aufzeigen. Und das glaube, was ein Seher gesagt hat: Wenn dieses Volk da uns seine Literatur herbringt, dann wird es alles verderben, und das noch mehr, wenn es erst seine Ärzte schickt. Sie haben unter sich einen Eid geleistet, alle Barbaren durch (ihre) Medizin zu töten ... Auch uns nennen sie Barbaren und setzten uns noch schweinischer mit der Bezeichnung *Opici* (Osker, die alte Bezeichnung für die nichtgriechischen Bewohner Italiens) herab.
    (Cato, Ad Marcum filium 1 Jordan = Frg. 356 Schönberger)

Von Cato wird auch berichtet, er habe Philosophen als Leichentücher tituliert und Dichtung mit Nacktheit und eitlem Luxus gleichgesetzt.

Doch so einfach stehen die Dinge nicht. Wie vertraut Cato mit der griechischen Kultur war, geht unmittelbar aus seinen eigenen Werken hervor und aus den Beobachtungen seines Zeitgenossen Polybios. Als dieser bereit war, den Senat über die Repatriierung der Achaier hinaus (sie waren im Jahre 167 durch Rom interniert worden; s. S. 15) um weitere Zugeständnisse zu bitten, verglich ihn Cato mit einem Manne, der nicht zögert, in die Höhle des Kyklopen zurückzukehren, um sich seine Mütze wiederzuholen; auch zitierte Cato die Odyssee, als er die Zerstörung Karthagos durch Aemilianus voraussagte. In Anbetracht dieser Homer-Zitate ist anzunehmen, daß Cato, als er bei den Thermopylen im Jahre 191 die persische Kriegslist wiederholte, auch mit dem Bericht Herodots vertraut war. Wenn Cato also einen Monarchen als *zōon sarkophagon*, als fleischfressendes Lebewesen beschreibt, so liegt die Vermutung nahe, daß er damit Aristoteles' berühmte Beschreibung des Menschen als *zōon politikon* (Lebewesen, das in Städten lebt) parodierte. Wenn Cato seinen Sklaven als Belohnung die Befriedigung ihrer sexuellen Bedürfnisse gewährte, so kann man darin vielleicht eine boshafte Karikatur des Systems sehen, nach dem Plato die Hüter des Idealstaates belohnt.

Demnach erscheint Cato zwar vom griechischen Geistesgut beeinflußt, doch war er gelegentlich durchaus zu feindseligen Äußerungen imstande. Es kann also nicht verwundern, daß die Ansichten, die er in seinen historischen Schriften entwickelte, teilweise von Polybios geteilt wurden. Sein historisches Werk erhärtet die Tatsache, daß Cato einerseits im Gegensatz zur griechischen Geistestradition stand und sich andererseits mit ihr im Einklang befand, und ist daher die Grundlage zur Beurteilung dieser ambivalenten Einstellung.

Die in lateinischer Sprache verfaßten *Origines* stammen aus Catos letztem Lebensabschnitt; die Bücher 2–3 wurden nach der Schlacht von Pydna im Jahre 168 geschrieben, das Buch 7 unmittelbar vor Catos Tod im Jahre 149. In einem wesentlichen Punkt unterscheiden sie sich von jeder früheren griechischen Geschichtsschreibung über Italien und Rom und auch von jeder späteren in griechischer oder lateinischer Sprache, nämlich durch ihr Interesse an Italien und durch die Bereitschaft des Autors, der lokalen Überlieferung über die Vergangenheit nachzugehen und sie zu verarbeiten, anstatt sie einfach selbst zu erfinden.

Wie sein Vorgänger Fabius Pictor maß Cato der Möglichkeit einige Bedeutung bei, die Bevölkerung des frühen Italien habe sich auch aus griechischen Elementen zusammengesetzt; der Titel seines Geschichtswerkes, *Origines,* ist darüber hinaus als Echo auf die Werke griechischer Historiker wie Timaios und andere zu verstehen, die auch eine Studie über die Ursprünge enthielten; sein Vorwort entspricht dem zu Xenophons *Symposion;* indem er die Königszeit und dann die jüngere Vergangenheit in den Mittelpunkt des gesamten Werkes stellte, folgte er unmittelbar den Werken von Timaios und Fabius Pictor sowie von Naevius und Ennius, beides Geistesverwandte Pictors. Indem er sich nach diesen Vorlagen richtete und ein griechisches Element in den Ursprüngen Roms anerkannte, gestand Cato ein, daß eine Definition Roms ohne den Bezug zur griechischen Welt undenkbar war.

So kam es, daß Cato, im Bestreben, Rom in einem Gebiet anzusiedeln, dessen geistiger Hintergrund im wesentlichen von den Griechen geprägt war, und Polybios, der der griechischen Welt entstammte und versuchte, Roms kometenhaften Aufstieg zur Macht zu erklären, zur selben Ansicht gelangten über das Leitprinzip, das der Entwicklung republikanischer Institutionen und der Entfaltung der römischen Geschichte zugrundelag. Dieses Leitprinzip, demzufolge die römische Republik nicht vom *ingenium* eines einzelnen, sondern von einer Vielzahl von Menschen abhing, wird von Cicero zu Beginn des Buches 2 seines Werkes *De re publica* ausgeführt; hier betont er ausdrücklich, wie sehr er dem Gedankengut Catos verpflichtet ist, und sicher stützt er sich auf die *Origines.* Eine List in der Erzähltechnik dieses Werkes führt allerdings das genannte Leitprinzip ad absurdum, indem nämlich die Befehlshaber nicht mit Namen genannt, sondern als *imperator Romanus* oder ähnlich bezeichnet werden. Das gleiche Leitprinzip findet sich auch bei Polybios, der wie Cato ausdrücklich das System Roms in Gegensatz zu dem Spartas stellt.

Wie wir bereits festgestellt haben, hegte Cato gegenüber der Monarchie als Regierungsform tiefes Mißtrauen; nun wurde deutlich, daß er mit Polybios sehr bestimmte und folgenreiche Vorstellungen von dem Grundprinzip gemeinsam hatte, nach dem sich die römische Gesellschaft entwickelt hatte. Wenn auch Catos und Polybios' Berichte nicht als vollständige Erklärung der Entwicklung der republikanischen Institutionen angesehen werden dürfen, so haben sie doch einen wesentlichen Zug des republikanischen Systems erfaßt: daß dieses System von der gemeinschaftlichen Regierung der Oligarchie abhing und daß die Vorstellung von der Überlegenheit dieser Gruppe den Fortbestand dieses Systems gewährleistete. Es ist meines Erachtens kein Zufall, daß dieses Konzept offenbar zu einem Zeitpunkt formuliert wurde, als die kollektive Herrschaft und die Ideologie, auf die sie sich stützte, angegriffen wurden; die Ausarbeitung dieses Konzepts mag die ambivalente Einstellung Catos allem Griechischen gegenüber zumindest teilweise erklären.

Die Hellenisierung der Oligarchie

Die bedenkliche Distanzierung mancher Mitglieder des römischen Adels von denen, die ihnen angeblich gleichgestellt waren, wie sie bereits gegen Ende des dritten Jahrhunderts einsetzte, muß nicht ausführlich belegt werden. P. Scipio Africanus, der von den einheimischen Truppen, die er in Spanien befehligte, als König gefeiert worden war, hatte sich aus der Affäre gezogen, indem er ihnen den neuen Titel *imperator* vorschlug. Nach dem Sieg über Karthago fühlte er sich nun berechtigt, sich über gewisse Regeln hinwegzusetzen; T. Quinctius Flamininus hatte Philipp V. von Makedonien besiegt und wurde noch zu Lebzeiten von den Städten, die ihm ihre Freiheit verdankten, kultisch verehrt. Die ungeheure Macht, die römische Magistrate weitab von senatorischer Aufsicht ausübten, führte zu schweren Mißständen; der Reichtum, den sich manche Mitglieder der Oligarchie durch ihr Amt erwarben, hob sie in auffälliger Weise aus den Reihen der übrigen hervor und ermöglichte es ihnen, sich selbst oder ihren Familienangehörigen durch Bestechung zu einer verlängerten Amtszeit zu verhelfen.

Die Oligarchie zeigte, daß sie den Wunsch – wenn auch nicht immer die nötige Willenskraft – hatte, sich mit all diesen Bedrohungen der Kollektivherrschaft auseinanderzusetzen; sie erließ die *leges annales,* um die zeitliche Abfolge der politischen Laufbahn festzulegen; sie versuchte, Ausschreitungen in den Provinzen unter Kontrolle zu halten und zu bestrafen; sie erließ Gesetze gegen den Luxus, um eine Gefährdung des Gruppenzusammenhalts durch übertriebene Prunksucht zu verhindern, und sie bemühte sich, gegen Wahlkorruption vorzugehen (s. Kap. 7).

Mit vielen dieser Maßnahmen wird die Person Catos in Verbindung gebracht, der mit seiner Darlegung der Entwicklung römischer Institutionen höchstwahrscheinlich auf die wachsende Gefährdung eben dieser Institutionen aufgrund der Vorrangstellung einzelner reagierte. Seine theoretischen Erörterungen und sein Widerstand gegen die Ansprüche des Africanus weisen in die gleiche Richtung. Auch seine Einstellung zur griechischen Kultur ist in diesem Zusammenhang zu sehen.

Zunächst waren seine Vorbehalte gegen die griechische Welt eher assoziativer Natur, denn sie war es, die die Vorrangstellung des Flamininus ermöglicht und einigen Mitgliedern der römischen Oligarchie zu ihrem neuen Reichtum verholfen hatte; aus dieser griechischen Welt kamen zahlreiche soziale und sexuelle Verhaltensweisen, die zu den traditionellen römischen Verhaltensformen in Widerspruch standen. Es war also einfach, die hochstehende griechische Kultur in Bausch und Bogen zu verurteilen. Doch kam noch etwas anderes hinzu. Die Assimilierung griechischen Kulturgutes spielte eine wichtige Rolle bei der Eskalation der Machtkämpfe innerhalb der Aristokratie: Sie diente manchen als Mittel, sich über ihresgleichen zu erheben; auch wurden die neu erworbenen Kenntnisse häufig in den Dienst politischer Rivalitäten gestellt.

Die römische Oligarchie war immer ziemlich wohlhabend gewesen und hatte immer bis zu einem gewissen Grad im Einflußbereich der griechischen Kultur gestanden; so konnte sie erkennen, was die griechische Kultur der römischen voraushatte. Durch die Eroberung des griechischen Ostens vom Jahre 200 an stand der Weg offen zu den künstlerischen und intellektuellen Errungenschaften Griechenlands und zu unermeßlichem Reichtum. Die Oligarchie, geprägt vom Konkurrenzdenken innerhalb ihrer Gruppe, förderte die Hellenisierung auf ihre Weise: Gelangte ein Angehöriger der Oligarchie zu Reichtum, so blieb den übrigen keine andere Wahl, als es ihm nach Möglichkeit gleichzutun, wollten sie nicht ihr Ansehen aufs Spiel setzen. Ähnlich verhielt es sich mit der Hellenisierung – auch hier fühlten sich die anderen Gruppenmitglieder bemüßigt, demjenigen nachzueifern, der ihnen in dieser Hinsicht überlegen war.

Die Gruppe in ihrer Gesamtheit und vor allem Cato sahen sich veranlaßt, gegen den übersteigerten Konkurrenzkampf innerhalb der Aristokratie vorzugehen, und verurteilten den griechischen Einfluß in vielen seiner Erscheinungsformen. Cato unterschied sich von seinen Mitstreitern in erster Linie darin, daß er sich mit Erfolg als Verkörperung römischen Geistesgutes darstellte; im übrigen sind uns besonders viele seiner Äußerungen überliefert. Als römischer Aristokrat der ersten Generation versinnbildlicht er das Dilemma, in dem sich die Aristokratie während des zweiten vorchristlichen Jahrhunderts befand: Obwohl selbst von griechischer Kultur beeinflußt, betrachtete er die wachsende Hellenisierung mit Sorge; obwohl er ein ehrgeiziger, aggressiver und erfolgreicher Politiker war (im Unterschied zu Africanus bekleidete er das Amt des Konsuls allerdings nur ein einziges Mal), fürchtete er die Folgen aristokratischen Ehrgeizes; als Anhänger der bäuerlichen Traditionen Roms sah er sich dennoch zu »modernen« kapitalistischen Methoden der Landwirtschaft gezwungen; als Geschäftsmann, der selbst Geldgeschäfte betrieb, vertrat er dennoch die Ansicht, Landbesitz sei die einzig rechtmäßige Einnahmequelle. In der Haltung Catos und seiner Gesinnungsgenossen spiegeln sich deutlich die entscheidenden Entwicklungen des zweiten Jahrhunderts wider und somit auch die Hellenisierung, deren Fortschreiten durch den Kampf um die Vorherrschaft innerhalb der Gruppe noch gefördert wurde.

Makedonien und der griechische Osten

Die Bereitschaft zum Experiment und zur Erneuerung läßt sich zunächst auch auf außenpolitischem Gebiet nachweisen; doch setzte sich hier im Lauf des zweiten Jahrhunderts allmählich eine gewisse Starrheit, ein Widerstand gegenüber Veränderungen durch. Und schließlich wurde die Weigerung, dem Druck sozial oder politisch unterlegener Elemente innerhalb des Gemeinwesens nachzugeben, zum Hauptcharakteristikum der Oligarchie vor dem Tribunat des Tiberius Gracchus im Jahr 133. Zugleich wurde immer mehr Energie auf das Streben nach Reichtum und Einfluß verwendet und nach dem Wissen, das die griechische Welt bot, und das sich im internen Konkurrenzkampf der Gruppe einsetzen ließ. Während die finanziellen Vorteile des Weltreiches in wachsendem Maße nur einigen wenigen zugute kamen, spitzte sich die explosive Stimmung unter den Armen in Rom und unter den italischen Verbündeten bedrohlich zu.

Die erste ernsthafte Bedrohung der römischen Vorherrschaft im Osten nach der Niederlage des Antiochos III. fällt in das Jahr 172 v. Chr.; in jenem Jahr kam Eumenes II. von Pergamon nach Rom, um den Senat vor den Plänen des Perseus zu warnen, des Sohnes und Nachfolgers Philipps V. von Makedonien:

Er begann seine Rede mit den Plänen Philipps und nannte die Ermordung von dessen Sohn Demetrios, der gegen einen Krieg mit Rom gewesen war; er sprach vom Bastarnerstamm, der aus seinen Wohnsitzen herbeigerufen worden sei und auf dessen Hilfstruppen gestützt Philipp nach Italien ziehen wollte; als jener das in seinem Herzen erwogen habe, sei aber das Schicksal über ihn gekommen, und er habe seinen Thron dem hinterlassen, von dem er das Gefühl hatte, er sei der grimmigste Feind der Römer (eben Perseus). Deshalb hege und pflege Perseus, dem der Krieg als Erbe von seinem Vater hinterlassen und zugleich mit der Herrschaft übertragen worden sei, einen solchen Krieg schon längst in all seinen Plänen. (Eumenes hebt im folgenden Perseus' Stärke hervor, seine Beliebtheit bei den anderen Königen und bei den verschiedenen Republiken, und berichtet von seinen zahlreichen Missetaten.) (Livius 42, 11, 4–5)

Die Schwierigkeiten hatten übrigens schon zwei Jahre zuvor begonnen. Nach dem Ende des Krieges gegen Antiochos III., in dem Philipp sich loyal auf die Seite Roms gestellt hatte, hatte der Senat Makedonien überwiegend sich selbst überlassen; es ist nicht erwiesen, daß die Forderungen des Senats Makedonien zu einer immer feindseligeren Haltung trieben; auch besteht kein Anlaß, Polybios' Ansicht zu teilen, Philipp habe, wie Karthago nach dem Ersten Punischen Krieg, vom Augenblick seiner Niederlage an auf Rache gesonnen.

Zweifellos führte die Gleichgültigkeit Roms dazu, daß Perseus überzeugt war, er könne im Jahre 174 eine der traditionellen Rollen hellenistischer Könige spielen, nämlich die eines Freundes der griechischen Städte:

Und er begnügte sich nicht damit, nur die Leute, durch deren Gebiet er ziehen mußte, für sich zu gewinnen; er schickte entweder Gesandte oder Briefe und bat, sich nicht länger an die Streitigkeiten zu erinnern, die sie mit seinem Vater gehabt hätten. Denn diese seien doch nicht so schlimm gewesen, als daß sie jetzt nicht mit ihm selbst beendet werden könnten und müßten. Er jedenfalls sei ihnen gegenüber völlig unvoreingenommen und wolle mit ihnen aufrichtig Freundschaft schließen.

Vor allem suchte er einen Weg, mit dem Volk der Achaier das gute
Einvernehmen wiederherzustellen. (Livius 41, 22, 7–8)

Polybios und Livius (42, 5, 1) sahen natürlich in Perseus' Versuchen, die Freundschaft der Griechenstädte wiederzugewinnen, einen weiteren Schritt innerhalb des großen Rachepланes gegen Rom; doch seine Reaktion auf die Aussicht eines Krieges gegen Rom macht deutlich, daß er diesen Krieg nicht wollte; sein Vorgehen im Jahre 174 war also mit größter Wahrscheinlichkeit harmlos. Doch betrachtete sich der Senat vom Jahre 200 an nicht nur als Verteidiger griechischer Freiheit schlechthin; es war ihm nach dem Kriege mit Antiochos zur Gewohnheit geworden, daß die Griechenstädte sich mit all ihren Sorgen an Rom wandten; zugleich befaßten sich viele Mitglieder der Aristokratie mit wachsendem Interesse mit den Errungenschaften der griechischen Kultur.

So mußten Perseus' Versuche, die Freundschaft der Griechenstädte zu gewinnen, als Bedrohung der politischen Ordnung erscheinen, die Rom in den Jahren nach 200 im Osten hergestellt hatte (Appian, Makedonike 11, 1); zugleich schien damit die Rolle der römischen Aristokratie, die zwar hellenisiert, aber nicht griechisch war, als Schutzherrin der griechischen Welt gefährdet.

Mit der Zeit schloß sich die griechische Welt Rom an, und zwar eher aus Berechnung, da ihr ein römischer Sieg wahrscheinlich erschien, als aus Begeisterung über die wachsende römische Macht; an der Tatsache, daß die Griechen Rom gegenüber keine großen Sympathien hegten, obwohl ihre Freiheit 20 Jahre lang von Rom verteidigt worden war, läßt sich vielleicht ermessen, welche Bedrohung Perseus tatsächlich für die römische Weltordnung darstellte. Mit Sicherheit läßt sich an Roms Haltung gegenüber Rhodos nach dem Krieg (s. S. 105) ersehen, wie stark es sich gefährdet fühlte.

Doch schließlich siegten, wie schon in vergangenen Zeiten, die römischen Legionen, die das Heer des Perseus in der Schlacht von Pydna im Jahre 168 entscheidend schlugen; nun stand Roms Machtbestrebungen im Osten nichts mehr im Wege. Die makedonische Monarchie wurde aufgelöst und das makedonische Territorium in vier Republiken aufgeteilt (mit Illyrien verfuhr man ähnlich); mit dieser Maßnahme wich Rom von seiner bisherigen Ostpolitik ab, die auf der Akzeptierung bestehender Institutionen beruht hatte, und zwang dem Osten römische Institutionen auf. Von nun an durften nur Ehen zwischen Partnern derselben Region geschlossen werden, auch durften die Bürger nur innerhalb der eigenen Region Grundbesitz oder Häuser erwerben. Damit behandelte Rom die vier Regionen eindeutig nach dem Muster der latinischen Institutionen – *conubium* und *commercium* (s. S. 46) waren die typischen, auf Gegenseitigkeit beruhenden Rechte der latinischen Städte gewesen – und wiederholte eine Strafmaßnahme, die den Latinern im Jahre 338 auferlegt worden war, nämlich die Aufhebung des *conubium*. Die Regelung des Jahres 167 stellt auch in anderer Hinsicht einen Wendepunkt dar. Obwohl zunächst vorgesehen war, die Edelmetallminen Makedoniens nicht auszubeuten, beschloß man, Tribut zu fordern. Zum erstenmal forderte Rom im östlichen Raum einen Geldtribut (auch von Illyrien), der auf unbegrenzte Zeit zu zahlen war.

Auch am Entschluß, Epirus zu verwüsten und seine Einwohner zu versklaven, läßt sich die Anmaßung Roms erkennen, ebenso wie an seiner Verärgerung über Rhodos' angebliche Illoyalität. Rhodos hatte sich nämlich erboten, zwischen Rom und Perseus zu vermitteln, zu einem Zeitpunkt, da der Kriegsverlauf für Rom nicht sehr günstig zu sein schien. Rom entzog Rhodos das Gebiet, das es ihm nach dem Sieg über Antiochos zuerkannt hatte; auch hob es die Herrschaft des Inselstaates über einige ältere Besitzungen auf. Delos wurde Athen angegliedert und zum Freihafen erklärt; dadurch wurde der Schiffsverkehr von Rhodos abgezogen und so dessen Einkünfte aus Hafengebühren drastisch vermindert. In Rom wurden sogar Stimmen laut, die für einen Krieg gegen Rhodos plädierten, doch wurden sie durch Cato zum Schweigen gebracht. Rhodos war nicht etwa der einzige griechische Staat, der Demütigungen zu ertragen hatte: So verweigerte der Senat dem Eumenes von Pergamon den Zutritt nach Rom, als er sich von dem Verdacht der Illoyalität reinwaschen wollte; Antiochos IV. wurde durch C. Popillius Laenas in brutaler Weise aus Ägypten ausgewiesen, wo er eingefallen war; die Achaier erhielten die Anweisung, Personen von zweifelhafter Gefolgstreue an Rom auszuliefern, darunter auch Polybios. Bald darauf verschwand die Bezeichnung ROMA von den Münzen der römischen Republik; die Währung der Weltmacht bedurfte keines Erkennungszeichens.

Zugleich könnte man jedoch behaupten, daß der Senat auf die veränderte Situation flexibel reagierte; der frühere Plan, das Königreich Makedonien intakt zu lassen, hatte sich nicht bewährt, und nun brauchte man ein neues Konzept. Der Verzicht auf die Ausbeutung der Edelmetallminen Makedoniens kann auch in Verbindung gesehen werden mit den Maßnahmen, die Rom ergriff, um die verderbliche Wirkung des wachsenden Wohlstandes zu beschränken.

Nach der ersten Aufregung normalisierte sich Roms Verhältnis zum Osten und wich einer grundsätzlichen Bereitschaft, sich nur bei Bedarf einzuschalten. Doch war die römische Weltherrschaft unbestritten, was Rom gelegentlich bewußt wurde, für Polybios jedoch eine schmerzliche Erkenntnis war, die nach Erklärung verlangte. Während seiner Internierung in Italien hatte er reichlich Zeit zum Nachdenken und reichlich Gelegenheit, die Sieger aus der Nähe zu beobachten. Seine griechischen Landsleute wandten sich immer häufiger an Rom, um ihre Zwistigkeiten schlichten zu lassen; dies führte dazu, daß Rom die Unterwürfigkeit als selbstverständlich voraussetzte, was einer toleranten Handhabung der Krise in den frühen vierziger Jahren des zweiten Jahrhunderts nicht gerade förderlich sein sollte (s. S. 107). Eine gewisse unangenehme Berührtheit ist wohl in Polybios' Frage zu erkennen:

Denn wer wäre so gleichgültig und oberflächlich, daß er nicht erfahren möchte, wie und durch welche Verfassung ihres Staates beinahe die ganze Welt binnen nicht ganz 53 Jahren unter die alleinige Herrschaft der Römer gefallen ist? ... Oder wer hätte eine solche Leidenschaft für einen anderen Gegenstand ästhetischer Betrachtung oder wissenschaftlicher Erkenntnis, daß ihm daran mehr gelegen wäre, als hiervon zu hören? (Polybios 1, 1, 5–6)

Karthago und Spanien

Im Jahre 149 sah Rom seine Macht von allen Seiten gefährdet; Karthago hatte auf seine Niederlage im Ersten Punischen Krieg mit dem Aufbau eines Reiches in Spanien reagiert; auf seine Niederlage im Zweiten Punischen Krieg reagierte es mit der Inbesitznahme weiterer Gebiete im Inneren Afrikas, teilweise zumindest, um den römischen Entschädigungsforderungen nachkommen zu können; zweifellos sah Rom der Tatsache, daß Karthago nach der Abzahlung seiner Schulden im Jahre 151 über große Geldmittel verfügen würde, mit Besorgnis entgegen. Cato fürchtete bekanntlich die Macht Karthagos so sehr, daß er im Interesse der römischen Sicherheit für die Zerstörung der Stadt plädierte.

Die Gelegenheit dazu bot sich anläßlich einer Herausforderung durch Karthago; als Belohnung für seine Dienste während des Zweiten Punischen Krieges hatte der numidische König Massinissa von Rom ein großes Königreich erhalten, das an karthagisches Gebiet angrenzte. Seine Grenzstreitigkeiten mit Karthago wurden Rom zur Entscheidung vorgetragen, ähnlich wie dies bei den östlichen Staaten der Brauch war; Rom entschied sich jedesmal zugunsten Massinissas, und seine Entscheidungen wurden regelmäßig akzeptiert – bis sich Karthago im Jahre 149 schließlich widersetzte.

Wie solch ein plötzlicher Widerstand auf eine Macht wirkte, die es gewohnt war, nach Gutdünken zu entscheiden, kann man sich vorstellen: Es wurde der Krieg erklärt. Die erschreckten Karthager erklärten sich bereit, einzulenken; es wurde ihnen befohlen, ihre Waffen auszuliefern und ihre Stadt in das Landesinnere zu verlegen. In Anbetracht dieser untragbaren Forderungen beschlossen die Karthager, sich zu bewaffnen und bis zum Ende zu kämpfen. Erst im Jahre 146 gelang es P. Scipio Aemilianus, Karthago zu erobern und zu plündern. Africa wurde als neue Provinz annektiert.

Im Jahre 148 optierten die makedonischen Republiken für die Monarchie und rebellierten unter der Führung eines Thronprätendenten namens Andriskos. Im Jahre 146 versuchte der Achaische Bund das Unmögliche und widersetzte sich Rom, ähnlich wie Karthago wegen eines Schiedsspruches.

Makedonien wurde kurzerhand als neue Provinz annektiert, der Achaische Bund besiegt, Korinth geplündert und Griechenland unter die Oberaufsicht des Statthalters von Makedonien gestellt.

Erneut bewies die Oligarchie einerseits eine gewisse Starrheit angesichts von Opposition und andererseits den Willen, neue Lösungen zu finden – in diesem Falle die Annektierung –, wo frühere Lösungen versagt hatten. Als ihr wahres Prüffeld erwies sich Spanien: Die wachsende Besorgnis um Spanien mag Roms nur sporadisches Interesse am übrigen Mittelmeerraum erklären; in Spanien wurde dann auch der Starrsinn der römischen Oligarchie dominierendes Merkmal und trat weit stärker hervor als ihre Erneuerungsbereitschaft; die Spanienfrage war es in erster Linie auch, die in die innenpolitische Krise führte, der Tiberius Gracchus sein Tribunat verdankte.

Während der ersten Hälfte des zweiten Jahrhunderts wurden die Ligurer und die Kelten der Po-Ebene vernichtet oder terrorisiert. Die Spanier waren zäher. Nachdem die erste Begeisterung über ihre Befreiung von Karthago durch Rom vorüber war, kam es im Jahre 197 zu einem Aufstand, wobei sie laut Appian den Umstand ausnützten, daß Roms Aufmerksamkeit auf die Po-Ebene und auf Makedonien gerichtet war (Iberike 39, 158). Daß im Jahre 195 statt eines Prätors, also eines niedrigeren Beamten, ein Konsul, nämlich Cato entsandt wurde, läßt den Ernst der Situation erkennen; doch trotz seiner Erfolge ging der Krieg während der folgenden fünfzehn Jahre unvermindert weiter.

Ti. Sempronius Gracchus, dem Vater der Tribunen der Jahre 133 und 123, gelang es, als Prätor von 180 v. Chr. und Proprätor von 179/78 in Hispania Citerior eine Friedensregelung zu bewirken; die beiden Provinzen Hispania Citerior und Hispania Ulterior konnten in den Jahren nach diesem Friedensschluß zeitweise sogar vereint werden. Doch im Jahre 155 oder 154 brach in beiden Provinzen erneut der Krieg aus; diese Notlage führte zur Verschiebung des offiziellen Jahresbeginns vom 15. März zurück auf den 1. Januar, womit den Magistraten die Möglichkeit gegeben wurde, ihre Provinzen früher zu erreichen. Wiederum wurden Konsuln nach Hispania Citerior entsandt: Q. Fulvius Nobilior im Jahre 153, M. Claudius Marcellus 152 und L. Licinius Lucullus 151. Der Widerstand gegen Rom kam vor allem aus den Reihen der Keltiberer, und allmählich gelangte man in Rom zu der festen Überzeugung, daß man auf ihrer bedingungslosen Unterwerfung bestehen müsse; die Folge war die Katastrophe von Numantia im Jahre 137, an der sich sowohl die mangelnde Bereitschaft der Oligarchie erkennen läßt, mit der Opposition Kompromisse zu schließen, als auch ihre Schwierigkeit, sich mit Waffengewalt durchzusetzen.

Ein mangelhaft ausgebildetes Heer griff unter C. Hostilius Mancinus Numantia an und scheiterte; als es einen Rückzug versuchte, geriet es in eine Falle; Ti. Sempronius Gracchus, der Sohn des Prätors von 180 und künftige Tribun von 133, handelte eine bedingte Kapitulation und ein Abkommen zwischen Rom und Numantia aus. Doch entschloß sich der Senat, das Abkommen abzulehnen, und bot Numantia statt dessen als Sündenbock den C. Hostilius Mancinus, nackt und gefesselt, an; Numantia forderte verständlicherweise, das entflohene römische Heer solle entweder wieder in seine Gewalt gebracht oder das Abkommen solle respektiert werden.

Die Oligarchie konnte eine Nichtanerkennung der Abmachung durchsetzen; P. Scipio Aemilianus brachte es im Jahre 134 zum zweitenmal zum Amt des Konsuls und zerstörte im darauffolgenden Jahr Numantia. Aber die Weigerung der Oligarchie, einen Kompromiß mit Numantia zu schließen, und ihre Bereitschaft, einen der ihren zu opfern, ließ ahnen, daß sie auf die Schwierigkeiten, die die militärische Schwäche Roms aufwarf, nicht angemessen reagieren konnte; und im Jahre 137 war diese Schwäche offensichtlich.

Für das Widerstreben der Oligarchie, Kompromisse einzugehen, lassen sich zwei weitere Beispiele aus dieser Zeit anführen. C. Laelius, der Freund des P. Scipio Aemilianus, schlug – vielleicht während seines Konsulats im Jahre 140 – vor, es solle Grundbesitz unter die Bedürftigen verteilt werden; mit dieser Maßnahme sollten sie für den Legionärsdienst den vorgeschriebenen Besitz erhalten und damit die Grundlage zur Schaffung eines größeren römischen Heeres bilden. Dieser Vorschlag nahm einen Plan des Ti. Gracchus vorweg.

Schon Scipios Freund Gaius Laelius hatte einen Reformversuch unternommen, aber aus Angst vor Unruhen wieder aufgegeben, als die Großgrundbesitzer sich dem Plane entgegenstemmten. Diese Vorsicht brachte ihm den Beinamen ›der Weise‹ *(sapiens)* ein ...

(Plutarch, Tiberius Gracchus 8)*

Ähnliches gilt für die *provocatio:* Spätestens seit Polybios' Zeit glaubte man fest daran, daß römische Bürger innerhalb der Stadt von jeher vor Beamtenwillkür geschützt waren, und zwar durch eine Art Berufungsverfahren – allerdings wissen wir heute nicht mehr genau, wie dieser Mechanismus vor sich ging. Im Laufe des zweiten Jahrhunderts wurden verschiedentlich Maßnahmen ergriffen, um diese Immunität der römischen Bürger auch auf die Provinzen auszudehnen und auf ein Gebiet, wo sie bisher keine Gültigkeit gehabt hatte: auf den Kriegsdienst. Die Oligarchie ersetzte daraufhin die Bestrafung durch einen Heerführer durch eine Art institutionalisierter Lynchjustiz:

---

* Ähnlich wehrte sich Rom schon im Jahre 201 dagegen, den Truppen des Africanus Land zur Verfügung zu stellen; doch waren im allgemeinen Kolonisierung und Einzelsiedlungen in den ersten Jahren des zweiten Jahrhunderts gang und gäbe, ganz im Gegensatz zu später (vgl. G. Tibiletti, s. Literaturhinweise).

Die *xylokopia* (lat. *fustuarium*) wird folgendermaßen vollzogen: Der Tribun nimmt einen Holzstock und berührt damit den Verurteilten nur eben, woraufhin alle im Lager mit Stöcken und Steinen auf ihn einschlagen. Die meisten finden dabei schon im Lager den Tod ...

(Polybios 6, 37, 1–3)

Religion

In Polybios' Augen war die soziale Kontrolle, die die Oligarchie mittels der Religion ausübte, lückenlos, wenn er auch vermutlich die Sorgen Catos und anderer wegen des geringen Zusammenhalts innerhalb der Oligarchie kannte, und wenn auch einiges dafür spricht, daß er wußte, daß in Rom nicht alles zum besten stand:

Der größte Vorzug des Gemeinwesens der Römer aber scheint mir in ihrer Auffassung der Götter zu liegen. Was bei anderen Menschen ein Vorwurf ist, eben dies scheint mir die Grundlage des römischen Staates zu bilden, nämlich abergläubische Götterfurcht. Dies spielt bei ihnen im Leben jedes einzelnen, ebenso wie im öffentlichen Bereich eine solche Rolle, und es wird soviel Wesens darum gemacht, daß man es kaum übertreiben kann. Vielen wird das wahrscheinlich seltsam erscheinen, ich glaube jedoch, daß es um der Masse willen geschieht. (Als Folge hebt Polybios dann die Redlichkeit der Römer hervor.)

(Polybios 6, 56, 6–9)

Man mag über die Überlegenheit der römischen Religion anderer Ansicht sein als Polybios (vgl. Cicero, De natura deorum 2, 8; De legibus 2, 23), und man braucht nicht anzunehmen, daß seine römischen Zeitgenossen seinen Zynismus teilten (ebensowenig wie die späteren Römer den Ciceros: De divinatione 2,70; De natura deorum 1,3; 3,5). Doch geht aus seinen Bemerkungen deutlich hervor, daß die römische Religion Mitte des zweiten vorchristlichen Jahrhunderts wesentliche Bedürfnisse zu befriedigen vermochte, und daß sie ein wirkungsvolles Mittel darstellte, den sozialen Zusammenhalt zu sichern. Unter anderem enthalten seine Bemerkungen auch Hinweise auf eine gewisse Passivität des römischen Volkes; einen noch schärferen Kommentar zu dieser Passivität finden wir bei Lucilius (1088 Marx = 1017 Warmington): »Sie nehmen Gesetze an, ein Volk, das eben diesen Gesetzen nicht gehorcht.«

Möglicherweise schienen aber ehrgeizige Angehörige der Aristokratie die Herrschaft der Gruppe noch stärker zu gefährden.

So wurde P. Scipio Aemilianus im Jahre 147 zum Konsul gewählt, obwohl er zuvor weder Prätor noch Ädil gewesen war, und dann noch einmal im Jahre 134, als es bereits untersagt war, das Amt des Konsuls ein zweites Mal zu bekleiden (Cicero verklärt in De imperio Cn. Pompei 60 seine Stellung). Ap. Claudius Pulcher entzog sich 143 v. Chr. einem drohenden Veto des Tribunats (das wiederum auf einen Senatsbeschluß zurückging) und setzte sich über den Senat hinweg, indem er seine Tochter, die Vestalin war, im Triumphwagen mit sich führte. Etwa zur gleichen Zeit gaben die verschiedenen Münzen der Republik vor allem die Interessen und Ziele derjenigen Magistrate wieder, die sie hatten prägen lassen. Der ehrgeizige und jedem Widerstand trotzende Ti. Gracchus war nicht der erste seines Schlages.

9. Das Weltreich und seine Auswirkungen für die Beherrschten

Im Tribunat des Tiberius Gracchus im Jahre 133 sahen Römer zur Zeit Ciceros rückblickend einen unwiderruflichen Bruch mit der Vergangenheit; Gracchus, ein römischer Volkstribun, wurde von einer Gruppe von Senatoren und ihrem Gefolge gelyncht; sie wurde angeführt vom Pontifex Maximus P. Cornelius Scipio Nasica Serapio, dem Konsul des Jahres 138.

Dies war der Beginn, daß in der Stadt Rom das Blut römischer Bürger vergossen und das Schwert erhoben wurde, beides ohne Furcht vor Strafe. Danach wurde das Recht von der Gewalt unterdrückt, der Stärkere galt als der Wichtigere, und Streit unter Bürgern, der bisher durch Verhandlungen geschlichtet worden war, wurde nun mit dem Schwert ausgefochten.　　　　　　　　　　　　　(Velleius Paterculus 2, 3, 3)

Dieses Mal schreckte Rom noch vor dem Abgrund zurück (s. S. 128 ff.), doch rückblickend kann man sagen, daß es von da an stetig und unaufhaltsam der Anarchie und dem Bürgerkrieg zutrieb.

Zufälle und Mißverständnisse spielten sicherlich eine große Rolle bei den Ereignissen, die schließlich zum Tode des Ti. Gracchus führten; die Anfänge seines Tribunats waren zum Teil von gänzlich traditioneller Politik geprägt, und es erinnerte in vieler Hinsicht an die Politik des frühen zweiten Jahrhunderts. Doch führte eben diese Politik auch dazu, daß dem Tribunat wieder die potentiell revolutionäre Rolle zukam, die es während des Ständekampfes innegehabt hatte. Der Kandidatur des Flamininus für das Amt des Konsuls im Jahre 198 (s. S. 87) widersetzten sich zwei Tribunen, die damit ihre Aufgabe als *mancipia nobilium*, als Diener der Nobilität erfüllten. Die Tribunen des zweiten Jahrhunderts stammten natürlich weiterhin aus Adelskreisen, und ihre Politik war weiterhin traditionell geprägt; doch zeigte sich bei ihnen eine wachsende Tendenz – wenn sie auch zum Teil auf Eigennutz beruht haben mag –, die unzufriedenen niederen Schichten gegen die Kollektivherrschaft der Nobilität auszuspielen.

Bevölkerungsrückgang

Schwieriger ist es, die wahren Gründe zu erfassen, die Ti. Gracchus und seine Genossen zum Handeln trieben, den ständig wachsenden Druck der Ereignisse nachzuvollziehen und vor allem zu erkennen, inwiefern die Vorstellungen von den Ereignissen mit deren Realität übereinstimmten. Im nachhinein versuchte man von seiten der Oligarchie, das Verhängnis damit zu erklären, Ti. Gracchus sei über die Außerkraftsetzung des Vertrags mit Numantia (s. S. 108 f.) verärgert gewesen; wahrscheinlicher ist, daß er durch die Katastrophe von Numantia mit dem Mangel an guten Rekruten für das Heer konfrontiert wurde. Auch C. Laelius hatte dies erkannt (s. S. 109), und selbst die Armen drängten durch in die Wand geritzte Inschriften den Ti. Gracchus zum Handeln.

Sein jüngerer Bruder berichtete, bei seiner Reise durch Etrurien auf dem Wege nach Numantia habe er keine freien Männer gesehen*, auch sei ihm aufgefallen, daß das Land von Sklaven bestellt werde (Plutarch, Tiberius Gracchus 8).

Eine ähnliche Besorgnis geht aus einer Rede hervor, die dem Ti. Gracchus zugeschrieben wird:

(Tiberius Sempronius Gracchus) sprach als Tribun ausführlich über den Italikerstamm, seine Tapferkeit im Krieg und seine Verwandtschaft (mit den Römern), auch darüber, wie dieser Stamm verarmt und entvölkert sei ohne jede Hoffnung auf einen Umschwung. Er beklagte sich über die Sklaven, die für den Krieg unbrauchbar und ihren Herren gegenüber nicht mehr loyal seien, und nannte als Beispiel das, was jüngst in Sizilien die Herren von ihren Sklaven zu erleiden hatten, die ja dort auch zur Bestellung des Landes vermehrt worden wären, und er nannte schließlich den Krieg, den die Römer gegen die Sklaven geführt hatten und der weder leicht noch rasch gewonnen worden war, sondern sich lang hingezogen hatte und viele gefährliche Situationen mit sich gebracht hatte. (Appian, Emphylia 1, 9, 35–36)

Gewiß überliefern Plutarch und Appian lediglich eine Auswahl dessen, was gesagt oder berichtet wurde; und bei der Maßnahme, die Ti. Gracchus vorschlug, ging es ihm hauptsächlich um die Wiederansiedlung von Römern ohne Grundbesitz (s.

---

* Neuere archäologische Funde lassen vermuten, daß in der Kolonie von Cosa, durch die Ti. Gracchus wohl gezogen ist, die traditionellen Formen bäuerlichen Grundbesitzes verdrängt worden waren durch die Ausbreitung (bzw. durch das Wiederaufleben, s. S. 30) solcher Besitzungen, die von Sklaven bewirtschaftet wurden.

S. 125). Doch die Faktoren, die im Italien des zweiten Jahrhunderts v. Chr. eine Rolle spielten, betrafen sicherlich Römer und Italiker in gleicher Weise, und diesen Faktoren wollen wir uns nun zuwenden.

Das am besten verfügbare Material im Rom des zweiten vorchristlichen Jahrhunderts waren die Ergebnisse der Volkszählungen; diese Ergebnisse waren natürlich immer mehr oder weniger ungenau (hauptsächlich wohl, weil die Ärmsten der Bevölkerung nicht vollzählig registriert wurden, da sie vermutlich kein Tributum zahlten und gewöhnlich nicht in den Legionen dienten):

Jahr:	Zahl der Bürger:
233	270713
208	137108
204	214000
194	143704
189	258318
179	258294
174	269015
169	312805
164	337452
159	328316
154	324000
147	322000
142	328442
136	317933
131	318823
125	394736

Diese Zahlen bedürfen einer Erläuterung: Die Angabe für das Jahr 233 wird weitgehend durch die Zahl bestätigt, die Polybios für die Erhebung von 225 angibt; die Angabe für das Jahr 208, während des Zweiten Punischen Krieges, ist offensichtlich wertlos und vermutlich falsch überliefert; im Jahre 204 wurde besondere Sorgfalt darauf verwendet, die Zahl der im Ausland dienenden Soldaten aufzuführen (Livius 29, 37, 5); diese Zahl ist vermutlich exakt und zeugt von den Verlusten während des Zweiten Punischen Krieges; die Angabe für das Jahr 194 ist entweder falsch überliefert oder auf eine viel zu geringe Erfassung zurückzuführen. In der Zahl für das Jahr 189 spiegelt sich die Tatsache wider, daß die Kampaner erstmals seit ihrem Aufstand im Jahre 215 wieder erfaßt wurden (Livius 28, 36, 5). Danach steigen die Zahlen bis zum Jahre 164 unregelmäßig an und fallen anschließend bis zum Jahre 136 unregelmäßig wieder ab; der plötzliche Anstieg im Jahre 125 läßt sich möglicherweise durch den Umstand erklären, daß sich die Ärmsten der Bevölkerung nun ebenfalls erfassen ließen, um für die Gracchische Landverteilung in die Auswahl zu kommen.

P. A. Brunt* vertritt die Ansicht, daß diese Zahlen, falls sie genau sind, einen viel drastischeren Rückgang der *assidui* verschleiern, derjenigen Gruppe innerhalb der gesamten Bürgerschaft also, deren Besitz ausreichte, um sie für den Legionärsdienst zu qualifizieren. Wahrscheinlich waren damals auch Zahlen verfügbar, die diesen Rückgang belegen konnten. Wenn solche Angaben auch äußerst ungenau waren, weil die Erfassung nicht sorgfältig genug durchgeführt wurde, so waren sie jedenfalls doch das einzige Zahlenmaterial, auf das sich Ti. Gracchus und andere stützen konnten; andere Tatsachen beweisen, daß die Zahl der *assidui* wirklich gering war: z. B. der wachsende Anteil an Italikern, die im Verlauf des zweiten Jahrhunderts v. Chr. in die römischen Heere aufgenommen wurden und die allmähliche Herabsetzung der Summe, die von den *assidui* aufgebracht werden mußte. Sie hatte einst 11 000 Asse betragen, war dann zunächst auf 4000 Asse reduziert worden (zu einem uns unbekannten Zeitpunkt, der jedoch vor Mitte des zweiten Jahrhunderts v. Chr. anzusetzen ist); schließlich wurde sie auf 1500 Asse herabgesetzt, und zwar in dem Zeitraum zwischen Polybios' Rom-Schilderung und dem Jahre 141, als Asse keine offizielle Rechnungseinheit mehr darstellten.

Soldatenmangel

Den augenscheinlichsten Beweis dafür, daß die Zahl der *assidui* gering war, lieferten für Ti. Gracchus und andere wahrscheinlich die Schwierigkeiten bei den Truppenaushebungen (wir ziehen noch andere Erklärungen dafür in Betracht). Die Expansion war von einem Heer getragen worden, dessen Männer zeitweise als Bauern arbeiteten und zeitweise als Soldaten dienten (s. S. 39); nach dem Jahre 200 sah sich Rom gezwungen, außer-

---

* *Italian Manpower.* Oxford 1971, Kap. 5.

halb Italiens seine Soldaten auf Dauer zu stationieren. Infolgedessen ließen sich viele nur widerstrebend einziehen; dieser Unmut wurde vielleicht noch dadurch gefördert, daß eine immer größere Zahl einberufen wurde, weil es immer weniger *assidui* gab. Livius' Schilderungen bis zum Jahre 167 enthalten zahlreiche Berichte darüber, mit welchem Widerstreben der Kriegsdienst angetreten und wie sehr sein Ende herbeigesehnt wurde. Gelegentlich kam es auch zu Auseinandersetzungen zwischen dem Heerführer, der seine Provinz verließ und – darauf bedacht, *gratia* zu erlangen (und die Befriedung seiner Provinz unter Beweis zu stellen) – seine Truppen entließ, und dessen Nachfolger, der möglichst viele Truppen unter seiner Befehlsgewalt haben wollte. Jedenfalls zeugen solche Auseinandersetzungen von einer Grundstimmung des Widerwillens gegen einen längeren Kriegsdienst.

Selbst in unserem äußerst unzureichenden Quellenmaterial finden sich vom Jahre 151 an zahlreiche Hinweise auf die allgemeine Abneigung gegen den Kriegsdienst. Die für die Einberufung der Soldaten zuständigen Konsuln wurden manchmal von Tribunen ins Gefängnis gebracht, die sich für den Schutz potentieller Rekruten eingesetzt hatten. All diese Quellen beziehen sich auf den mühseligen und undankbaren Kriegsdienst in Spanien. Es wäre natürlich denkbar, daß in Wahrheit gar kein Mangel an *assidui* bestand, und daß die römische Oligarchie einem Irrtum unterlag, als sie die Rekrutierung der Italiker verstärkt vorantrieb und den für die *assidui* vorgeschriebenen Besitz herabsetzte; daß also der zahlenmäßige Rückgang der gesamten Bürgerschaft, wie er in den Ergebnissen der Volkszählung zutagetritt, nicht der Realität entsprach. Doch machte sich auch in dem Zeitabschnitt, über den wir durch Livius gut unterrichtet sind, eine gewisse Abneigung gegen den Kriegsdienst selbst in den verhältnismäßig wenig beschwerlichen und gewiß einträglichen Feldzügen im Osten bemerkbar. Ich jedenfalls bin der Ansicht, daß die Zahl der *assidui* von der Mitte des zweiten vorchristlichen Jahrhunderts an tatsächlich zurückging und daß auch die Zahl der gesamten Bürgerschaft sich verringerte, wenn man von der logischen Annahme ausgeht, daß der Anteil der Nicht-Erfaßten in normalen Zeiten konstant blieb. Polybios setzte als bekannt voraus, daß die Römer zu seiner Zeit nicht so große Flotten bemannen konnten wie zur Zeit des Ersten Punischen Krieges (1, 64, 1). Die Tatsache, daß die Flotten mit *proletarii* bemannt wurden, mit Männern also, deren Besitz nicht ausreiche, um sie als *assidui* zu qualifizieren, hat vermutlich zu dem Schluß geführt, daß die Zahl der gesamten Bürgerschaft zurückging.

Agrarische Probleme

Die Schwierigkeiten bei der Truppenaushebung kurz nach Mitte des zweiten vorchristlichen Jahrhunderts waren teilweise zurückzuführen auf die Unzufriedenheit mit der Kriegführung der Oligarchie, aber sicherlich auch auf die wirtschaftliche Ausbeutung Italiens, wie sie von der Oligarchie in zunehmendem Maße betrieben wurde. Daß die Zahl der *assidui* zurückging, ist vermutlich damit zu erklären, daß sie nicht mehr den vorgeschriebenen Grundbesitz vorweisen konnten. Daß die Zahl der Bürger im Ganzen zurückging, lag daran, daß viele nicht mehr über die wirtschaftlichen Voraussetzungen verfügten, eine Familie ernähren zu können. Beides steht in Zusammenhang mit dem wachsenden Landbesitz der Reichen und mit ihrer Ausbeutung dieses Landbesitzes wie auch des Gemeindelandes, das sie von Sklaven bewirtschaften ließen. Das hatte es in Italien zwar immer schon gegeben, selbst außerhalb von Etrurien (s. S. 30), doch nun waren diese Praktiken immer häufiger zu beobachten.

In Rom herrschte die weitverbreitete Ansicht, alle römischen Familien hätten früher einmal gerade genügend Land besessen, um sich zu ernähren, und hätten dieses Land auch selbst bestellt. (Diese Vorstellung ließ sich natürlich nicht vereinbaren mit der, daß die *assidui* schon früh in fünf verschiedene Besitzklassen eingeteilt waren.) Die Geschichte von Cincinnatus, der zur Rettung Roms vom Pflug weggerufen wurde, veranschaulicht diese Vorstellung; und wenn Cato sich selbst bei der Arbeit zusammen mit seinen Sklaven darstellt, so ist auch dies ein Versuch, etwas von dieser Ideologie zu bewahren. Was immer man von der Aristokratie denken mag, die Bürgerschaft als Ganzes hatte jedenfalls während der frühen und mittleren Republik Mühe, von ihren Landgütern zu leben; diese reichten gerade aus, eine Familie zu ernähren, wenn die Nutzung von Gemeindeland hinzukam (s. S. 119f.). Der notwendige Arbeitsaufwand war geringer als der, den eine Bauernfamilie im Jahr erbringen konnte – daher der Kriegsdienst auf Zeit während der frühen und mittleren Republik; so konnte auch jeder, der ein Stück Land erwarb, das ein Bauerngut an Größe übertraf, es noch mit Hilfe seiner eigenen Familie bestellen und einen Überschuß erwirtschaften. Wie wir sehen werden, förderte der Reichtum, der vor allem seit Anfang des zweiten Jahrhunderts nach Rom floß, die Entstehung großer Landgüter durch Zusammenlegung mehrerer kleiner. Selbst wenn solch ein großes Gut noch von einem der ehemaligen Eigentümer bewirtschaftet werden konnte, war damit doch die Enteignung der anderen Familien verbunden. Häufig wurden große Güter auch durch Pächter oder durch bezahlte Landarbeiter bewirtschaftet, die ebenfalls besitzlos waren und nicht als *assidui* in Frage kamen, oder auch durch Sklaven (bzw. durch Freigeborene und Sklaven gleichzeitig).

Allgemein ist eine Tendenz zu größeren Landgütern, sogenannten *latifundia*, festzustellen (vor der Zeit des Imperiums ist das Wort nicht belegt), wobei man nicht vergessen sollte, daß der Landbesitz eines Mannes aus mehreren verstreuten Ländereien bestehen konnte.

Eine Häufung von Landbesitz konnte etwa durch Kauf zustandekommen; der legendäre Reichtum Roms und einiger anderer italischer Städte veranlaßte im Laufe des zweiten Jahrhunderts zahlreiche Bauern dazu, ihr Land zu verkaufen und in die Stadt zu ziehen. Manche Italiker verwendeten den Erlös aus dem Verkauf ihres Landbesitzes dazu, sich eine Existenz als Händler aufzubauen und ihr Glück im Osten zu versuchen. Doch auf den Druck, der ausgeübt wurde, um die Bauern zum Verkauf zu bewegen, folgten wohl bald gewaltsamere Methoden der Enteignung; solche Methoden waren im Italien Ciceros häufig, und die Armen hatten wenig Möglichkeiten, sich gegen die Habgier der Reichen zu wehren. Wenn ein Familienvater über lange Zeit in der Fremde Kriegsdienst leisten mußte, war es natürlich noch einfacher, eine Enteignung durchzuführen.*

Die Enteignung von freiem Grundbesitz war jedoch nicht der einzige Faktor, der sich auf die agrarische Siedlungsstruktur im Italien des zweiten vorchristlichen Jahrhunderts auswirkte. Die Reichen begannen auch, immer größere Gebiete des *ager publi-*

---

* Gelegentlich hört man das Argument, eine lange Abwesenheit des Bauern habe die Höfe veröden lassen; doch wenn man die Methoden der Landbestellung in der Antike in Betracht zieht, erscheint dieses Argument wenig plausibel; freilich mag es durchaus vorgekommen sein, daß die Familie eines Mannes während seiner Abwesenheit den ungleichen Kampf aufgab.

cus, des Gemeindelandes, für sich zu nutzen. Einen großen Teil dieses Landes konnte man nach dem Jahre 200 ohne große Schwierigkeiten übernehmen, wie z. B. in Lucanien, wo die großen Städte den Zweiten Punischen Krieg nicht überlebt hatten und weite Landstriche brachlagen.

Doch anderswo war der *ager publicus* für die Besitzer von Bauerngütern lebensnotwendig. Aus dem überlieferten Zahlenmaterial über Einzelsiedlungen oder gemeinschaftliche Siedlungen geht hervor, daß eine Familie von ihrem Grundbesitz allein nicht existieren konnte; wir können davon ausgehen, daß der Gemeinde staatliches Land, sogenannter *ager compascuus*, zusätzlich zur Verfügung stand.

Bereits im Jahre 167 suchte man in Rom durchzusetzen, daß langfristig mehr als die zulässigen 500 *iugera* an *ager publicus* okkupiert werden durften, und daß mehr als die zulässige Höchstzahl an Vieh auf anderen Gebieten des *ager publicus* gehalten werden durfte:*

Ist irgendein Gesetz so streng, daß es einen, der jenes zu tun wünscht, mit dem Verlust seines halben Vermögens abzüglich 1000 (As) bestraft? Wenn jemand mehr als 500 *iugera* haben wollte, soll da die Strafe so hoch sein? Wenn jemand eine größere Stückzahl Vieh haben wollte (das auf dem *ager publicus* weidet), soll da die Strafe so hoch sein? Wir alle wollen mehr haben und werden dafür gar nicht bestraft.
(Cato Frg. 167 ORF = 95 Schönberger)

Roms Beherrschung Italiens nach dem Jahre 200 förderte die Entstehung des Weidewechsels (Transhumanz) über weite Entfernungen, beispielsweise zwischen den Winterweiden Apuliens und den Sommerweiden des Zentral-Apennins; vor allem der Bedarf an Winterweiden führte zur Enteignung von Bauerngütern und zur Okkupation von *ager publicus* in der Nähe bäuerlicher Siedlungen (natürlich konnten Bauerngüter und *ager publicus* in der Nähe von Städten auch für den Markthandel mit Luxusfrüchten genutzt werden).

Die Okkupation von *ager publicus* trug dazu bei, daß die kleinen Bauerngüter immer weniger lebensfähig wurden, und beschleunigte im Verein mit der Enteignung die Landflucht; beide Vorgänge blieben den Zeitgenossen nicht verborgen. In seinem Bericht über den Ständekampf, in dem er die Dinge allerdings an den politischen Maßstäben seiner eigenen Zeit

---

* Es ist ungewiß, wann das Gesetz in Kraft trat, das diese Höchstzahlen festsetzte: im vierten oder im frühen zweiten Jahrhundert.

mißt, erzählt Cassius Hemina (Frg. 17 Peter), ein Historiker des zweiten vorchristlichen Jahrhunderts, von Leuten, die aufgrund ihrer *plebitas* (also weil sie nur Plebejer waren) vom *ager publicus* vertrieben wurden. In seiner berühmten Rede über die Not derer, die wirklich für Italien kämpften, spricht Tiberius Gracchus (Frg. 13 ORF = Plutarch, Tiberius Gracchus 9, 4–6) offensichtlich von Veteranen, die einst *assidui* waren, nun aber kein Land mehr besaßen. Der erste Vorgang war – im Gegensatz zum zweiten – teilweise umkehrbar; das betont Appian:

Die Römer, die Italien durch ihre Kriege schrittweise in ihre Hand bekamen, konfiszierten gewöhnlich einen Teil des Landes und gründeten Städte darauf oder siedelten auf den bereits vorhandenen Landlosen nun Kolonisten aus ihren eigenen Reihen an. Solche (Gründungen) betrachteten sie als militärische Außenposten. Von dem Land, das ihnen jeweils als Kriegsbeute zufiel, wiesen sie das bereits kultivierte sogleich solchen Kolonisten zu oder aber verkauften oder verpachteten es; ... das nicht kultivierte, gewöhnlich der größere Teil, überließen sie – für die Verlosung hatten sie keine Zeit – jedem, der es bearbeiten wollte, unter der Bedingung, daß er ihnen einen Teil der Jahresernte abliefere: ein Zehntel der (ausgesäten) Feld- bzw. ein Fünftel der Baumfrüchte; auch für Hirten wurde eine Abgabe festgesetzt, sowohl bei Groß- als auch bei Kleinvieh.
All dies taten sie, um die Bevölkerung des italischen Stammes zu vermehren, der ihnen als der arbeitsamste erschien, und um auf diese Weise ihnen nahestehende Bündner zu gewinnen. Doch schlug es ihnen zum Gegenteil aus: Die Reichen nämlich nahmen sich vom noch nicht verteilten Land den Großteil; mit der Zeit verließen sie sich dann darauf, daß ihnen dies niemand mehr fortnehmen werde, und übernahmen die ganzen anderen Güter, nämlich die den ihren nahegelegenen, (jedoch) kleinen Anwesen der Armen, indem sie diese teils zum Verkauf überredeten, teils mit Gewalt vertrieben. Schließlich konnten sie somit große Ländereien statt einzelner Güter bearbeiten lassen, wozu sie Sklaven als Landarbeiter und Hirten einsetzten, damit ihnen nicht Freie von der Feldarbeit zum Kriegsdienst abgezogen würden (ein Anachronismus Appians; zu jener Zeit waren Besitzlose nicht zum Militärdienst zugelassen). Diese Besitzform brachte ihnen auch großen Gewinn auch durch den Kinderreichtum der Sklaven, die ja das Risiko des Kriegsdienstes nicht eingehen mußten (ein unplausibles Argument, das aber auf zeitgenössische Anschauungen zurückgehen mag).
So also wurden die Mächtigen vollends reich, und die Sklaven vermehrten sich im Land, die Italiker aber verloren an Bevölkerung und Stärke, aufgerieben von Armut, Abgaben und Kriegsdienst. Und selbst wenn sie davor einmal Ruhe hatten, blieb ihnen nur völlige Untätigkeit, denn das Land war im Besitz der Reichen, die Sklaven statt freier Männer als Landarbeiter einsetzten. (Appian, Emphylia 1, 7, 27–31)

Meinen bisherigen Ausführungen könnte man entnehmen, die geschilderten Entwicklungen im zweiten vorchristlichen Jahrhundert seien neu gewesen; und in gewisser Weise trifft das auch zu. Die lange Abwesenheit der bäuerlichen Soldaten während des Kriegsdienstes machte es den anderen noch einfacher, ihr Land zu enteignen und Gemeinderechte auf den *ager publicus* an sich zu reißen; der Reichtum der Oligarchie nahm während des zweiten Jahrhunderts solche Ausmaße an (s. S. 88 ff.), daß er einen wichtigen neuen Faktor darstellte. Dieser Reichtum, der aus den verschiedenen Kriegen Roms herrührte, mußte in irgendeiner Weise angelegt werden, und wenn man die Wertvorstellungen der römischen Aristokratie in Betracht zieht, so war Landbesitz die einzige Möglichkeit hierfür. Roms Kriege während des zweiten Jahrhunderts schufen zudem eine schier unbegrenzte Zahl von Sklaven; so wurden im Jahre 177 in Sardinien 80 000 Mann gefangengenommen oder getötet, im Jahre 167 in Epirus 150 000 Mann gefangengenommen. Im Laufe der Zeit führten solche Massen, die durch die Entwicklung des Sklavenhandels seit den vierziger Jahren des Jahrhunderts noch zunahmen, zunächst zu Räuberunwesen und schließlich zu den großen Sklavenaufständen zwischen den Jahren 135 und 70; indem sie die Landflucht förderten, ebneten sie der römischen Revolution den Weg.

Die Habgier, mit der die römische Aristokratie Land, in diesem Fall Weideland, in ihren Besitz brachte, läßt sich auch außerhalb Italiens nachweisen; auf dem Brachland von Epirus weideten mit der Zeit die Herden des Atticus, eines Freundes von Cicero, der vermutlich einer Familie von Großgrundbesitzern entstammte, die sich bis auf das Jahr 167 zurückführen ließ; und im Jahre 155 befaßte sich Rom mit

Delminium (Dalmion), eine(r) große(n) Stadt. (Der römische Befehlshaber) ... machte sie zum Dorf und verwandelte ihr Umland in eine Schafweide wegen der Unbotmäßigkeit ihrer Bewohner.
(Strabon 7, 5, 5 p. 315)

Diese Unbotmäßigkeit (die den Römern übrigens sehr gelegen kam) hatte unter anderem darin bestanden, daß römische Bundesgenossen angegriffen und ihre Gesandten getötet worden waren.

Die Enteignung von Bauerngütern und die Besetzung von *ager publicus* waren in Italien vermutlich schon seit langem an der Tagesordnung; das rücksichtslose Streben der Aristokratie nach Grund und Boden zeigt sich vielleicht schon in ihrem Widerstand gegen den Antrag des C. Flaminius (s. S. 65). Solange ein Kolonisierungs- und Besiedlungsprogramm bestand, hatte es weniger Bedeutung, wenn ein Bauer von seinem Hof vertrieben wurde oder ihn freiwillig verließ; denn er konnte sich einer Kolonie oder einer Einzelsiedlung anschließen und erneut *assiduus* werden und Kinder aufziehen.

Unsere Quellen zum zweiten Jahrhundert sind natürlich unvollständig; doch selbst wenn wir für die Zeit nach 167 nicht auf Livius zurückgreifen können, sieht es so aus, als seien Kolonisierung und Besiedlung nach der neuerlichen Befestigung von Aquileia im Jahre 169 mit weit weniger Energie vorangetrieben worden. Der Grund liegt auf der Hand. Kolonien dienten vor allem einem strategischen Zweck und wurden in Italien nicht mehr gegründet, weil keine strategische Notwendigkeit mehr bestand; außerhalb Italiens bediente sich Rom ganz anderer Mittel der Kontrolle, wo diese notwendig war: Es stationierte einen Statthalter und ein stehendes Heer (s. S. 82). In Rom herrschte ein permanenter Widerstand gegen die Kolonien außerhalb Italiens, die schließlich zur *popularis causa* wurden. Die wenigen Kolonien außerhalb Italiens zur Zeit der Republik, die keine *popularis*-Gründungen waren, vor allem in Spanien, gingen meist auf quasimilitärische Ansiedlungen zurück (die ihrerseits aus einem stehenden Heer hervorgegangen waren), denen der Kolonialstatus zuerkannt worden war.

Die bedrohliche Entwicklung der Dinge im zweiten Jahrhundert v. Chr. war also zum großen Teil eine Folge der Expansion des römischen Imperiums; durch diese Expansion gelangte die Oligarchie in den Besitz von Geldern, die angelegt werden mußten, was den Erwerb von zusätzlichem Grund und Boden nahelegte; auch standen ihr nun Sklaven zur Verfügung, die dieses Land bewirtschafteten; den Enteigneten dagegen bot sich nirgendwo Ersatz für den verlorenen Grundbesitz. Ein nicht stehendes Bauernheer eroberte den Mittelmeerraum und stürzte damit sich selbst ins Verderben.

Sklaven und freie Arbeit

Drei Probleme sind noch zu beachten: Zunächst der Zusammenhang zwischen dem wachsenden Einsatz von Sklavenarbeit und der zunehmenden Arbeitslosigkeit der römischen Bauern, ferner das Schicksal der Bauern, die gezwungen waren, ihre Güter zu verlassen, und schließlich die Art und Weise, wie die Aristokratie den Ertrag ihrer immer größeren Ländereien verkaufte und sich dadurch bereicherte. Wie konnte eine Wirtschaftsform entstehen, die zum größten Teil auf Sklavenarbeit beruhte – im Gegensatz zu einer Wirtschaftsform, in der die Sklaverei nur einen Teil des Systems ausmachte –, und das zu einer Zeit, da freie Arbeitskräfte durchaus verfügbar waren? Einerseits lag es daran, daß sich die ehemaligen Bauern nur ungern als bezahlte Arbeitskräfte verdingten, andererseits daran, daß Sklaven außerordentlich billig waren. Die letzten beiden der drei oben erwähnten Probleme sind nicht voneinander zu trennen. Manche Bauern blieben sicherlich in der Nähe ihrer ehemaligen Höfe und fristeten ihr ärmliches Dasein durch Gelegenheitsarbeit zur Haupterntezeit. Die römischen Landwirtschaftsschriftsteller gehen ausnahmslos davon aus, daß es ein leichtes war, Gelegenheitsarbeiter zu bekommen; und wie wir sehen werden, waren es hauptsächlich die Landbewohner, die Ti. Gracchus unterstützten. Einigen der enteigneten Bauern gelang es wohl, im Heer unterzukommen (noch bevor C. Marius die Aufnahme in den Soldatenstand vollends vom Vermögen unabhängig machte). Sie nahmen ein Leben als Berufssoldat in Kauf, in der Hoffnung, sich dort ansiedeln zu können, wo sie dienten. Manche wanderten vermutlich auf der Suche nach einer einträglichen Arbeit in Gebiete im Osten aus, die unter römischer Kontrolle oder Herrschaft standen. Andere zog es in die italischen Städte und vor allem nach Rom, wo sie gegen Entgelt die gleichen Arbeiten verrichteten wie die immer größer werdende Sklavenschar der Stadt.* Im Gegensatz zu den Sklaven besaßen sie das Stimmrecht, und es ist denkbar, daß manche ihrer Dienstleistungen politischer Natur waren.

Mit ihrem Verdienst wurden sie zu Abnehmern für einige Produkte, die den Ländereien der Reichen entstammten. Doch

---

* Vielleicht profitierte das Handwerk in Rom vom Niedergang Capuas nach seinem Aufstand im Hannibalischen Krieg; doch führt Cato in seinem Werk *De agricultura* zahlreiche Städte auf, in denen landwirtschaftliche Geräte erworben werden konnten.

werden sie wohl nur einen geringen Teil davon erworben haben. Und so muß man sich fragen, wie die Reichen den Rest ihrer Erträge verkauften, vor allem wenn man bedenkt, daß sie sich hauptsächlich mit Viehzucht befaßten, wie aus einer Äußerung Catos* (Frg. 540 Schönberger: Cicero, De officiis 2, 89) hervorgeht. Wohin verkauften sie die Wolle oder das Fleisch?

Süditalien war lange Zeit ein wichtiger Lieferant für Produkte aus Wolle gewesen (Schafe aus Tarent werden z. B. in Plautus' Stück *Truculentus* 649 erwähnt), und bis zu einem gewissen Grad übernahm die Aristokratie sicherlich die traditionellen Märkte; doch hege ich den Verdacht, daß Woll- und Lederwaren großenteils an die Lieferanten der römischen Armee gingen; das bedeutet also, daß die römische Aristokratie die Erträge ihrer Ländereien (in diesem Fall auf indirektem Wege) dazu benutzte, um von den Einkünften des Imperiums zu profitieren.

---

* Catos *De agricultura* ist eine ziemlich unsystematische Abhandlung über die neuen Methoden mit marktgängigen Landbauprodukten, bei deren Herstellung Sklaven die Hauptarbeit leisteten.

10. Reform und Revolution

Reformbestrebungen waren zu der Zeit an sich nichts Neues. (So hatte C. Licinius Crassus im Jahre 145 den – allerdings erfolglosen – Antrag gestellt, daß Priester gewählt anstatt wie bisher durch Kooptation bestimmt werden sollten.) Was das Tribunat des Tiberius Gracchus im Jahre 133 und das seines jüngeren Bruders Gaius im Jahre 123 auszeichnet, ist die besondere Zielstrebigkeit beider, die heftigen Widerstand auslöste und schließlich zu ihrem gewaltsamen Tod führte; bemerkenswert bei Gaius Gracchus ist sein großes reformerisches Interesse, das wir in diesem Ausmaß bei keiner früheren historischen Gestalt finden.

Das Ackergesetz des Ti. Gracchus

Den Kern des von Ti. Gracchus beantragten Ackergesetzes bildete die Wiedereinsetzung eines früheren Gesetzes (s. S. 119), das den Anteil eines jeden einzelnen am *ager publicus* auf 500 *iugera* (etwa 125 ha) beschränkte. Söhne konnten zusätzlich jeweils 250 *iugera* beanspruchen; eine Agrarkommission von drei Männern sollte den vom Staat wieder übernommenen Grund und Boden besitzlosen Bauern, die noch auf dem Land lebten, zuweisen. Sowohl der Inhalt des Gesetzesantrags als auch seine Verkündung waren durchaus ernst gemeint. Ap. Claudius Pulcher, der im Jahre 143 Konsul und im Jahre 136 Censor gewesen und von da an *princeps senatus* war, ferner P. Mucius Scaevola, Konsul des Jahres 133, und P. Licinius Crassus, der im Jahre 131 Konsul werden sollte – sie alle waren Anhänger des Ti. Gracchus; in den Quellen ist auch noch von anderen, weniger bekannten Gönnern die Rede.

Die Armen ohne Grundbesitz kamen in Scharen vom Lande nach Rom, um für das Gesetz zu stimmen (Appian, Emphylia 1, 10, 38; Diodoros 34/35, 6, 1–2); die Reaktion auf den Antrag des C. Laelius (s. S. 109) veranlaßte Ti. Gracchus, seinen eigenen Gesetzesvorschlag unmittelbar dem *concilium plebis* vorzutragen, ohne den Senat zu befragen. Das war zwar sein Recht, aber es war nicht üblich. Der Opposition blieb angesichts solcher

Zielstrebigkeit nur der Ausweg, einen anderen Tribunen zu überreden, gegen diesen Antrag Einspruch zu erheben, und tatsächlich war einer von den zehn Männern dazu bereit.

Auf das Veto seines Kollegen hin ließ Ti. Gracchus diesen durch Abstimmung aus dem *concilium plebis* ausschließen; eine solche Maßnahme hatte es zwar noch nie gegeben, aber auch sie konnte kaum als gesetzeswidrig bezeichnet werden. Trotzdem führte sie zu folgenschweren Konflikten im politischen System Roms, wie aus den Ereignissen im Zusammenhang mit dem Tod des Ti. Gracchus hervorgeht. Wenn man das Prinzip der Souveränität des Volkes gelten ließ, so mußte man dem Volk auch das Recht zugestehen, jemandem die einmal gegebene Stimme wieder zu entziehen. Ebenso war es eine Grundregel, gewissermaßen ein Prinzip der Republik, daß Magistrate innerhalb eines Kollegiums – und folglich auch Tribunen innerhalb ihres Kollegiums – die Macht besaßen, einen Antrag zum Scheitern zu bringen.

Schließlich wurde das Gesetz verabschiedet, und Ti. Gracchus, sein Bruder und Ap. Claudius wurden als Kommissionsmitglieder bestimmt; doch die Opposition ging weiter: In Gerichtsverfahren stritt man sich über den Status der Grundstücke, die vom Ausschuß zu öffentlichem Land erklärt wurden. Ein weiteres Gesetz wurde verabschiedet, das den Mitgliedern der Kommission richterliche Gewalt verlieh. Damit waren aber die Schwierigkeiten noch nicht vorüber:

Seine (des Ti. Gracchus) Maßnahmen erregten den Zorn der Mächtigen: Sie fürchteten ein weiteres Anwachsen seiner Macht und fielen (im Senat) in unflätiger Weise über ihn her. Als er, wie es üblich war, darum ersuchte, man möge ihm für die Landverteilung von Staats wegen ein Zelt zur Verfügung stellen, wiesen sie ihn ab, obwohl andere schon oft aus geringerem Anlaß (ein solches Zelt) erhalten hatten. Als Entschädigung (für die Auslagen) setzten sie pro Tag einen Betrag von neun Obolen (Asse) fest (also für jedes Mitglied der Kommission drei Asse, den Tageslohn eines römischen Soldaten) ... Um diese Zeit war (in Pergamon) König Attalos (III.) Philometor gestorben, und Eudemos von Pergamon brachte das Testament nach Rom, in dem das römische Volk zum Erben des Reiches bestimmt war.* Sogleich brachte Tiberius (Gracchus) dem Volk zuliebe den Gesetzesantrag ein, die königlichen

---

* Aristonikos, ein illegitimer Sohn von Attalos III., versuchte seinen Anspruch auf das väterliche Erbe geltend zu machen. Sein Feldzug, aus römischer Sicht als Aufstand bezeichnet, wurde erst im Jahre 129 niedergeschlagen. Gegen Ende unternahm Aristonikos den bemerkenswerten Versuch (der uns nur unzureichend überliefert ist), die niederen Stände gegen Rom aufzuwiegeln.

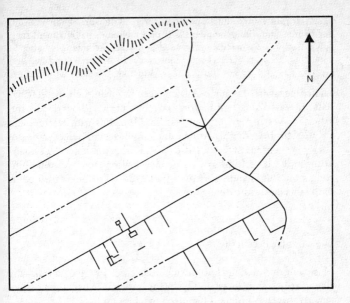

Abb. 5: Plan einer Landaufteilung *(centuriatio)* nordöstlich von Luceria (Nicht mehr im Gelände nachweisbare, aber zu erschließende Geländelinien sind gestrichelt.)
Die zwei verschiedenen Ausrichtungen sind wohl durch verschiedene Entstehungszeiten zu erklären: Die eine wird auf die Gründungszeit der Kolonie zurückgehen, die andere mag die Landzuweisungen unter den Gracchen wiedergeben. In den Hauptabschnitten sind Unterteilungen und auch einzelne Gehöfte zu erkennen; Ausgrabungen haben gezeigt, daß die Höfe auf Überresten früherer Siedlungen errichtet wurden und ihre Bewohner oft im Wein- und Obstanbau tätig waren.

Schätze seien herbeizuschaffen und den Bürgern, welchen ein Landlos zufiele, für den Ankauf von Geräten und Vieh zur Aufnahme der Landwirtschaft zur Verfügung zu stellen.*

(Plutarch, Tiberius Gracchus 13–14)

Schließlich nahm der Ausschuß seine Arbeit auf (s. Abb. 5); die Opposition aber plante, sich an Ti. Gracchus persönlich zu rächen, sobald er wieder Privatmann und damit der Strafverfolgung ausgesetzt wäre:

* Die livianische Überlieferung (Periocha 58), daß ein Geldgeschenk anstelle von Grundbesitz vergeben werden solle, ist sicherlich als tendenziös abzulehnen.

(Ti. Gracchus') Freunde bemerkten durchaus die drohende Haltung der Feinde und ihre geheimen Pläne und hielten es daher für wichtig, daß er sich für das nächste Jahr wieder um das Tribunat bewerbe. So versuchte Tiberius (tatsächlich wohl erst sein Bruder) durch weitere Gesetze das Volk zu gewinnen. (Plutarch, Tiberius Gracchus 16)

Diejenigen, die das neue Agrargesetz ursprünglich unterstützt hatten, waren aufs Land zurückgekehrt, um Geld bei der Erntearbeit zu verdienen, und so war Ti. Gracchus nun weitgehend auf die Stimmen der Stadtbewohner angewiesen. Seine Widersacher versuchten zweimal, die Durchführung einer Volksversammlung zu verhindern; schließlich griffen sie unter der Führung von P. Cornelius Scipio Nasica den Tribunen und seine Anhänger an und töteten sie.

Die offenen Probleme

Nasica und Gracchus hatten sich über einer Frage entzweit, die sie in Anbetracht ihrer völlig gegensätzlichen Ausgangspositionen zu unversöhnlichen Gegnern machen mußte:

(Warum erforscht Q. Aelius Tubero nicht) das Problem, warum in einem einzigen Staat zwei Senate und sozusagen bereits zwei Völker sich befinden? Ihr seht ja, der Tod des Tiberius Gracchus und schon vorher die ganze Methode seiner Tribunatsführung hat *ein* Volk in zwei Teile gespalten.
(Cicero, De re publica 1, 31; das Werk spielt im Jahr 129 v. Chr.)

Die Abschaffung des Grundsatzes, daß die Magistratur auf ein Jahr begrenzt war, kam für Nasica dem Streben nach dem *regnum,* nach Alleinherrschaft, gleich; für Gracchus hingegen war es das Recht des Volkes, das Tribunat dem Manne seiner Wahl zu übertragen.

Rückblickend kommen auch noch andere Überlegungen hinzu. Im Verlauf des Tribunats von Ti. Gracchus wurde deutlich, welche Folgen die Verteilung römischer Bürger über die italische Halbinsel hatte. Römische Bürger waren eher *viritim* auf einzelnen Gütern als in Kolonien angesiedelt worden; sie lebten im Laufe der Zeit in immer größerer Entfernung von Rom; es gab auch schon römische Kolonien, die nicht wie bisher bloße Garnisonen an der Küste waren, sondern große Ortschaften, häufig weit von Rom entfernt. Diese Entwicklung fand ihren Niederschlag darin, daß in den römischen Kolonien des frühen zweiten Jahrhunderts eine eigene lokale Verwaltung mit zwei Magistraten (*duoviri*) an der Spitze eingeführt wurde. Die ziemlich entlegenen Gemeinden von *cives sine suffragio*, Arpinum, Fundi und Formiae, bekamen im Jahre 188 das Stimmrecht, behielten aber ihre vollständige lokale Autonomie.

Das Bürgerrecht, das theoretisch sämtliche Rechte umfaßte, war in der Praxis losgelöst worden von der Möglichkeit zu wählen. Das hatte zur Folge, daß die Beteiligung der römischen Bürgerschaft als Ganzes an den politischen Geschehnissen zurückging, und daß die regulären Treffen der Volksversammlung weniger repräsentativ waren. Letzteres erhellt aus der Tatsache, daß die Anhängerschaft des Ti. Gracchus nach der Verabschiedung des Ackergesetzes merklich zurückgegangen war. Diese Entwicklung ist auf das System zurückzuführen, nach dem Rom Italien aufgebaut hatte, und in dem doch ursprünglich seine Stärke gelegen hatte (s. S. 45f.).

Das Tribunat des Ti. Gracchus stellt auch einen Markstein auf dem Wege zur Hellenisierung der römischen Aristokratie dar; wenn man sich bei der Entscheidung über die Absetzung eines Tribunen auf das Prinzip der Volkssouveränität berief, so geschah dies wahrscheinlich im Bewußtsein, welche politischen Probleme in Griechenland diskutiert wurden. Das will natürlich nicht heißen, daß die griechische Philosophie unbedingt einen starken Einfluß auf Ti. Gracchus ausgeübt hat, doch lieferte sie ihm bei seinem politischen Kampf in Rom sicherlich Munition. In ähnlicher Weise orientierte sich die römische Aristokratie bei der Verfolgung ihrer Ziele an den literarischen Vorbildern Griechenlands, und die bildende Kunst der Griechen diente ihnen in immer stärkerem Maße ihrer Selbstdarstellung.

Vor allem aber zeigt das Tribunat des Ti. Gracchus, welch symbolische Bedeutung der Tatsache zukommt, daß die Volksversammlung den Gesetzesantrag annahm, der das Erbe des Attalos III. von Pergamon der Agrarkommission (also nicht der Staatskasse) zugänglich machte (s. S. 126). Unterstützt wurde Ti. Gracchus offenbar in erster Linie von Männern, die immer weniger Zugang hatten zu den Reichtümern des Imperiums, zu denen sie freilich selbst beigetragen hatten; kein Wunder, daß es gelegentlich zu solchen »Beschlagnahmen« kam.

Tatsächlich machte das Imperium *largitiones* möglich (die Verteilung öffentlicher Gelder aus politischen Beweggründen) und damit auch die *popularis ratio*, d. h. die politische Richtung, die sich Anhänger zu schaffen suchte, indem sie das Wohl des Volkes förderte. Seit der Zeit der Gracchen beschäftigten sich die *popularis*-Führer wiederholt mit Bauprogrammen. Wie Ti. Gracchus fanden sich auch seine Nachfolger bereit, die finanziellen Mittel des Imperiums nutzbringend einzusetzen: Für die Kolonisierung von Narbo im Jahre 118 v. Chr. und für die Kolonien, die von L. Saturninus vorgeschlagen worden waren, war die Nutzung von Provinzland Voraussetzung; Staatseinkünfte aus Kyrene wurden in den siebziger Jahren des ersten Jahrhunderts v. Chr. für die Getreideversorgung verwendet, auch die von Rullus im Jahre 63 geplante landwirtschaftliche Ansiedlung beinhaltete wieder die Nutzung von Provinzland; und M. Cato der Jüngere wie auch sein Widersacher P. Clodius verwendeten die Geldmittel des Imperiums für die Verteilung von Getreide.

Noch wußte die römische Republik größere Auseinandersetzungen zu vermeiden. Zwar waren die ärmeren oder auswärtigen Anhänger des Ti. Gracchus Verfolgungen von seiten des P. Popillius Laenas ausgesetzt, doch durfte die Agrarkommission ihre Arbeit fortsetzen; auch P. Scipio Aemilianus, der sich eines bösen Homer-Zitats bedient hatte, um seine Freude über den Tod des Gracchus kundzutun, mußte feststellen, daß er im Senat nicht allein das Sagen hatte:

Die Neider und Hasser des Scipio halten, nachdem einmal P. Crassus und Ap. Claudius den Anfang gemacht haben, auch noch nach deren Tod die Führung der Gegenpartei im Senat fest in Händen und bewahren so den Zwiespalt zwischen jener und euch (die ihr wie Scipio denkt), wobei (Q.) Metellus (Macedonicus) und P. Mucius (Scaevola) die treibenden Kräfte bilden.

(Cicero, De re publica 1, 31; eine parteiische Fortsetzung des eben zitierten Abschnitts)

Besonders bemerkenswert ist die Haltung des P. Scaevola. Er hatte sich geweigert, die Wiederwahl des Ti. Gracchus unter Anwendung von Gewalt zu verhindern, obwohl die Aussicht einer Wiederwahl ihn zutiefst beunruhigte; nun tat er sich mit Macedonicus zusammen, der bisher nicht zu seinen politischen Verbündeten gezählt hatte, um den Kern der Gracchischen Reform zu retten, die er ursprünglich gutgeheißen hatte. Daß gegen Scipio Aemilianus keine Feindseligkeit herrschte, geht besonders klar aus der Tatsache hervor, daß Macedonicus seine Söhne Scipios Totenbahre tragen ließ, als der im Jahre 129 an einer Krankheit gestorben war. Scaevola war einer der frühesten und einer der größten Rechtsgelehrten Roms; dem Mann des Rechts war der Sieg des Rechts noch immer das Hauptanliegen.

11. Rom und Italien

Sobald die *popularis ratio* einmal formuliert war, konnte dieses Konzept von den ehrgeizigen Mitgliedern der römischen Elite nicht mehr ignoriert werden, und so wurde, was Ti. Gracchus vorexerziert hatte, bereitwillig nachgeahmt. Aber die negative Entwicklung des Tribunats hatte inzwischen die sonst eher passive Mehrheit im Senat politisch aktiviert und ein Meinungsklima geschaffen, das Reformen feindlich gegenüberstand.

Doch tauchten gegen Ende des zweiten Jahrhunderts zwei Problemkreise auf, die der dringenden Beachtung durch die Regierung bedurften: Italiens Verhältnis zu Rom und der Aufbau der römischen Herrschaft im griechischen Osten. Einige dieser Fragen wurden sowohl von den konservativen Politikern als auch von den Popularen aufgegriffen. Aber der Kleinkrieg zwischen den *optimates*, der traditionsgebundenen Gruppe, und den *populares* kostete viel Energie und unnötigen Personalaufwand. Nach der Einnahme von Numantia im Jahre 133, dem Ende des sizilianischen Sklavenaufstands im Jahre 132 und dem Sieg über die Streitkräfte des Aristonikos im Jahre 129 (s. S. 126) begann für die römischen Herrschaftsgebiete außerhalb Italiens eine relativ friedliche Zeit. Sie wurde beendet durch den Ausbruch eines Krieges in Africa im Jahre 112 (der sich hinzog, bis ihm C. Marius, Konsul im Jahre 107 und Prokonsul von 106 bis 105, ein Ende setzte) und durch die vernichtende Niederlage, die die Kimbern und Teutonen dem Q. Servilius Caepio und dem Cn. Mallius Maximus im Jahre 105 bei Arausio (Orange) beibrachten. Für diese Niederlage konnten sich C. Marius und Q. Lutatius Catulus erst durch ihre Siege in den Jahren 102 und 101 rächen. Trotz des Versuchs der Römer, sowohl in der Italienfrage als auch in bezug auf das Ostproblem etwas zu unternehmen, begann Italien im Jahre 91 einen Krieg gegen Rom, und Mithridates marschierte im Jahre 88 in Asia ein.

Der italische Hintergrund

Während seiner beiden Tribunate in den Jahren 123 bis 122 gelang C. Gracchus zweierlei: Zum einen konnte er das Agrarprogramm seines Bruders weiterentwickeln, zum anderen verabschiedete er verschiedene Erlasse von geringerer Bedeutung, mit denen er auf die Erfahrungen seines Bruders reagierte. Beides stellte jedoch den Versuch dar, die Machtverteilung innerhalb des römischen Staates radikal zu verlagern und auch das Italikerproblem anzugehen, das durch bestimmte Konsequenzen aus dem Programm von 133 in den Vordergrund gerückt worden war, und dessen Wurzeln sehr tief reichten.

Nach Hannibals Niederlage hatte Rom alle Gemeinden aufs strengste bestraft, die, obwohl sie ihm die Treue gehalten hatten, nicht in der Lage gewesen waren, ihren militärischen Verpflichtungen nachzukommen (s. S. 64). Mit aufständischen Gemeinden verfuhr Rom noch gnadenloser; sie wurden entweder zerstört oder verloren zumindest ihr Land oder ihre Rechte; auch wurden ihnen zusätzliche Pflichten und Abgaben auferlegt. Die Folge war, daß in der Generation nach dem Hannibalischen Krieg in den Truppen Roms mehr Nicht-Römer als Römer kämpften. Es ist daher nicht verwunderlich, daß sich manche latinischen Gemeinden in den Jahren 187 und 177 über eine Abwanderung ihrer Bevölkerung nach Rom und manche italischen Gemeinden im Jahre 177 über die Abwanderung ihrer Einwohner in die latinische Kolonie Fregellae beschwerten.

Wie wirksam die römische Kontrolle in Italien war, zeigt sich jedoch in der Schonungslosigkeit, mit der der Dionysos- bzw. Bacchuskult in Italien weitgehend unterdrückt wurde – was auf eine Entscheidung aus dem Jahre 187 nach dem Frieden mit dem Seleukidenreich zurückging. Die weite Verbreitung des Dionysoskults beunruhigte die Römer aus verschiedenen Gründen, und daher wurde er wohl mit besonderer Grausamkeit bekämpft. In der Organisation seiner Anhänger sah man eine Art Alternative zum Staat und damit eine Bedrohung desselben. Auch die lockeren Sitten, die dieser Kult beinhaltete, waren gewiß ein Ausdruck des Protests. Die Formen, die die Unterdrückung des Dionysoskults annahm, stehen aber in auffallendem Kontrast zu den Methoden der späteren Hexenprozesse in Europa, wo Massenhysterie zu einer Kettenreaktion führte. Im Italien des Jahres 186 war die ganze Bewegung gegen die Bacchanalen nur von seiten des Staates gelenkt und kam, sobald die Sicherheit wieder gewährleistet war, zu einem jähen Ende. Es erscheint daher zweifelhaft, ob die weite Verbreitung des Dionysoskults nur durch die Begeisterung zu erklären ist, mit der Außenseiter der Gesellschaft die Möglichkeit einer

Flucht in die Religion wahrnehmen. Die große Anhängerschaft dieses Kultes war wohl eher die Folge einer neuen Einstellung, die sich allmählich und ungehindert verbreitete, bis der römische Staat eingriff.

Es zeichneten sich im Italien des frühen zweiten Jahrhunderts zweifellos schon Spannungen ab – wenn auch der Senat die Lage noch in der Hand hatte.

Im Lauf des Jahrhunderts nahm die Zahl der Römer in nichtrömischen Bevölkerungsgebieten Italiens immer mehr zu; dies war teils der Gründung neuer Kolonien, teils neuen Einzelsiedlungen zuzuschreiben. Das sich daraus ergebende Bevölkerungsbild stellte einen bedeutenden Faktor bei der allmählichen Romanisierung der Halbinsel dar; auch der Umstand, daß diese einer römischen Regierung unterstand, spielte eine wesentliche Rolle.

Inzwischen hatte eine Auswanderungswelle von Italien in den griechischen Osten eingesetzt; es handelte sich meist um Geschäftsleute, die sich die dort gebotenen Möglichkeiten nicht entgehen lassen wollten. Unter ihnen waren gewiß auch Römer und Italiker, die im Zuge der Ausbreitung der Latifundien enteignet worden waren, sei es mit oder ohne Entschädigung. Doch waren die meisten von ihnen, soweit wir wissen, Italiker, die freiwillig auswanderten, um sich durch Eigeninitiative die Vorteile des Imperiums zu verschaffen, die seinen Bürgern automatisch zukamen. Im Ausland wurden dann Römer wie Italiker von den Griechen unterschiedslos als *Rhōmaioi* bezeichnet, und sie verkehrten auch als Gleichberechtigte miteinander. Infolgedessen verlor der Unterschied zwischen Römern und Italikern in der Praxis allmählich an Bedeutung, bis schließlich auch seine juristische Aufrechterhaltung abgelehnt wurde.

Appian behauptet wiederholt, daß das Agrargesetz des Ti. Gracchus den Italikern Gewinn bringen sollte und es auch tat. Demgegenüber schreibt jedoch Cicero:

Die Bundesgenossen und die Latiner werden aufgehetzt, Verträge werden gebrochen, Triumvirn zeigen sich als vollkommene Meister in täglichem Anstiften von irgendwelchen Unruhen, während die staatstreuen Männer eingeschüchtert sind – und den einzigen Mann, der diese so gefährliche Lage zu meistern imstande wäre (Scipio), lassen sie nicht eingreifen.   (De re publica 1, 31; Fortsetzung des Zitats von S. 130)

und noch eindringlicher:

(Ti. Gracchus) stand unverbrüchlich zu seinen Mitbürgern, dagegen beachtete er die Rechtsansprüche der Bundesgenossen und der Latiner nicht, auch nicht die vertraglichen Verpflichtungen.

(De re publica 3, 41)

Dieser Widerspruch erklärt sich nur, wenn man sich vor Augen hält, daß zwar einige Italiker aus dem einfachen Volke von den Gracchischen Reformen profitierten, daß der italische Adel jedoch seine Macht über seine Klientel nicht gefährdet sehen wollte; auch wollte er seinen Zugang zum Gemeindeland nicht verlieren. Aus dem (auf der Inschrift CIL I^2 585 erhaltenen) Ackergesetz von 111, das das Agrarprogramm des Gracchus zusammenfaßt, geht hervor, daß die italischen Reichen, ebenso wie die Reichen Roms, Gemeindeland mit Beschlag belegt hatten. Den Beauftragten der Kommission fiel die Aufgabe zu, dieses Land wieder in staatlichen Besitz zu bringen und neu zu verteilen. Ein Teil des Landes war vorher auch (an Römer) verkauft oder (an Bundesgenossen) verteilt worden, und in solchen Fällen waren die Besitzverhältnisse nun unklar.

Auf Veranlassung des Aemilianus ging die Landverteilung von der Agrarkommission auf einen der Konsuln über. Es ist aber anzunehmen, daß erstere nach Aemilianus' Tod wieder in ihre alten Rechte eingesetzt wurde. Auf das Ausmaß und die Ernsthaftigkeit des Aufruhrs unter den Bundesgenossen können wir aus der Notstandsmaßnahme von 126 schließen, die alle Fremden aus Rom ausschloß.

Im Jahre 125 machte M. Fulvius Flaccus, einer der amtierenden Konsuln, den Vorschlag, den Italikern das Bürgerrecht anzubieten; die *provocatio* (s. S. 109) sollte dabei denjenigen als Alternative dienen, die das Bürgerrecht nicht annehmen wollten. Aus dem Vorschlag wurde nichts; als sich die latinische Kolonie Fregellae erhob, wurde sie zerstört. Das Problem bedurfte einer systematischeren Handhabung; unter anderem befaßte sich C. Gracchus während seiner beiden Amtsperioden als Volkstribun in den Jahren 123 bis 122 damit.

C. Gracchus

Selbst wenn die bei Plutarch erwähnten Anschuldigungen gegen C. Gracchus, er habe die Verbündeten Roms zum Aufstand aufgewiegelt und sei mit an der Fregellae-Affäre beteiligt gewesen, nur erfunden waren, um ihn nach seinem Tode noch zu verleumden, so ist es doch wahrscheinlich, daß die Latiner- und Italikerfrage, die während des Tribunats seines Bruders auftauchte und durch den Aufstand von Fregellae noch an Aktualität gewann, ihn sehr beschäftigte, als er im Jahre 124 für das Amt des Volkstribunen für 123 kandidierte. Die Rechte der Latiner und Italiker und der römische Mißbrauch der Herrschaft in Italien spielen eine wichtige Rolle in seinen (nur fragmentarisch erhaltenen) Reden. Das mag zum Teil aber auch damit zusammenhängen, daß die Erteilung des römischen Bürgerrechts an Latiner und latinischer Rechte an Italiker (s. S. 140) das Problem darstellte, das C. Gracchus während seines zweiten Tribunats im Jahre 122 seine Machtstellung kostete.

Es wäre jedoch ein Fehler, zu glauben, daß alle anderen Maßnahmen, die C. Gracchus durchführte, nur der Durchsetzung dieser Maßnahmen dienen sollten. Von einem Mann, der nach 125 noch den Mut hatte, sich mit einem so strittigen Problem wie dem der Rechte der Latiner und Italiker auseinanderzusetzen, ist anzunehmen, daß er sich auch in anderen Fragen für kühne Lösungen entschied.

Gewiß war die Mannigfaltigkeit der Probleme, mit denen er sich beschäftigte, erstaunlich groß – größer jedenfalls, als wir es uns heute vorstellen können. Über zwei Maßnahmen von großer Bedeutung haben wir aus nur jeweils einer Quelle Kenntnis. In anderen Fällen ist die Überlieferung oft unzureichend und äußerst widersprüchlich. Und was vielleicht schlimmer ist, sie enthält keine genaue Chronologie der Maßnahmen, die er während seiner beiden Tribunate durchführte, und macht daher jeden Versuch, seine Gedankengänge zu rekonstruieren, unmöglich.

Zwei seiner Gesetzesvorschläge gehen eindeutig auf die Erfahrungen seines Bruders zurück: Der eine verfügte, daß vom Volk abgewählte Magistrate von jeder weiteren Amtsausübung auszuschließen seien (dieser Vorschlag wurde zurückgezogen); der andere führte die traditionelle Regel wieder ein (Polybios 6, 16, 2), der zufolge ein Gerichtshof, der Todesstrafen verhängen konnte, nur vom Volk eingesetzt werden durfte (dieses Gesetz wurde im nachhinein auf P. Popillius Laenas angewandt, der gegen die Anhänger von Ti. Gracchus vorgegangen war). Zwei weitere Gesetze führten die Grundgedanken des Ti. Gracchus weiter: ein zusätzliches Ackergesetz, das wahrscheinlich umfassende Vorschriften für den Straßenbau enthielt*, und ein Gesetz, das die Gründung von Kolonien vorsah, darunter auch eine auf den Überresten Karthagos:

Als den übelsten Aspekt der Gesetzgebung des C. Gracchus betrachte ich die Gründung von Kolonien (tatsächlich nur eine!) außerhalb Italiens. Unsere Vorfahren hatten dies nämlich sorgfältig vermieden, da sie sahen, wie viel mächtiger Karthago als Tyros, Massalia als Phokaia, Syrakus als Korinth, Kyzikos und Byzantion als Milet – kurz die Kolonien als ihre Mutterstädte geworden waren; ebenso hatte man immer darauf bestanden, daß (zeitweilig im Ausland lebende) römische Bürger aus den Provinzen zum Zensus nach Italien kommen. Karthago war nun die erste Kolonie, die außerhalb Italiens gegründet wurde, wenig später, im Konsulatsjahr des Porcius und Martius (118 v. Chr.), wurde Narbo Marcius angelegt. (Velleius Paterculus 2, 7, 6–8)

Wie wir gesehen haben, führte Rom nach dem Hannibalischen Krieg in den hinzugewonnenen Gebieten außerhalb Italiens eine neue Form der Kontrolle und Verwaltung ein, bestehend aus Magistraten und einem stehenden Heer, die im Gegensatz stand zu dem in Italien üblichen Verwaltungssystem von Kolonien und Einzelsiedlungen (s. S. 82f.). Zur Zeit des Velleius, der unter Kaiser Tiberius schrieb, waren die überseeischen Kolonien bereits selbstverständlich und daher kaum beachtet. Seine Angriffe gegen C. Gracchus müssen auf Argumente zurückgehen, die schon dessen Zeitgenossen gegen ihn vorbrachten. Sie bieten ein interessantes Beispiel dafür, wie Fakten aus der griechischen Geschichte in den Streitigkeiten der römischen Aristokratie verwendet wurden.

Bis zum Ende des Jahres 123 gab es in der Verwaltung Roms kaum noch ein Gebiet, auf das C. Gracchus nicht in irgendeiner Weise Einfluß genommen hätte. Eine *lex frumentaria* regelte die Speicherung von Getreide und dessen Verkauf in begrenzter Menge in Rom zu einem (sicherlich mit Hilfe staatlicher Zuschüsse) festgesetzten Preis. Die rasch anwachsende Bevölkerung Roms hätte es vermutlich den privaten Unternehmen unmöglich gemacht, die Stadt ausreichend mit Getreide zu beliefern; daraus ergab sich die Notwendigkeit, die Preisschwankungen des freien Marktes abzufangen – eine Maßnahme, die sicherlich auf griechische Vorbilder zurückging. Etwa zur selben Zeit versuchte C. Gracchus, Erleichterungen im Schulden-

---

* Die Vorschriften, die C. Gracchus für die Erhaltung von Nebenstraßen erließ, gehen wahrscheinlich, wie auch andere seiner Maßnahmen, auf griechische Vorbilder zurück.

wesen durchzusetzen. Eine *lex militaris* ordnete an, daß Soldaten freie Kleidung erhalten sollten, und setzte das Mindestalter für Rekruten auf 17 Jahre fest. Diese beiden Vorschriften verdeutlichen die großen Rekrutierungsprobleme der römischen Armee. Die Rekruten waren entweder arme Schlucker, die jeden *quadrans* ihres Soldes bitter nötig hatten, oder halbe Kinder. Auch eine neue Agrargesetzgebung hatte in dem Jahrzehnt zwischen 133 und 123 nichts von ihrer Dringlichkeit verloren.

Auf dem Gebiet der Provinzverwaltung entwickelte C. Gracchus ein allgemeingültiges Verfahren für die jährliche Verteilung der Provinzen an die Statthalter; auch setzte er fest, daß die Steuereintreibung in der neuen Provinz Asia, die aus dem Territorium des Königreichs Pergamon hervorgegangen war, *publicani*, Steuerpächtern, anvertraut werden sollte. Wie E. Badian (s. Literaturhinweise zu Kap. 14) bemerkt, wurde dieser Schritt zweifellos zum Zwecke der Rationalisierung unternommen und schloß wahrscheinlich auch die Erhebung neuer Hafenzölle in Asia mit ein. Ein uns erhaltenes Fragment einer Rede von C. Gracchus (Frg. 44 ORF: Gellius 11, 10, 1–6) bezeugt seine Sorge um die Maximierung römischer Staatseinkünfte. Die Rede richtet sich gegen eine *lex Aufeia*, meiner Ansicht nach ein Gesetz, durch das Mithridates V. von Pontus große Teile Phrygiens für seine Hilfe bei der Niederschlagung des »Aufstands« des Aristonikos erhielt. Wie die Griechen über die veränderte Form der Steuereintreibung in Asia dachten, ist in einem kurzen Kommentar nicht ohne Bitterkeit zusammengefaßt:

Dadurch, daß er die Provinzen (tatsächlich nur eine) der Arroganz und der Habgier der *publicani* (griech. *dēmosiōnoi*) preisgab, provozierte er bei den untergebenen Völkern einen gerechten Haß gegen die (römische) Herrschaft.
(Poseidonios FGrHist 87 F 111 = F 165 Theiler: Diodoros 34/35, 25, 1)

Rom erntete die Früchte dieses Hasses, als Mithridates VI. von Pontus im Jahre 88 in Asia einmarschierte. Das kann aber nicht die Absicht des C. Gracchus gewesen sein. Auf seine Veranlassung mußte der Staat den spanischen Städten die Kosten für das Getreide zurückerstatten, das der Gouverneur als Abgabe an Rom geschickt hatte (sicherlich ein Versuch, durch eine Gegenmaßnahme gegen die *lex frumentaria* die Gunst des Volkes zu gewinnen); Teile seiner Rede an das Volk nach der Rückkehr aus Sardinien, wo er Finanzbeamter – Quästor – des Statthalters gewesen war, erinnern an die Reden Catos:

Als ich nach Rom aufbrach, brachte ich die Geldgürtel, die ich wohlgefüllt in die Provinz mitgenommen hatte, leer zurück; andere hingegen brachten ganze Amphoren, die sie voll Wein mitgenommen hatten, voll von Geld nach Hause zurück. (Übrigens ein interessanter Hinweis darauf, wie wenig beliebt der *vino locale* Sardiniens bei der römischen Aristokratie war!) (C. Gracchus Frg. 28 ORF: Gellius 15, 12, 4)

Aus dieser Haltung heraus wird auch verständlich, daß Gracchus bestrebt war, die Handhabung von Prozessen über Mißregierung in den Provinzen zu reformieren, wie sie 149 eingeführt worden war (s. S. 92). In seinem Gesetz gegen Erpressung bestimmte er, daß eine Gerichtsverhandlung vor Geschworenen stattfinden sollte, die sich mit der Schuldfrage zu befassen hatten, und nicht vor *recuperatores*, deren Funktion lediglich darin bestand, die Entschädigungssumme festzusetzen. Die Geschworenen sollten nicht aus den Reihen der Senatoren gewählt werden, sondern aus den Reihen der *equites equo publico* (s. Kap. 17, Exkurs III), womit wohl verhindert werden sollte, daß die Senatoren ihresgleichen bevorzugten.* Nach dem neuen Verfahren hatte der Prätor, der vorsitzende Magistrat, keinen Einfluß auf den Verlauf des Prozesses; die Geschworenen entschieden den Fall durch einfache Mehrheit in einer geheimen Abstimmung. Das vorgeschriebene Strafmaß betrug das Doppelte der erpreßten Summe. Provinzbewohner konnten selbst einen Prozeß anstrengen und waren nicht auf *patroni* aus dem Senat angewiesen.** C. Gracchus' allgemeines Interesse an Rechtsfragen ist auch durch ein Gesetz bezeugt, das ein Gerichtskomplott verbot, welches von vornherein auf einen Schuldspruch abzielte. Dennoch bleibt sein Erpressungsgesetz innerhalb seiner Gesetzgebung sehr umstritten. Es ließ die vorherige Absprache zwischen *publicani* in der Provinz und *equites* in Rom zu, denn ein Statthalter, der die gerichtliche Verfolgung

---

* Es ist nicht anzunehmen, daß C. Gracchus mit diesem oder dem vorigen Gesetz die *equites* als Gruppe für sich gewinnen wollte; noch unwahrscheinlicher ist, daß eine vermeintliche neue Schicht von Geschäftsleuten sich nach dem Tode des C. Gracchus mit der Opposition gegen den Adel verbündete. Nur wenige unter den *equites* waren *publicani* (s. Kap. 17, Exkurs III), und nur bei wenigen *publicani* bestand die Wahrscheinlichkeit, daß sie bei den Erpressungsprozessen als Geschworene fungieren würden. Vermutlich waren die Stimmen der *equites* als Gruppe in der Versammlung maßgeblich, die für den Freispruch des L. Opimius stimmte, (s. S. 141).
** Die genaue Rechtslage in bezug auf die Zulässigkeit einer Vertagung (die sich zugunsten des Angeklagten auswirkte) ist bei diesem und den folgenden Gesetzen unklar.

durch ein Geschworenengericht der *equites* befürchtete, war wahrscheinlich eher geneigt, bei einem Amtsmißbrauch der *publicani* ein Auge zuzudrücken (s. S. 156). Der Senat empfand dieses Gesetz als Majestätsbeleidigung; und so war die Zusammensetzung der Geschworenen bei den Erpressungsgerichten und später auch bei anderen Geschworenengerichten etwa für die nächsten 50 Jahre Gegenstand heftiger Auseinandersetzungen. Man warf C. Gracchus – wohl zu Unrecht – vor, er habe ausdrücklich die Machtstellung des Senats angreifen wollen.

Das Erpressungsgesetz bewirkte eindeutig eine Verschiebung der Kräfteverhältnisse im römischen Staat. Ein anderer, radikalerer Vorschlag setzte sich nicht durch: Ihm zufolge sollte die Reihenfolge, in der die *centuriae* in den *comitia centuriata* (s. S. 191) wählten, durch Losentscheid festgelegt werden; dadurch wäre der Einfluß geschmälert worden, den die Reichen in den *centuriae* der *equites* und der *prima classis* von vornherein genossen, wenn sie als erste wählten.

Auch der radikalste Vorschlag von allen scheiterte, nämlich der, den Latinern das Bürgerrecht und den Verbündeten latinische Rechte zu verleihen. In einer Rede, die Cicero (Brutus 99) als *bona et nobilis,* gut und edel, bezeichnete, versuchte C. Fannius, ein ehemaliger Freund des C. Gracchus und Konsul im Jahre 122, das elitäre Bewußtsein der Römer anzusprechen:

Wenn ihr den Latinern das Bürgerrecht gebt, glaubt ihr denn, daß ihr dann noch immer so viel Platz in der Volksversammlung haben werdet oder an den Spielen und Festen teilnehmen könnt? Meint ihr denn nicht, daß jene alles besetzen werden? (C. Fannius Frg. 3 ORF)

C. Gracchus vermochte sich nicht durchzusetzen und verlor schließlich an Einfluß. Das veranlaßte Livius Drusus zu dem Versuch, das Ansehen des C. Gracchus bei seinen Anhängern systematisch zu untergraben.

Livius Drusus stellte sein Amt als Tribun in den Dienst des Senats und brachte so Gesetze ein, wobei er allein darauf bedacht war, Gaius Gracchus beim Volk durch Liebedienerei und Gefälligkeiten auszustechen. Es war wie in einer Komödie ...
Der Senat beschuldigte etwa den Gaius der Demagogie, wenn er die Gründung von zwei Kolonien beantragt (Plutarch wählt hier wohl die beiden besonders umstrittenen Gründungen Capua und Karthago aus) und vorgeschlagen hatte, die rechtschaffensten Bürger als Siedler auszuwählen; wollte Livius hingegen zwölf Kolonien gründen und in jede 3000 mittellose Bürger entsenden, unterstützte ihn der Senat. Wenn Gaius Land unter die Armen aufteilte und jedem eine Abgabe an die

Staatskasse auferlegte, bezichtigte ihn der Senat, er schmeichle der Masse, Livius aber, der die neuen Landbesitzer auch von dieser Abgabe befreite, fand ihren Beifall. Wünschte Gaius, den Latinern das volle Stimmrecht zu gewähren, zeigten sich die Senatoren verärgert; wenn Livius hingegen forderte, daß ein Latiner nicht einmal beim Heer mit dem Stock gezüchtigt werden dürfe (s. S. 109), stimmten sie begeistert zu.
In seinen Reden vor dem Volk betonte Livius auch immer wieder, daß seine Anträge schon vom Senat gutgeheißen seien, der eben nur eine Sorge kenne: das Wohl des Volkes. (Plutarch, Gaius Gracchus 9)

Der Senat bedurfte freilich keiner Unterweisung wenn es darum ging, revolutionäre Kräfte zu entschärfen.

Das Ende des C. Gracchus

Als C. Gracchus sich für das Jahr 121 um ein drittes Tribunat zur Wiederwahl stellte, verlor er. Da er wußte, welches Ende sein Bruder genommen hatte, und nicht miterleben wollte, wie seine Gesetze widerrufen wurden, bewaffnete er seine Anhänger und entschloß sich zum Kampf. Er, M. Fulvius Flaccus und ihre Anhänger wurden getötet, nachdem der Senat das sogenannte *senatus consultum ultimum* verabschiedet hatte, ein Dekret zur moralischen Rückendeckung der Konsuln bei jeglicher Maßnahme, die sie für notwendig hielten; dieses Dekret war auch erlassen worden, weil mit dem Ende der Institution des Diktators (s. S. 67) eine Möglichkeit geschwunden war, einer Notstandssituation mit der nötigen Machtbefugnis zu begegnen. Als man L. Opimius, der eine führende Rolle bei dem Pogrom gespielt hatte, im darauffolgenden Jahr vor Gericht stellte, wurde er vom Volk freigesprochen. Die Oligarchie schien auf der ganzen Linie gesiegt zu haben.

12. Das Ende des Konsenses

Zu Anfang des ersten vorchristlichen Jahrhunderts sah sich Rom zwei großen Schwierigkeiten gegenüber: Einerseits kam es in Italien und im Osten zum Ausbruch von Gewalttätigkeiten, andererseits zu zwei Bürgerkriegen innerhalb der ursprünglichen römischen Bürgerschaft. Diesen beiden Kriegen war im Jahre 100 eine Welle von Gewalttätigkeiten vorausgegangen, wie sie 21 Jahre zuvor noch undenkbar gewesen wäre. Damals war es der römischen Oligarchie noch einmal gelungen, sich vor dem Sturz in den Abgrund zu retten. Nach 121 wurden die Streitigkeiten vor Gericht ausgetragen, doch nahmen sie an Heftigkeit eher zu, weil Mitglieder der Oligarchie versuchten, von den politischen Waffen Gebrauch zu machen, die ihnen von Ti. und C. Gracchus in die Hand gegeben worden waren. Gleichzeitig wurde allmählich der Gedanke an ein ländliches Besiedlungsprogramm aufgegeben und dadurch der Weg für den Aufbau einer Privatarmee geebnet, mit der L. Sulla im Jahre 88 den ersten Bürgerkrieg begann.

Zwist in der Oligarchie

L. Opimius wurde von P. Decius Subulo angeklagt und im Jahre 120 freigesprochen. Aufgrund dieses Erfolges wagte man es, P. Popillius Laenas (s. S. 136) aus dem Exil zurückzuberufen. Die folgenden Jahre brachten ein wechselhaftes Geschick: Subulo selbst wurde angeklagt und freigesprochen; C. Marius gelang es, als Volkstribun ein Gesetz durchzubringen, das die inoffizielle Überwachung der »geheimen« Abstimmung verhinderte (s. Abb. 6). Allerdings gelang es ihm nicht, die Verabschiedung eines anderen Gesetzes zu verhindern, das dem Programm der Landverteilung ein Ende setzte und das Volk mit Bargeld abspeiste (s. u.; Plutarch, Marius 4, mißdeutet seine Motive). Auch der Versuch, gegen C. Papirius Carbo Klage zu erheben, der sich inzwischen von C. Gracchus getrennt hatte, scheiterte. C. Marius und Subulo gelangten im Jahre 115 gemeinsam in das Prätorenamt, wobei nur der erstere die Regeln des Anstands zu kennen schien:

Abb. 6: Denar, geprägt von P. Licinius Nerva 113 oder 112 v. Chr.
Vorderseite: Haupt der Roma, die Speer und Schild hält
Rückseite: Ein Wähler, dem ein Bediensteter von unten einen Stimmstein reicht; ein zweiter wirft seinen Stimmstein in die Urne. Die *tabella* darüber trägt die Initiale der betreffenden *tribus*.
»Das Gesetz des (C.) Marius machte die Brücken (über die der Wähler geht) eng (und verhindert so fremde Einflußnahme)«, heißt es bei Cicero, De legibus 3, 38. (RRC 292.1)

(Ein Konsul) befahl dem P. Decius (Subulo), der sitzengeblieben war, als jener vorbeiging, aufzustehen. (Als Decius sich weigerte) zerriß (der Konsul Decius') Amtsgewand, zertrümmerte seinen Stuhl und verkündete, daß niemand mehr (den Decius) zum Entscheid in Rechtsfragen angehen dürfe. (Ps.-Aurelius Victor, De viris illustribus 72, 6)

Man könnte das als kindischen Zwischenfall abtun, doch vielleicht war es auch ein Zeichen für die allmähliche Auflösung der Oligarchie. Im folgenden Jahr lebte die Sitte, Menschenopfer darzubringen, wieder auf, als drei Vestalinnen der Unkeuschheit beschuldigt wurden. Nur zweimal, vor nicht allzu langer Zeit, war es in Rom im Zusammenhang mit der militärischen Krise des späten dritten Jahrhunderts v. Chr. zu einem Menschenopfer gekommen.

C. Marius

Der Hauptgrund für die Zwistigkeiten innerhalb der römischen Oligarchie war jedoch der Krieg gegen Iugurtha, einen kleinen Potentaten aus Numidien, der sich zuviel herausgenommen hatte; Rom erklärte ihm im Jahre 112 den Krieg. Der Vorwurf des Verrats, der Käuflichkeit und der Inkompetenz, der gegen die Verantwortlichen dieses Krieges in Rom erhoben wurde, führte im Jahre 109 zur Einrichtung einer *quaestio* durch den

Volkstribun C. Mamilius Limetanus; den Vorsitz führten *equites*, da die »Gracchischen Geschworenen« der *quaestio* sich seit dem Jahre 123 mit Fällen von Mißverwaltung in den Provinzen beschäftigten. Da ihr strenges Vorgehen allgemein auf Ablehnung stieß, wurde diese letzte (wie auch jede nach ihrem Vorbild aufgebaute) *quaestio* im Jahre 106 vorübergehend der Kontrolle der *equites* entzogen*, ein Erfolg, der zum großen Teil der Beredsamkeit des L. Licinius Crassus zuzuschreiben ist:

Entreißt uns (Senatoren) dem Elend, entreißt uns dem Rachen derer, deren Grausamkeit durch unser Blut nicht gesättigt werden kann; laßt nicht zu, daß wir irgend einem anderen dienen, als Euch allen insgesamt, denen wir dienen können und müssen!
(Cicero, De oratore 1, 52, 225)

Doch das Volk verhalf C. Marius auch zu seinem ersten Konsulat im Jahre 107, in der Hoffnung, er werde Iugurtha die Stirn bieten; während dieser ersten Amtsperiode legte er den Grundstein für seinen späteren Ruhm. Auch unternahm er einen Schritt, durch den öffentlich bestätigt wurde, daß das Landbesiedlungsprogramm, das Ti. Gracchus begonnen und das sein Bruder weitergeführt hatte, gescheitert war:

... So also endete die Revolution, die der jüngere Gracchus initiiert hatte. Wenig später trat nun ein Gesetz in Kraft, das es denen, die Land (also *ager publicus*) zugewiesen bekommen hatten, erlaubte, dieses zu verkaufen – was zuvor umstritten gewesen war: Schon der ältere Gracchus hatte dies verboten. Sogleich kauften jetzt die Reichen von den Armen oder aber vertrieben sie unter dem Vorwand eines angeblichen Verkaufs von ihrem Land. Für die Armen wurde so die Lage immer schlimmer, bis (111 v. Chr.) Sp. Thorius, ein Tribun, ein Gesetz einbrachte (von dem große Teile auf der auf S. 49 zitierten Inschrift erhalten sind), daß kein Land mehr verteilt werden solle, sondern alles bei seinen jetzigen Besitzern verbleiben solle, die aber dafür dem Staat eine Abgabe (das *vectigal*) zahlen sollten; aus dieser solle Geld an die Armen verteilt werden. Das Ergebnis dieser Maßnahme war zwar eine gewisse Erleichterung für die Armen aufgrund der Geldverteilungen, aber kein Anreiz zur Bevölkerungsvermehrung. Kurz, die Gracchische Gesetzgebung wurde durch solche Kunstgriffe aufgehoben, wo sie

---

* Vermutlich wurde diese Regelung bereits im Jahre 104 wieder rückgängig gemacht, mit Sicherheit aber spätestens im Jahre 101 durch ein Gesetz von C. Servilius Glaucia; dieser tat sich in der Folge mit L. Saturninus zusammen; sonst gibt es keinen Anlaß zu der Annahme, daß die beiden die *equites* umwarben.

doch die besten und nützlichsten Folgen gehabt hätte, wäre sie ausgeführt worden. Wenig später schaffte ein anderer Tribun das *vectigal* ab, und das Volk verlor alles: (Rom) besaß nun weniger Bürger und Soldaten und hatte auch die Einnahmen aus dem Land und somit die Möglichkeit der Geldverteilung verloren.(Appian, Emphylia 1, 27, 121–124)

Als C. Marius im Jahre 107 die *capite censi* wehrpflichtig machte, die Besitzlosen also, die einfach im Census aufgeführt waren, unternahm er damit einen logischen Schritt, der nicht gänzlich ohne Vorbild war; vgl. etwa Ennius (Annales 183–185 Vahlen) über den Pyrrhischen Krieg: ».. . der *proletarius* (ein anderer Ausdruck für den *capite census*) wird auf öffentliche Kosten mit Schild und Schwert ausgestattet, und er soll die Stadtmauern, die Stadt und das Forum bewachen«. Im Verlauf des zweiten Jahrhunderts hatte das Kriterium des Besitzes immer mehr an Bedeutung verloren; dadurch entfiel auch eines der drei Kriterien (s. S. 191f.), nach denen die römische Bürgerschaft mindestens seit dem vierten Jahrhundert v. Chr. gegliedert war, und die noch immer zu Auseinandersetzungen führten. Geschichtsschreiber, die dem C. Marius feindlich gesonnen waren, behaupten, er habe das Rekrutierungssystem nur verändert, um sich beliebt zu machen, oder weil er selbst aus bescheidenen Verhältnissen stammte. Seine Anhänger führten dagegen an, das neue System sei demokratischer; auch hätten nicht genügend Rekruten mit ausreichendem Besitz zur Verfügung gestanden; sie datierten die Verordnung sogar auf das Jahr 104 um – damit wollten sie sie nachträglich rechtfertigen, da die Kimbern und Teutonen eine größere Gefahr dargestellt hatten als Iugurtha.

So sah sich jedenfalls der *proletarius,* der sich von der Gracchischen Gesetzgebung Landbesitz erhofft hatte, nun dazu aufgefordert, in das Heer einzutreten. Wiederum auf Staatskosten bewaffnet, bewachte er jetzt nicht mehr die Mauern, die Stadt und das Forum; sein Blick war vielmehr auf den eigenen Vorteil gerichtet:

Die einen sagten, (C. Marius) habe dies gemacht, da er keine besseren (Leute als Soldaten) bekommen konnte, die andern, es sei eine Folge des Ehrgeizes des Konsuls, der ja von dieser Art Leute umjubelt und gefördert worden war; und für einen Menschen, der Macht sucht, seien doch gerade die Ärmsten die Willkommensten, denen ihr Eigentum nicht lieb sei, weil sie keines haben, und denen alles, was mit Gewinn verbunden, ehrenhaft erscheine. (Sallust, Bellum Iugurthinum 86, 3)

Der ersehnte Lohn bestand natürlich nicht lediglich aus dem Sold, sondern aus einem Stück Land, das in solchen Fällen am Ende der Dienstzeit zugeteilt wurde:

Lucius Appuleius Saturninus, ein aufrührerischer Volkstribun, brachte in der Absicht, sich Marius' Soldaten zu Dank zu verpflichten, ein Gesetz ein, demzufolge den Veteranen jeweils hundert *iugera* Ackerland in Africa zugeteilt werden sollten. Als sein Kollege (M.?) Baebius dagegen sein Veto einlegen wollte, schaffte er ihn aus dem Weg, indem er ihn vom Volk steinigen ließ.

(Ps.-Aurelius Victor, De viris illustribus 73, 1)

Nach dem Kolonialgesetz des Jahres 103 wurde die Rekrutierung von *capite censi* wahrscheinlich in noch größerem Ausmaß betrieben. L. Saturninus stellte erneut einen Gesetzesantrag, der neue Siedlungen auf dem Land und in den Kolonien vorsah, als er im Jahre 100 v. Chr. Volkstribun war (nachdem er einen Gegenkandidaten während der Wahl ermordet hatte); die Verabschiedung des früheren Gesetzes war sicherlich gewaltsam erzwungen worden. C. Marius brauchte die Gesetze für seine Veteranen; als aber der Tribun vor weiteren Morden nicht zurückschreckte, um die Wahl von C. Servilius Glaucia als Konsul für das Jahr 99 zu sichern, mußte sich C. Marius dem Druck der öffentlichen Meinung beugen und gegen die beiden und ihre Anhänger vorgehen. Sie griffen zu den Waffen und flüchteten sich ins Kapitol; als man ihnen versprach, sie am Leben zu lassen, ergaben sie sich, wurden dann aber doch gelyncht.

Meiner Ansicht nach hatte C. Marius noch vor seinem Einschreiten dem Senat das Versprechen abgenommen, seinen Veteranen Land zuzuteilen. Wieder war es der römischen Oligarchie gelungen, sich vor dem Abgrund zu retten, doch hatten weder der Ehrgeiz noch die Skrupellosigkeit nachgelassen, mit denen sie ihre Ziele verfolgte. Die Armen Roms waren nun bewaffnet und den traditionellen Verhaltensmustern entfremdet, wie die zunehmende Zahl der Ausschreitungen nach dem Jahre 103 bezeugt.*

---

* Saturninus' und Glaucias Gesetzgebung stellt teilweise ein ernsthaftes Bestreben nach Reformen unter Beweis, wobei man aber nicht vergessen darf, daß beide wußten, wie es Ti. und C. Gracchus ergangen war.

Italien zerbricht

Der Konsens, der Italien unter römischer Führung geeint hatte, und der schon durch die Ereignisse der Jahre 133 bis 123 ins Wanken geraten war, brach nun vollends zusammen. So wie die Armen in zunehmendem Maße zum Nutzen der Oligarchie kämpften, so hatten auch Italiker und Römer Seite an Seite gekämpft, um das Mittelmeerreich aufzubauen, das nun Rom allein gehörte; ein großer Teil der Steuereinnahmen des Imperiums wurde in Rom ausgegeben. In Italien blieben die Nachwirkungen des Integrationsprozesses spürbar, der den Zuzug von Verbündeten in latinische Kolonien und von Latinern in römische Kolonien oder nach Rom selbst ermöglicht hatte. Doch war dieser Prozeß selbst bereits beendet (s. S. 134), und die Kluft zwischen Römern und Nicht-Römern hatte sich eher noch vertieft, wenn auch die Infiltration von Einwanderern in die Kolonien das Leben in Italien weiterhin prägte. Ti. Gracchus hatte wahrscheinlich erkannt, daß die Probleme Roms mit der Landzuweisung nicht von denen Italiens (s. S. 135) getrennt werden konnten, und so war im Jahre 125 der Gedanke aufgekommen, den Italikern römische Bürgerrechte zu verleihen, um ihre Oberschicht damit zu versöhnen, daß sie keinen Zugang zum *ager publicus* mehr hatte. Es ist kaum verwunderlich, daß die Italiker einen starken Widerwillen gegen ihre Abhängigkeit von Rom entwickelten: Sie verfügten weder über Stimmrecht in Rom, noch durften sie Magistrate nach Rom entsenden, unterstanden jedoch den Befehlen Roms und denen seiner Magistrate; darüber hinaus waren sie zweifellos dem Machtmißbrauch Roms und der Römer ausgesetzt.

Den schwerwiegendsten Machtmißbrauch beging Rom gegen Ende des zweiten Jahrhunderts, als es einen immer höheren Prozentsatz an Verbündeten in sein Heer berief. In Griechenland übertraf im Jahre 146 v. Chr. die Zahl der Verbündeten, die im Heer dienten, sogar die der Römer; in Spanien waren die Zahlen um die Jahrhundertmitte etwa gleich, ebenso wie in Illyrien im Jahre 135. Doch verschärfte sich die Agrarkrise in Rom, und der Mangel an *assidui* verschlimmerte sich. Als Ti. Gracchus diese Entwicklung nicht aufhalten konnte, reagierte Rom, indem es noch mehr Verbündete einzog; und in den Kriegen gegen Iugurtha und gegen die Cimbern und Teutonen war schließlich das Verhältnis von Verbündeten zu Römern etwa 2:1. Auch nachdem Marius die römischen *capite censi* zum

Kriegsdienst zugelassen hatte, wurde die Bürde für die Verbündeten nicht leichter. Wieder sind uns durch Velleius die empörten Äußerungen der zeitgenössischen Polemik überliefert. Bedeutsam ist, daß die Situation hier aus italischer Sicht betrachtet wird:

Das Schicksal (der Italiker) war ebenso hart wie ihre Sache gerecht: Sie forderten nämlich das Bürgerrecht in dem Staat, dessen Reich sie mit ihren eigenen Waffen verteidigten. In allen Jahren und in allen Kriegen verdoppelten sie mit den von ihnen gestellten Mann zu Fuß und zu Pferd (die Zahl der römischen Soldaten) und wurden doch nicht in das Bürgerrecht eben jenes Staates aufgenommen, der durch sie eine so hohe Stellung erlangt hatte, daß er mit Verachtung auf Männer Seite desselben Stammes und Blutes herabsehen konnte, als wären es Auswärtige und Fremde.　　　　　　　　　　　　　(Velleius Paterculus 2, 15, 2)

Der Ausbruch eines weiteren Sklavenaufstands in Sizilien am Ende des zweiten vorchristlichen Jahrhunderts wies darauf hin, welche besorgniserregende Entwicklung das agrarische Problem in Italien nahm.

Nach wie vor machten sich einzelne Magistrate des Machtmißbrauchs schuldig (wieder wird dabei die italische Sicht der Situation aufgezeigt):

Es gab einen Latiner namens Saunio, der ein hervorragender Komödiant war ... Die Leute von Picenum, die den Römern (die ihn engagieren wollten) das Vergnügen und den Spaß, ihm zuzusehen, nehmen wollten, beschlossen, ihn umzubringen. Als er aber sah, was geschehen sollte, trat er auf die Bühne ... und sagte: »... Ich bin kein Römer, sondern wie ihr jemand, den die römischen Magistrate schlagen können ...«　　　　　　(Poseidonios F 221 Theiler: Diodoros 37, 12, 2–3)

Diese Geschichte illustriert auch eine andere bedeutsame Tatsache, nämlich daß die kulturelle Entwicklung, die in Rom infolge der engen und langjährigen Kontakte zur griechischen Welt stattgefunden hatte, auch in Italien nicht ohne Wirkung geblieben war. Außer jenem Schauspieler aus Latium bei den Picentern können wir als weiteres Beispiel anführen, daß griechische Kunstwerke, die von Plünderungen stammten, von L. Mummius in Italien verteilt wurden; in mancher Hinsicht war Italien Rom sogar voraus. Die unbedeutende samnitische Stadt Pompeji besaß ein aus Stein erbautes Theater aus dem späten zweiten Jahrhundert v. Chr. (s. Abb. 7), das als Teil eines gewaltigen Gebäudekomplexes geplant war (der vielleicht erst im Zeitalter Sullas vollendet wurde); das große Heiligtum von Palestrina

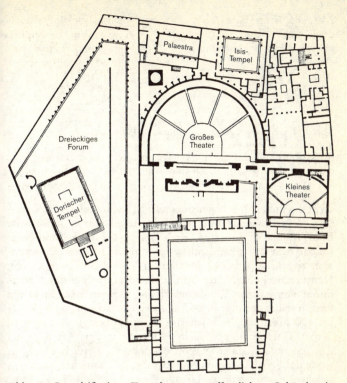

Abb. 7: Grundriß eines Komplexes von öffentlichen Gebäuden in Pompeji

stammt ebenfalls aus dem späten zweiten Jahrhundert, wie auch die Gebäudeanlagen in Pietrabbondante und Vastogirardi im Land der Samniten. Die Gelder, die italische Kaufleute durch die Ausbeutung des griechischen Ostens erwarben (und auch durch anderen Handel, wie beispielsweise durch den Weinexport von Kampanien nach Gallien), wurden für Prunkbauten in ihren Heimatorten verwendet. Der Bundesgenossenkrieg ist ohne diese finanziellen Ressourcen unvorstellbar, doch die Art und Weise, wie sie davor verwendet wurden, ist ein Indiz für das Selbstbewußtsein der italischen Städte.

Dieses Selbstbewußtsein wurde vermutlich noch gefördert durch die glanzvolle Laufbahn des C. Marius, eines *homo novus* aus der Gemeinde Arpinum, die erst kürzlich (188) das Stimm-

Abb. 8: Denar, geprägt von C. Fundanius 101 v. Chr.
Vorderseite: Haupt der Roma
Rückseite: C. Marius als *triumphator* in einer Quadriga; sein Sohn reitet, wie das Brauch war, auf einem der Pferde. (RRC 326.1)

recht erhalten hatte. Nach einem wenig spektakulären Anfang – dem Militärtribunat unter P. Scipio Aemilianus in Numantia, dem Tribunat (s. S. 142), einem Mißerfolg bei seiner Kandidatur für das Amt des Ädilen, einem mit Mühe errungenen Prätorenamt, einem Legat bei Q. Metellus in Numidien – bot ihm sein Konsulat im Jahre 107 das Sprungbrett zu einer Stellung, wie sie bisher von keinem Römer je erreicht worden war. In seinen fünf aufeinanderfolgenden Amtsperioden als Konsul von 104 bis 100 führte er die Niederlage der Kimbern und Teutonen herbei. Daraufhin entwickelte sich spontan eine Art Kult um den Sieger (allmählich entglitt der religiöse Bereich der Kontrolle des Senats), und im Münzwesen der römischen Republik tauchte ein völlig neues Phänomen auf: Ein Mann und seine Taten wurden von Münzprägern verherrlicht, die nicht das Geringste mit ihm zu tun hatten; einer von ihnen ging sogar so weit, C. Marius als *triumphator* darzustellen (s. Abb. 8).

Gleichzeitig machte C. Marius selber durch seine Handlungsweise deutlich, wie wenig ihn die Rechtslage bei der Verleihung der Staatsbürgerschaft kümmerte: Er verlieh römisches Bürgerrecht als Belohnung für Tapferkeit auf dem Felde. Ähnlich unbekümmert ging man wohl zu jener Zeit auch bei verschiedenen Zensuserhebungen vor, bei denen keinerlei Versuch unternommen wurde, nachzuprüfen, ob ein Mann wirklich Anspruch auf das römische Bürgerrecht und damit auch auf Registrierung besaß.*

---

* Es gibt keinen Beleg dafür, daß im Antrag des L. Saturninus (s. S. 146) mehr als die übliche Höchstzahl von drei Bürgerrechtsverleihungen pro Kolonie vorgesehen war.

Die Zensoren des Jahres 97/96 schöpften wahrscheinlich Verdacht und machten auf diesen Mißstand aufmerksam; so unternahmen im Jahre 95 die beiden Konsuln L. Licinius Crassus und Q. Mucius Scaevola Schritte zur Klärung der Rechtslage:

Sie brachten in ihrem Konsulat das Gesetz über die Rückführung der Bundesgenossen in ihr jeweiliges Bürgerrecht ... ein. Da nämlich die italischen Völker von einem starken Verlangen nach dem römischen Bürgerrecht ergriffen waren und sich viele von ihnen so benahmen, als wären sie schon römische Bürger, schien ein Gesetz angebracht, das einen jeden in das ihm zustehende Bürgerrecht zurückführte. Durch dieses Gesetz jedoch wurden die führenden Schichten der italischen Völker (Rom) so entfremdet, daß hier vielleicht die Hauptursache für den Bundesgenossenkrieg lag, der drei Jahre später ausbrach.
(Asconius p. 60 Kießling/Schöll = p. 67 Clark)

Dieser scharfe Protest bewirkte jedenfalls einen gewissen Gesinnungswandel; als M. Livius Drusus im Jahre 91 versuchte, den Italikern das Wahlrecht zu verleihen, war L. Licinius Crassus einer seiner wichtigsten Anhänger. Drusus hatte eine starke Anhängerschaft im Senat, wenn sie auch letztlich nicht ausreichte, wogegen der Senat im Jahre 95 wahrscheinlich das Gesetz von Crassus und Scaevola noch einhellig gebilligt hatte. Ein gewisser Reformwille und eine gewisse Flexibilität bei der Handhabung von Problemen waren noch immer in der römischen Oligarchie erkennbar; das läßt sich auch in Roms Umgang mit den Provinzen nachweisen.

Außenpolitische Maßnahmen

Die römische Oligarchie mußte sich nach dem Jahre 121 nicht nur mit der Brüchigkeit der bestehenden Gesellschaftsordnung befassen, die Ti. und C. Gracchus während ihres Tribunats aufgedeckt hatten, oder mit den neuen politischen Möglichkeiten, die durch die *popularis ratio* entstanden waren. Sie sah sich auch, aus welchen Gründen auch immer, außerstande, eine rasche Lösung in der Auseinandersetzung mit Iugurtha zu finden; und kurz darauf wurde sie noch mit dem Ansturm der Kimbern und Teutonen konfrontiert. Kein Wunder, daß der Osten dabei eher vernachlässigt wurde. Die nördliche Grenze der Provinz Makedonien war ständigen Angriffen und Grenzkonflikten ausgesetzt. Die Seeräuberei, die später zu einer der Hauptquellen für den römischen Sklavenhandel werden sollte, konnte sich ungehindert entfalten:

Daß die Kilikier ihre Piratenbanden bildeten, lag an Tryphon ebenso wie an der Unfähigkeit der Könige, die damals nacheinander über Syrien und Kilikien herrschten. Denn angesichts des Erfolgs von Tryphons revolutionärem Tun gingen auch andere dazu über, Revolutionen anzustrengen; und Bruderkriege untereinander machten das Land zur leichten Beute für jeden Angreifer. Die Möglichkeit des Sklavenexports (also nicht bloßer Lösegeldforderung) ermutigte die Kilikier vor allem zu ihren Untaten (nämlich Piraterie), die ja sehr profitabel waren: Sklaven einzufangen war einfach, und ein großer und wichtiger Markt lag ganz in der Nähe, Delos, wo zehntausende von Sklaven pro Tag umgeschlagen werden konnten ... Der Grund (für die Exportmöglichkeit) war, daß die Römer – nach der Zerstörung von Karthago und Korinth reich geworden – sehr viele Sklaven brauchten. Und (das Geschäft) der Piraten, die sahen, wie einfach alles war, blühte auf, da sie selbst sowohl auf Raub gingen als auch den Sklavenhandel betrieben. Auch die Könige von Zypern und Ägypten arbeiteten mit ihnen zusammen, da diese Feinde der Könige von Syrien waren; die Rhodier waren ebenfalls den Königen von Syrien nicht freundlich gesinnt und kamen ihnen daher auch nicht zu Hilfe. Zur selben Zeit gaben die Piraten vor, (lediglich) Sklavenhändler zu sein, und waren somit an ihren Untaten nicht gehindert.
Die Römer nun interessierten sich noch nicht sonderlich für die Gebiete jenseits des Tauros, doch sie entsandten Scipio Aemilianus, der sehen sollte, was bei den Völkern und Städten in jener Gegend vor sich ging; nach ihm (entsandten sie) auch andere. Sie erkannten, daß die Piraterei Folge der Inkompetenz der dortigen Herrscher war, schämten sich aber zu sehr, als daß sie dem Erben des Seleukos (I.) Nikator die Thronfolge genommen hätten, da doch sie selbst ihn in seiner Herrschaft bestätigt hatten. ... Schließlich waren die Römer doch gezwungen, gewaltsam mit einer Armee (die Piraten) zu beseitigen, die (zu) mächtig geworden waren – woran sie die Römer zuvor keineswegs gehindert hatten. Man kann daraus den Römern jedoch keinen Vorwurf wegen Nachlässigkeit machen, denn sie waren mit anderen, näher liegenden und dringenderen Problemen befaßt und konnten sich nicht um Angelegenheiten in der Ferne kümmern.

(Strabon 14, 5, 2 p. 668–669)

Am gravierendsten war vielleicht der Umstand, daß die Erpressungen durch die Statthalter und die überhöhten Forderungen der *publicani,* der Steuerpächter, einen Entfremdungsprozeß zwischen der Provinzbevölkerung und Rom mit sich brachten, besonders in der Provinz Asia. Der im Osten erworbene Reich-

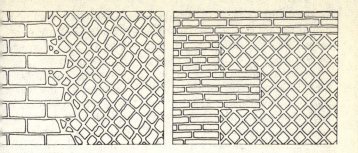

Abb. 9: Die römischen Mauerarten *opus quasi-reticulatum* und *opus reticulatum*

tum floß natürlich auch zum Teil wieder dorthin zurück, im Austausch für Waren, die der Osten liefern konnte, damit die nächsten Steuern, weitere Wuchersummen, an Statthalter und überhöhte Forderungen der *publicani* gezahlt werden konnten. Bei diesen Waren handelte es sich um Kunstwerke, die in Italien öffentliche Gebäude oder Privathäuser schmücken sollten, oder um Ländereien im Osten, die immer häufiger von Römern und Italikern aufgekauft wurden, und schließlich auch um Sklaven. Doch gelangte natürlich ein großer Teil des Reichtums in den Westen, wo er dem Luxusleben der Oberschicht zugute kam:

Austernbehälter erfand als allererster Sergius Orata im Gebiet von Baiae zur Zeit des Redners L. Crassus vor dem Bundesgenossenkrieg, und zwar nicht aus Feinschmeckerei, sondern aus Habgier, da er aus einer so geistreichen Erfindung bedeutende Einkünfte bezog, wie er auch als erster die »hängenden Bäder« (Duschen) erfand, um die derart veredelten Landhäuser gleich darauf wieder zu verkaufen.

(Plinius, Naturalis historia 9, 168)

Der Eindruck, daß sich um die Jahrhundertwende eine Spekulation mit Bauten für die Reichen entwickelte, wird auch durch F. Coarelli bestätigt (s. Literaturhinweise); er stellt fest, daß die gleichzeitige Verbreitung der Bauweisen *opus quasi-reticulatum* und *opus reticulatum* eine Folge »industriellen« Bauens gewesen sei, also einer Großproduktion gleicher Baueinheiten (s. Abb. 9).

Der Reichtum, der in den Westen gelangte, nährte allerdings auch die Zwistigkeiten innerhalb der römischen Oligarchie. Er wurde für Bestechung bei Wahlen und Prozessen mißbraucht, und auch, um sich in der Zurschaustellung des Reichtums gegenseitig zu übertrumpfen; das hatte wiederum zur Folge, daß die Probleme im Osten weiter vernachlässigt wurden.

Dennoch sind auch hier, wie in der Italienfrage, eine gewisse Einsicht in die Problematik und die Bereitschaft, sich um Lösungen zu bemühen, erkennbar. Der zweite Sklavenaufstand in Sizilien wurde im Jahre 103 ausgelöst, als C. Marius den Nikomedes von Bithynien um Truppen für den Kampf gegen die Cimbern und Teutonen bat; Nikomedes entgegnete, seine Untertanen seien von Sklavenhändlern verschleppt worden; der Senat verfügte daraufhin, daß freigeborene Verbündete nicht Sklaven in einer römischen Provinz sein durften; enttäuschte Erwartungen führten schließlich zu einer Erhebung der Sklaven in Sizilien.

Rom begann auch, etwas gegen die Piraterie im Osten zu unternehmen: Im Jahre 102 sandte man den Prätor M. Antonius gegen die Seeräuber aus; zwei Jahre später wurde ein Gesetz verabschiedet, das im Rahmen weitreichender Maßnahmen für die Verwaltung des Ostens folgendes verfügte:

Der erste Konsul soll an die Völker und Staaten, bei denen er es für angebracht hält, Briefe schicken, (in denen er verkündet,) das Römische Volk [habe Schritte unternommen, um sicherzustellen], daß die Bürger Roms, die latinischen Verbündeten und die Völker außerhalb (Italiens), soweit sie in der Freundschaft mit dem römischen Volk stehen, in Sicherheit Seefahrt betreiben können; aus diesem Grund sei Kilikien durch vorliegendes Gesetz zur prätorischen Provinz gemacht worden... (Inschrift aus Knidos*, Col. III, Z. 28–37 = Roman Statutes 12)

Abgesehen davon, daß es die Absicht Roms ankündigte, die Piraterie zu bekämpfen, sah dieses Gesetz auch für Makedonien und die Provinz Asia neue Regelungen vor, die mit den Erfolgen von T. Didius und von M. Antonius zusammenhingen; es regelte überdies die Stellung des Statthalters und nahm auch auf eine ältere *lex Porcia* Bezug, bei der es sich wohl um den frühesten Versuch handelt, die Verhaltensregeln für Statthalter gesetzlich festzulegen. Ähnlich ging auch Servilius Glaucias Gesetz über die Erpressung aus dem Jahre 104 oder 101 über die Verfügungen hinaus, die den Provinzbewohnern ihren verlorenen Besitz zurückerstatteten; auch hier wurden Verhaltensmaß-

---

* M. Hassall, M. Crawford, J. Reynolds, *Rome and the Eastern provinces at the end of the second century B. C.: The socalled ›Piracy Law‹ and a new inscription from Cnidus*. Journal of Roman Studies 64 (1974) 195–220.

regeln für die Statthalter festgesetzt. Alle drei Gesetze zeugen von einem wiederauflebenden Interesse an der Provinzverwaltung, wie es um die Jahrhundertwende besonders im Osten zu beobachten war.

Der Senatsentscheid, der den Streit zwischen der Stadt Pergamon und den *publicani* zugunsten der Stadt entschied, stammt mit größter Wahrscheinlichkeit aus dem Jahre 101. Etwa um die gleiche Zeit wandte sich Ephesos mit Erfolg an den Senat mit einer Beschwerde über die *publicani;* ähnliche, gleichfalls erfolgreiche Beschwerden wurden in den neunziger und achtziger Jahren von Priene und Ilion vorgebracht. Daß der Vertrag zwischen Rom und der kleinen ägäischen Inselgemeinde Astypalaia im Jahre 105 erneuert und daß Thyrrheion in Akarnania im Westen Griechenlands im Jahre 94 ein Vertrag angeboten wurde, muß ebenfalls als Erfolg der Provinzgemeinden im Kampf um die Wahrung ihres Status gewertet werden. Im gleichen Jahr verfügte der Senat auch, daß an Gesandte aus der Provinz keine Darlehen (die zur Bestechung einflußreicher Römer verwendet werden konnten) vergeben werden durften. In einem Gesetz aus dem Jahre 68, das die Stadt Termessos im Südwesten Kleinasiens betrifft, wird auf das Jahr 91 Bezug genommen, in dem offensichtlich wichtige Abmachungen über den Status der Stadt getroffen worden waren.

Besonders erwähnenswert scheint die Tatsache, daß beide Seiten ihre Bereitschaft unter Beweis stellten, etwas für den Osten zu unternehmen, die Popularen durch Verordnungen wie das eben zitierte Gesetz und der Senat durch verschiedene andere Maßnahmen. Schließlich war das Wohl der *res publica* das Hauptanliegen beider Seiten, sowohl der Anhänger der *popularis ratio* wie auch ihrer Gegner; die Erstgenannten übernahmen dabei immer mehr eine Kontrollfunktion über die Aktivitäten der herrschenden Klasse; die daraus resultierende Flut von Gesetzen, die sich mit Einzelaspekten der Verwaltung befaßten und eigentlich eher Sache des Senats gewesen wären, gehören ebenfalls hierher. In diesem Zusammenhang ist es auch interessant, daß E. Gabba (s. Literaturhinweise) eine Gruppe von Popularen nennt, die sich um die Wende vom zweiten zum ersten Jahrhundert besonders in der Weiterentwicklung der römischen Kultur hervorgetan hatten; sie standen in der Nachfolge der hellenistisch ausgerichteten Aristokratie des frühen zweiten Jahrhunderts und der darauffolgenden Zeit und versuchten, sie noch zu übertreffen. Andererseits ist es auch bezeichnend, daß

L. Marcius Philippus, der zukünftige Konsul des Jahres 91, während seines Tribunats ein Ackergesetz beantragte; ein Optimat konnte also auch durchaus für die Belange des Volkes eintreten.

Die Tendenz, für den Osten wieder Verantwortung zu übernehmen, erreichte ihren Höhepunkt, als Q. Mucius Scaevola, wahrscheinlich im Jahre 94, Statthalter der Provinz Asia wurde:

Er wählte sich den besten seiner Freunde, P. Rutilius, als Berater und saß mit ihm im Rat, wo er alles regelte und Streitfragen, die in der Provinz entstanden waren, entschied. Er beschloß, daß seine Mitarbeiter und er selbst alle Ausgaben aus eigener Tasche bestreiten sollten. Außerdem brachte er durch seine Schlichtheit und seinen einfachen Lebensstil, seine Gerechtigkeit und seine Unbestechlichkeit die Provinz aus ihrem vorherigen Unglück heraus. Seine Vorgänger hatten nämlich mit den Steuereintreibern gemeinsame Sache gemacht, eben den Männern, die bei den *quaestiones* in Rom entscheidungsbefugt waren, und hatten auf diese Weise die Provinz mit Ungerechtigkeiten überschwemmt.
Q. Mucius Scaevola aber war unbestechlich und gesetzestreu in seiner Rechtsprechung und befreite so die Provinz nicht nur von aller Furcht vor Spitzeln, sondern setzte auch den rechtlosen Machenschaften der Steuereintreiber ein Ende: Er sicherte faire Gerichtsverhandlungen für die, denen Unrecht (von jener Seite) geschehen war und befand in jedem einzelnen Fall die Steuerpächter für schuldig, zwang sie, den Klägern den finanziellen Schaden zu ersetzen und achtete auch darauf, daß für Kapitalverbrechen wirklich die Todesstrafe ausgesprochen wurde. Ja, er verhinderte die Freilassung des Hauptagenten der Steuereintreiber (eines Sklaven), der viel Geld für seine Freiheit zahlen wollte und schon mit seinen Herren eine Absprache erreicht hatte. Den also verurteilte er zum Tode und ließ ihn kreuzigen ...
Auf diese Weise also wurde der zuvor bestehende Haß auf die (römische) Herrschaft abgeschwächt – eine Folge von (Scaevolas) Weisheit, moralischer Integrität und Hilfsbereitschaft. Von denen, die seine Hilfe empfangen hatten, wurden ihm gottgleiche Ehren angetragen, und auch seine Mitbürger erkannten seine Leistungen zur Gänze an.
(Poseidonios F 213 Theiler: Diodoros 37, 5, 1–3 u. 6)

Wenn hier die Feindseligkeit des Scaevola gegen die *publicani* betont wird, so ist dies wahrscheinlich auf Poseidonios zurückzuführen; offenbar waren die *publicani* ihm verhaßt, ebenso wie alle *equites,* und teilweise wohl zu Recht. Jedenfalls wurde P. Rutilius Rufus bei seiner Rückkehr aufgrund des nun viel umfassenderen Wuchergesetzes *de repetundis* verurteilt; vermutlich wurde ihm zur Last gelegt, im Zusammenhang mit

Prozessen gegen die *publicani* Bestechungsgelder angenommen zu haben.

In der Provinz Asia wurde Scaevola inzwischen von der Bevölkerung als Begründer ihrer neuen Existenz kultisch verehrt; in einem Erlaß hatte er die Prinzipien festgesetzt, nach denen er – beispielhaft für zukünftige Statthalter Asias – regieren wollte; als Cicero im Jahre 51 die Verwaltung der Provinz Kilikien übertragen wurde, übernahm er den Erlaß.

Scaevola war jedoch kein Einzelfall. In Sizilien gelangte ein Statthalter – vermutlich L. Sempronius Asellio – zu ähnlichem Ruhm:

Obwohl er nur Sohn eines Quästors war, wurde er (Prätor und) als Statthalter nach Sizilien entsandt. Er fand die Provinz ruiniert vor, doch stellte er den Wohlstand der Insel durch hervorragend geeignete Maßnahmen wieder her. Wie Scaevola wählte auch er sich den besten seiner Freunde als Legaten und Berater, einen Mann namens C. (Sempronius) Longus, der den alten, nüchternen Lebensstil pflegte, dazu einen gewissen Publius, der unter den in Syrakus ansässigen *equites* im besten Rufe stand, einen Mann von höchster moralischer Integrität, dazu vom Glück wohlbedacht.
(Poseidonios F 215 Theiler: Diodoros 37, 8, 1–2)

(Ein typisch stoischer Gesichtspunkt, der wohl auf Poseidonios zurückgeht).

Im Jahre 95 befaßte sich Rom in verstärktem Maße mit Sizilien. Hier wird ein grundlegendes Handlungsprinzip erkennbar, nach dem die römische Regierung immer dann vorging, wenn sie Gelegenheit hatte, in die Angelegenheiten ihrer Gemeinden einzugreifen:

Die Halaesiner haben sich erst kürzlich (im Jahre 95 – Cicero spricht im Jahre 70), unter den Konsuln L. Licinius und Q. Mucius, als es bei ihnen wegen der Wahl der Ratsherren zu Streitigkeiten kam, von unserem Senat Gesetze erbeten; mit vollem Recht, wenn man die zahlreichen großen Verdienste und Gefälligkeiten in Betracht zieht, die sie und ihre Vorfahren unserem Staat erwiesen haben. Der Senat bestimmte in einem ehrenvollen Beschluß, daß für sie der Prätor C. Claudius Pulcher, der Sohn des Appius, Gesetze über die Ratswahl abfassen solle. C. Claudius zog alle damals lebenden Marceller hinzu (über die Institution des *consilium* vgl. S. 35) und gab den Halaesinern nach deren Gutachten Gesetze. Hierin schrieb er vielerlei vor, über das Alter der Bewerber, daß niemand jünger als dreißig Jahre sein dürfe, über die Gewerbe, deren Ausübung einen von der Wahl ausschloß, über den Zensus und über sonstiges. (Cicero, In Verrem II 49, 122)

Wenn Rom sich in die Angelegenheiten einer Provinz einmischte, so geschah das sowohl aus Eigennutz als auch aus einem Streben nach Gerechtigkeit; wo immer es möglich war, übertrug zwar Rom dem Landadel die Herrschaft, doch vergaß es niemals, ihm klarzumachen, daß sein Überleben von der Aufrechterhaltung der römischen Herrschaft abhing. Rom war klug in der Wahl seiner Verbündeten, aber auch sie konnten trotz ihrer Treue und ihres Opfermuts die Provinz Asia im Jahre 88 nicht vor Mithridates retten.

König Mithridates grüßt seinen Satrapen Leonippos.
Vor einiger Zeit hat Chairemon, der Sohn des Pythodoros, die römischen Flüchtlinge zusammen mit seinen Söhnen den Rhodiern anvertraut, und jetzt, wo er von meiner Anwesenheit hört, hat er sich zum Tempel der Artemis von Ephesos geflüchtet. Von dort schickt er Briefe an die Römer, die gemeinsamen Feinde aller. Daß er ungestraft aus seinen bereits begangenen Taten hervorgegangen ist, wird für ihn zum Ausgangspunkt für weitere Untaten gegen uns.
Sieh Du zu, wie Du ihn uns vorführen oder aber hinter Schloß und Riegel bringen kannst, bis ich mit meinen Feinden fertig bin.

(Syll.³ 741 IV 27–38)

13. Der Umbruch

Im Jahre 91 zogen die italischen Verbündeten gegen Rom in den Krieg; im Jahre 88 fiel Mithridates VI. Eupator von Pontus in die Provinz Asia ein. Der Krieg gegen die italischen Verbündeten war eigentlich ein Bürgerkrieg. Kurz darauf, im Jahre 88, marschierte L. Cornelius Sulla gegen Rom, wo er für kurze Zeit die Macht übernahm, um anschließend gegen Mithridates vorzugehen. Seine Rückkehr erfolgte im Jahre 84; bald darauf übertrug er die Macht in der *res publica* denjenigen, denen sie in seinen Augen rechtmäßig zustand. Eine Generation später, im Jahre 49, überschritt Caesar den Rubikon; nach seinem Tod brach unter denen, die seine Nachfolge beanspruchten, der Kampf um die *res publica* aus, bis schließlich sein Adoptivsohn eine Monarchie begründete, die ohne Unterbrechung bis zum Ende des antiken Rom bestehen blieb.

M. Livius Drusus

Nach dem Tod des M. Livius Drusus gegen Ende des Jahres 91, dem Jahr seines Tribunats, verband man seinen Namen mit übersteigertem Tatendrang und brennendem Ehrgeiz. Gleichzeitig sah sich die römische Welt vor die Frage gestellt, wie es zu dem vernichtenden Bundesgenossenkrieg hatte kommen können. Die Geschichtsschreibung aus der Sicht der Optimaten, wie sie von Cicero und wohl auch von Poseidonios vertreten wird, erwähnt Drusus als einen der Männer, die die absolute Machtposition der *equites* an den Gerichtshöfen zu brechen versuchten*, und zwar in seiner Eigenschaft als *senatus patronus*, Schutzherr des Senats. Diese Geschichtsschreiber sahen ihm nach, daß er, um sich beliebt zu machen, ein Gesetz zur Verteilung von Getreide und eines zur Landverteilung erlassen

---

* Wahrscheinlich durch die Aufstellung eines gemischten *album*, einer Liste aus Senatoren und *equites* (Cicero, Pro Rabirio Postumo 16; Pro Cluentio 153); *equites*, die Geschworene waren, konnten nun erstmalig wegen Gerichtsbestechung rechtlich belangt werden. Ein gemischtes *album* wurde im Jahre 89 durch die *lex Plautia* geschaffen.

hatte (auch ein anderer Tribun, der seine Ansichten teilte, erließ ein Gesetz zur Landverteilung, die *lex Saufeia*). Manche Geschichtsschreiber glaubten sogar, das Gesetz, das den Italikern das römische Bürgerrecht zusicherte, sei aus ähnlichen Motiven entstanden.

Andere wieder machten Drusus für den Bundesgenossenkrieg verantwortlich:

Als das Bürgerrecht, das den Bundesgenossen versprochen war, nicht gewährt werden konnte, begannen die Italiker in ihrem Zorn einen Aufstand. (In diesem Buch des Livius) werden die Zusammenkünfte, die Geheimabsprachen und die Reden bei den Versammlungen der (italischen) Anführer wiedergegeben. Wegen all dieser Dinge wurde (M.) Livius Drusus, der selbst dem Senat als Verursacher des Bundesgenossenkriegs verhaßt geworden war, von einem Unbekannten zuhause ermordet.
(Livius, Periocha 71)

Die Gesetze, die Drusus tatsächlich verabschiedet hatte, waren bereits außer Kraft gesetzt. Bald kursierten Gerüchte, die Italiker hätten geschworen, die Freunde und Feinde des Drusus als ihre eigenen zu betrachten, auch habe es eine Verschwörung gegeben, die Konsuln zu ermorden, und der Führer der Italiker, Q. Poppaedius Silo, sei unterwegs nach Rom mit einem Gefolge von 10 000 bewaffneten Männern aus den Reihen derjenigen, die eine Überprüfung (nach der *lex Licinia Mucia*; s. S. 151) fürchteten, um den Senat zu umzingeln, und man habe ihn nur im letzten Moment von diesem Plan abbringen können. Diese Gerüchte legen ein beredtes Zeugnis davon ab, in welcher Furcht ein Großteil der herrschenden Schicht Roms lebte. Die Gründe für diese Furcht verdeutlicht vielleicht ein späteres Pamphlet, das Sallust zugeschrieben wird, und in dem die Einstellung der Optimaten zur Frage des Stimmrechts geschildert wird:

Ein freier Staat wird zur Monarchie, wo durch das Tun eines einzigen Mannes eine riesige Menge das Bürgerrecht erhält.
(Ps.-Sallust, 2. Brief an Caesar 6, 1)

In welchem Verhältnis die verschiedenen Punkte in Drusus' Programm genau zueinander standen, läßt sich wahrscheinlich nicht mehr rekonstruieren (nach Plinius, Naturalis historia 33, 46 hatte das Programm einen Vorschlag zur Abwertung der Silberwährung beinhaltet, doch weist Plinius damit vielleicht eine wenige Jahre später tatsächlich durchgeführte Maßnahme dem Drusus zu Unrecht zu). Drusus war jedoch von einflußreichen Freunden wie M. Aemilius Scaurus, dem *princeps senatus,* und von L. Licinius Crassus unterstützt worden, wie wir von Cicero wissen, dem wir die beste uns erhaltene Schilderung einer Senatsdebatte verdanken:

Als Crassus am letzten Tag des Festes der Theaterspiele nach Rom zurückgekehrt war, erregte ihn die Rede sehr, die Philippus in der Volksversammlung gehalten haben sollte, nämlich, daß er sich ein anderes Beratungsgremium suchen müsse, da er mit einem so zusammengesetzten Senat (als Konsul) die *res publica* nicht ordentlich verwalten könne. Am 13. September (91 v. Chr.) kamen nun früh morgens Crassus und viele Senatoren auf Ladung des Drusus in die Curia (das Senatsgebäude). Nach vielen Klagen, die Drusus dort über Philippus führte, brachte Crassus im Senat den schweren Angriff, den der Konsul vor der Volksversammlung gegen dieses Gremium (den Senat) gerichtet hatte, selbst zur Sprache ... Crassus klagte über das unglückliche Los der *res publica,* verwaist zu sein; der Konsul nämlich, der sich wie ein guter Vater und zuverlässiger Beschützer zeigen müsse, beraube nun dieses Gremium (den Senat) wie ein frevlerischer Räuber seiner angestammten Würde. Doch brauche man sich nicht zu wundern, wenn jemand, der durch seine Politik die *res publica* vernichtet habe, den Rat des Senats für die *res publica* verschmähe.
Philippus war zwar ein mitreißender Redner und besonders tapfer bei der Abwehr solcher Angriffe, doch als Crassus wahre Feuersbrände der Beredsamkeit gegen ihn geschleudert hatte, hielt er nicht länger an sich und geriet in solchen Zorn, daß er von Crassus ein Pfand (für die erwartete Buße) nehmen ließ.
Selbst in dieser Lage soll Crassus, noch manches geradezu göttlich inspirierte Wort gesprochen haben, etwa als er erklärte, ihm gelte einer nicht als Konsul, dem er nicht als Senator gelte: »Oder glaubst du etwa, ich ließe mich durch solche Pfändungen einschüchtern, wenn du doch die ganze Geltung unseres Gremiums als Unterpfand betrachtest und sie vor allem Volk von Rom vernichtet hast? Nicht diese Pfänder solltest du zerstören, wenn du einen L. Crassus zur Rechenschaft ziehen willst – die Zunge mußt du mir abschneiden, doch selbst wenn sie mir ausgerissen ist, wird meine *libertas* noch mit ihrem bloßen Atem deine Willkür zuschanden machen!«
Noch vieles soll er damals mit äußerster Anstrengung seines Willens, seines Geistes und seiner körperlichen Kräfte gesagt und in glänzender und wirkungsvoller Formulierung seiner Meinung Ausdruck verliehen haben, der sich dann der Senat mit großer Mehrheit anschloß; nämlich daß es der Senat, um den Interessen des römischen Volkes zu genügen, niemals der *res publica* gegenüber an seinem Rat und seiner Treue habe fehlen lassen. (Cicero, De oratore 3, 2–5)

Eine *lex Varia* löste dann eine Hetzjagd auf all jene aus, die als Sympathisanten der Italiker galten.

Der Bundesgenossenkrieg

Der eigentliche Kriegsausbruch ereignete sich gegen Ende des Jahres 91 nach dem Mord an den in Asculum anwesenden Römern; Rom versuchte ja immer noch, seinen Einfluß durch den traditionellen Einsatz der *clientelae* aufrechtzuerhalten, die in Italien ebenso wichtig waren wie außerhalb des Landes:

Als die Römer bemerkten, was geschah, schickten sie in die Städte einige ihrer Leute – und zwar jeweils solche, die einer Gruppe innerhalb der Stadt nahestanden –, die so ohne Verdacht zu erregen herausfinden sollten, was vor sich ging. Einer von diesen nun sah, wie ein junger Mann als Geisel aus Asculum (Picenum) in eine andere Stadt verschleppt wurde und gab Meldung an den Prokonsul (Q.) Servilius, der in der Gegend weilte ... Servilius eilte sofort nach Asculum und sprach auf der Volksversammlung dort harte Drohungen aus (nach Diodoros 36, 13, 2 behandelte er die Asculaner wie Sklaven – man beachte das Thema ›Freiheit‹, *libertas*!), doch er wurde ermordet, da die Leute glaubten, ihr Geheimplan sei schon aufgedeckt. Auch seinen Legaten Fonteius brachte man um ... Und als jene beiden gefallen waren, gab es auch für die anderen Römer (in Asculum) keine Gnade mehr: Die Asculaner fielen über alle bei ihnen anwesenden Römer her, töteten sie und plünderten ihren Besitz. (Appian, Emphylia 1, 38, 170)

Von einigen Darstellungen auf Münzen abgesehen, haben die Italiker selbst keinerlei Aufzeichnungen hinterlassen, die uns ihre Beweggründe für ihren Krieg gegen Rom nach dem Jahre 91 nennen; wie wir bereits gesehen haben (vgl. S. 134 u. 136), war ihnen am römischen Bürgerrecht gelegen. Will man die Motive der Italiker beurteilen, die wir nur aus zweiter Hand kennen, so wird das besonders erschwert durch die Doppeldeutigkeit des Begriffs *libertas*, Freiheit, die für die Römer eng mit der *civitas*, dem Bürgerrecht, zusammenhing (diese Verbindung findet sich auch bei Strabon 5, 4, 2 p. 241) und sowohl persönliche oder politische Rechte als auch absolute Unabhängigkeit bedeuten konnte. Auch darf man nicht vergessen, daß die Ziele der Verbündeten vor dem Jahr 91 v. Chr. nicht unbedingt mit denen nach diesem Jahr übereinstimmten.

Abb. 10: Italien im Jahre 91 v. Chr.
Die ersten Unruheherde waren die beiden zusammenhängenden Gebiete der Bundesgenossen in Mittel- und Süditalien. Als einzige Stadt außerhalb dieser Gebiete schlug sich Asculum gleich zu Beginn des Kriegs auf die Seite der Aufständischen; das latinische Venusia war rings eingeschlossen – und ging ebenfalls zu den Aufständischen über.

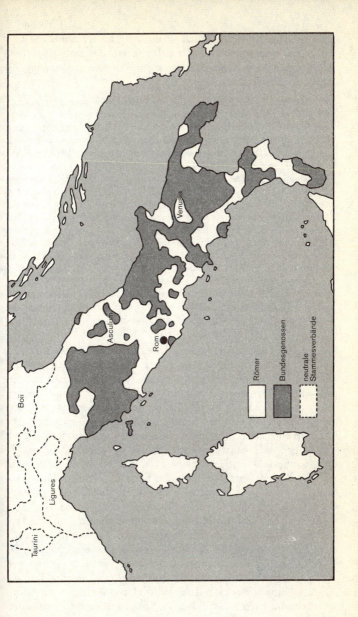

Nach dem Kriegsausbruch waren die Italiker natürlich gezwungen, einen eigenen Staat aufzubauen, der dann auch das Recht eines souveränen Staates, eigene Münzen zu prägen, in Anspruch nahm:

Die wichtigste und größte italische Stadt war Corfinium, die vor kurzem zum gemeinsamen Zentrum der Italiker erklärt worden war: Man hatte ihr die Institutionen einer großen und herrschaftlichen Stadt gegeben, insbesondere durch den Bau eines großen Forums und eines geräumigen Senatsgebäudes; außerdem hatte man einen beträchtlichen Vorrat an Kriegsmaterial, viel Geld und umfangreiche Nahrungsmittelreserven angelegt. Man setzte einen gemeinsamen (italischen) Senat ein, der aus 500 Mann bestand, aus deren Zahl all diejenigen sich herausstellen sollten, die der Leitung der Politik würdig und des guten Rats für die gemeinsame Sicherheit fähig wären. Ihnen überließ man die politischen Entscheidungen im Zusammenhang mit dem Krieg, indem man die Senatoren mit aller Machtvollkommenheit betraute. Diese nun bestimmten, daß jedes Jahr zwei Konsuln und zwölf Prätoren gewählt werden sollten ... Nachdem die Italiker auf diese Weise alles sorgfältig eingerichtet und ihren Staat aufs Ganze gesehen parallel zum traditionellen römischen System organisiert hatten, sahen sie zuversichtlich und entschlossen in die Zukunft und auf den Krieg, und sie gaben ihrem gemeinsamen Zentrum jetzt den Namen Italia.
(Poseidonios F 223 Theiler: Diodoros 37, 2, 4–5 u. 7)

Gegen Ende des ersten Kriegsjahres gaben die Römer in der entscheidenden Streitfrage nach und boten allen Gemeinden, die nicht abtrünnig geworden waren, das Bürgerrecht an. Es wurde der Versuch unternommen (die Einzelheiten sind unklar; es wurden auch noch im Jahre 89 weitere Gesetze erlassen), die Anzahl der Tribus zu beschränken, in denen die Neubürger das Stimmrecht hatten, um damit deren Einfluß zu mindern. Doch das Angebot der Staatsbürgerschaft und die ohnehin vorhandenen (häufig sehr heftigen) Zwistigkeiten unter den Völkern und Städten Italiens beschleunigten das Ende des Krieges. Die Samniten und Lucaner kämpften bis zum Jahre 87 weiter und entfremdeten sich schließlich von Rom im Jahre 82; die Samniten verhandelten sogar mit Mithridates und prägten eigene Münzen mit ihrer Stammesbezeichnung SAFINIM (Samnium). Gegen Ende des Jahres 89 war der Bundesgenossenkrieg so gut wie vorbei, doch ein Streitpunkt war unberücksichtigt geblieben: die Beschränkung der Neubürger auf wenige Tribus. Darüber hinaus war es in Rom selbst zu weiteren Ausschreitungen gekommen, als der Prätor A. Sempronius Asellio im Jahre 89 erschlagen wurde; er hatte versucht, sich für die Schuldner einzusetzen, deren Zahlungsunfähigkeit durch den Kriegsausbruch zweifellos noch verschlimmert worden war. Beunruhigend war jedoch vor allem, daß dieser Krieg, letztlich ein Bürgerkrieg, auf römischer Seite zu einer Skrupellosigkeit geführt hatte, die den erbitterten Kämpfen auf italischer Seite in nichts nachstand; auch auf die Ermordung des Legaten A. Postumius Albinus im Jahre 89 durch Sullas Truppen erfolgten keine Vergeltungsmaßnahmen. Dies war die Lage, als die Nachricht von Mithridates' Einfall in der Provinz Asia eintraf.

Mithridates

Das Königreich von Mithridates VI. von Pontus war eines unter vielen in Kleinasien; einige davon waren entstanden, als das Seleukidenreich nach 190 v. Chr. seine Gebiete westlich des Taurusgebirges verlor (s. S. 80), andere, als der Einfluß des Königreichs in den östlich davon gelegenen Gebieten schwächer wurde (s. S. 152). Es läßt sich nicht mit Sicherheit behaupten, daß Mithridates eine Ausdehnung seines Reiches plante, wenn auch ein Teil der Berichte, die dafür sprechen, aus der Feder des Poseidonios stammen, der ein Gegner seiner Angriffspläne und ein Anhänger Roms war. Zweifelhaft ist jedoch, ob Mithridates je den Versuch unternahm, mit den Kimbern zu verhandeln, und zu welchem Zeitpunkt er die Möglichkeit eines Krieges gegen Rom in Betracht zog. Er scheint aber von jeher einen gefährlichen Kurs gesteuert zu haben, indem er engere Beziehungen zu potentiellen Verbündeten knüpfte und seine Herrschaftsgebiete um das Schwarze Meer immer strenger regierte, sich Paphlagonien mit Nikomedes III. von Bithynien teilte und Galatien eroberte. Eine Warnung des C. Marius, die er auf einer Reise in den Osten aussprach, blieb offenbar ungehört; Mithridates verbündete sich mit Tigranes I. von Armenien und eroberte mit dessen Hilfe Kappadokien. L. Sulla gelang es, Ariobarzanes I. in Kappadokien wieder zur Macht zu verhelfen, doch im Jahre 91 wurde dieser erneut vertrieben, ebenso wie Nikomedes IV. von Bithynien; beide Könige wurden im Jahre 89 wieder eingesetzt, und diesmal entschlossen sich die römischen Befehlshaber, einen regelrechten Krieg zu provozieren. Es ist anzunehmen, daß sie bei der Provokation eines Dritten zum Angriff auf einen Bundesgenossen nach einem altbewährten Plan vorgingen (vgl. etwa S. 121); doch in diesem Fall sprach noch ein neuer Faktor für diesen alten Plan. Dieser Dritte war diesmal Mithridates:

Nikomedes hatte zugesagt, er werde viel Geld an den General und die Legaten für deren Unterstützung zahlen, hatte dies aber noch nicht getan, sondern vielmehr sich hohe Summen von anderen Römern gegen Zins geliehen. Als er nun zur Zahlung aufgefordert wurde und die Legaten ihn drängten*, fiel er widerwillig in Mithridates' Gebiet ein und plünderte es bis zur Stadt Amastris, denn niemand hinderte ihn oder stellte sich ihm in den Weg. Mithridates nämlich, der zwar eine kampfbereite Armee zur Hand hatte, hielt sich zurück und schuf sich so volle Rechtfertigung für den Beginn eines Kriegs.

(Appian, Mithridat. 11, 41)

Auf diese Herausforderung hin marschierte Mithridates in der Provinz Asia ein und ordnete ein Massaker aller Römer an, bei dem angeblich 80 000 Menschen ums Leben kamen. Wie zu erwarten stand, wurde die Befehlsgewalt gegen ihn einem der beiden Konsuln des Jahres 88, nämlich L. Cornelius Sulla, übertragen. (Sein Amtskollege Q. Pompeius Rufus war nach Italien entsandt worden, wo er jedoch bei dem Versuch gelyncht wurde, die Befehlsgewalt über die Truppen von Cn. Pompeius Strabo, dem Vater des C. Pompeius Magnus, zu übernehmen; Strabo machte keinerlei Anstalten, die Ermordung zu verhindern.)

Sullas Marsch gegen Rom

Leider lagen die Dinge jedoch nicht so einfach. P. Sulpicius, ehedem ein Anhänger des M. Livius Drusus, stellte während seines Tribunats im Jahre 88 den Antrag, die Beschränkung der Neubürger in den Tribus aufzuheben; wie L. Cinnas Antrag aus dem Jahre 87 bezog sich auch dieser wahrscheinlich nur auf solche Männer, die nicht den Kampf gegen Rom fortgesetzt hatten. Auch wollte er all jene zurückrufen, die man als Urheber des Bürgerkriegs verfolgt und ins Exil vertrieben hatte; zudem plante er Maßnahmen zur Erleichterung der Zinslast. Es

---

* Es ist denkbar, daß einige dieser Römer C. Marius einen Gefallen zu tun hofften, indem sie die Lage dermaßen verschärften, daß sein Einschreiten erforderlich wurde.

handelte sich dabei zweifellos um umfassende Maßnahmen, aber nur eine der Klauseln ist uns bekannt, und zwar aus den Memoiren seines Gegners Sulla: Sulpicius, obgleich selbst tief verschuldet, versuchte, die Geldanleihen von Senatoren zu beschränken (Plutarch, Sulla 8). Jedenfalls verbündeten sich Sulpicius und C. Marius, letzterer in der Hoffnung, man werde ihm das Kommando gegen Mithridates übertragen, was er durch Gewaltanwendung schließlich auch erreichte.

Das veranlaßte Sulla, gegen Rom zu marschieren; natürlich war er in seiner *dignitas* gekränkt; der Marsch auf Rom entsprach also ebenso seinem eigenen Interesse wie dem seiner Truppen. Wie revolutionär dieser Schritt war, läßt sich daran ermessen, daß ihm nur ein einziger seiner Offiziere folgte: L. Licinius Lucullus. Doch war Sulla sicherlich auch ein überzeugter Verfechter der Ideologie, die es dem Individuum zur Pflicht machte, sich gegen den Tyrannen zu erheben (s. S. 33); er konnte auf eine lange Reihe von Männern zurückblicken, die in der letzten Zeit den Weg der Gewalt gewählt hatten, um ihre Vorstellung von einer absoluten und schrankenlosen *libertas* zu verwirklichen:

Gesandte trafen ihn auf dem Weg und fragten, warum er unter Waffen gegen sein Heimatland marschiere. Er antwortete: »Um es von seinen Tyrannen zu befreien«. (Appian, Emphylia 1, 57, 253)

Es gibt wohl kaum ein besseres Beispiel dafür, wie die gerade vorherrschende Ideologie zur Rechtfertigung und Erklärung einer revolutionären Tat herangezogen wird. Derselben Rechtfertigung bedienten sich auch M. Lepidus, L. Catilina, Caesar und Octavian, auch – zum zweitenmal – Sulla, vor seiner Rückkehr aus dem Osten. In der Zeit nach Sulla wurde der Titel »Verteidiger der Freiheit Roms« unterschiedslos als Auszeichnung verwendet, und in der späteren Geschichtsschreibung wandte man ihn sowohl auf die Gracchen als auch auf ihre Gegner an. Von beiden Seiten verwendeten ihn sowohl die Verteidiger der Privilegien der oberen Schichten wie auch diejenigen, die für die Rechte des Volkes eintraten. Alles konnte man damit rechtfertigen, schließlich sogar die Monarchie – aber noch war es nicht so weit.

Nachdem er seine Feinde in die Flucht geschlagen hatte, ließ Sulla einige von ihnen töten, die übrigen wurden geächtet; nun wurde ihm erneut die Befehlsgewalt gegen Mithridates übertragen. Ein Gesetz wurde verabschiedet, das die Wiederholung eines solchen »Aufruhrs« vermeiden sollte; man versuchte auch erneut, die Zinslast zu erleichtern. (Vermutlich hatte selbst Sulla erkannt, wie sehr dieses Problem die Stabilität bedrohte; doch bedurfte es noch einer weiteren Maßnahme im Jahre 86.) Wahlen fanden statt, L. Cornelius Cinna wurde gewählt:

Sulla aber tat so, als freute er sich darüber, daß das Volk, indem es tat, was es wollte, sich der Freiheit erfreute, die es von ihm erhalten hatte.
(Plutarch, Sulla 10)

Die Konsequenz, mit der er seine Ideologie vertrat, weist bereits auf die Rolle hin, die Sulla nach seiner Rückkehr aus dem Osten spielen sollte, wohin er nun aufbrach.

Einer der Konsuln des folgenden Jahres, L. Cornelius Cinna, griff das Programm des P. Sulpicius wieder auf, wurde aber von seinen Kollegen vertrieben. Bald danach jedoch verbündete sich Cinna mit C. Marius, und am Ende des Jahres 87 eroberten sie gemeinsam Rom zurück; auch sie töteten einige ihrer Gegner. Damit war der erste Bürgerkrieg beendet.

Poseidonios schildert den weiteren Verlauf der Ereignisse:

Marius wurde zum siebten Mal zum Konsul gewählt ... Er fand aber, von den Strapazen erschöpft, von den Sorgen zermürbt und erdrückt, seine frühere Kraft nicht mehr. Er kannte die Schrecken und Mühen des Krieges und zitterte daher beim bloßen Gedanken an einen neuen Feldzug, an neue Kämpfe und Gefahren. Er mußte sich ja sagen, daß er es diesmal nicht mehr mit einem Octavius oder Merula, Führern eines zusammengelaufenen Haufens von Rebellen, zu tun haben werde – jetzt zog Sulla heran, der ihn einst aus der Heimat vertrieben und gerade Mithridates auf (sein altes Herrschaftsgebiet) die Küsten des Schwarzen Meeres zurückgedrängt hatte. An solchen Vorstellungen zerbrach Marius' Mut, und wenn ihm seine lange Irrfahrt, seine gefahrvolle Flucht über Land und Meer vor Augen trat, überfiel ihn hoffnungslose Verzweiflung. Nachts quälten ihn Schreckgesichte und wilde Träume, es war ihm, als höre er ständig eine Stimme sagen: »Schrecklich ist die Höhle des Löwen, auch wenn sie verlassen!« Weil er die schlaflosen Nächte mehr als alles andere fürchtete, ergab er sich zur Schande seines Alters dem Trunk, als ob er im Rausch den Sorgen entrinnen und den Schlaf herbeizwingen könne. Als dann ein Bote vom Meer her kam und neue Nachricht brachte, stürzten neue Ängste auf ihn ein. Er zitterte vor der Zukunft und empfand Qual und Ekel vor der Gegenwart. So genügte ein geringfügiger Anstoß, ihn aufs Krankenlager zu werfen ... Poseidonios (T 6 Theiler) berichtet, er habe Marius besucht, als dieser schon sehr krank war (und kurz vor seinem

Tod stand), und mit ihm die Dinge besprochen, die er als Gesandter (von Rhodos) in Rom zu vertreten hatte.

(Poseidonios FGrHist 87 F 57 = F 249 Theiler: Plutarch, Marius 45, 3–7)

Sullas Rückkehr

Der Friede währte drei Jahre. In dieser Zeit erhielten die *dediticii* von 87, die wohl ursprünglich das Bürgerrecht ohne Wahlberechtigung erhalten hatten, das Stimmrecht. Dann kehrte Sulla zurück:

Sulla schrieb hochgemut in eigener Sache an den Senat, nannte seine Verdienste schon als Quästor in Africa gegen Iugurtha von Numidien, als Legat (im Krieg) gegen die Kimbern, als Kommandant in Kilikien und im Bundesgenossenkrieg, schließlich als Konsul. Er betonte besonders die jüngsten Erfolge gegen Mithridates und zählte (dem Senat) die vielen Völkerschaften insgesamt auf, die Mithridates unterstanden hatten, nun aber durch ihn an Rom gelangt waren. Er stellte ebenso heraus, daß er die von Cinna aus Rom Vertriebenen, die sich zu ihm in ihrer Verzweiflung geflüchtet hatten, bei sich aufgenommen hätte und ihnen in ihrem Unglück eine Hilfe gewesen sei. (Als Dank) für all dies, so sagte er, hätten ihn nun seine Gegner zum Feind (des Staats) erklärt, sein Haus sei zerstört, seine Freunde ermordet; seine Frau und seine Kinder hätten kaum zu ihm entkommen können. Er käme nun, um an den Schuldigen Rache für die Opfer und für die ganze Stadt (Rom) zu nehmen. Er machte aber dem Volk insgesamt und besonders den Neubürgern dabei auch deutlich, daß er ihnen nichts vorzuwerfen habe.

(Appian, Emphylia 1, 77, 350–352)

Auf den ersten Blick ist es erstaunlich, mit welchem Nachdruck Sulla seine Verdienste um den Staat als Rechtfertigung für seine Vorhaben anführte; doch war ihm bewußt, daß er damit einen der Kernpunkte im römischen Wertesystem ansprach, und bald folgten auch andere seinem Beispiel. Q. Caecilius Metellus Pius, C. Pompeius und M. Licinius Crassus stellten ihre eigene Privatarmee auf und schlossen sich ihm an (eine positive Darstellung der Rolle, die Pompeius spielte, findet sich in Ps.-Caesar, Bellum Africum 22).

Sulla hatte sich im Laufe der Zeit mit dem Schicksal der *res publica* identifiziert; die Behauptung, daß er während seines Aufenthaltes in Griechenland praktisch einen Senat bei sich

Abb. 11: (links) Denar, geprägt von L. Cornelius Sulla 84–83 v. Chr.
Vorderseite: Haupt der Venus mit Diadem, vor ihr ein Erote mit langem Palmzweig
Rückseite: Symbole des Auguren (*capis* und *lituus*) zwischen zwei Siegestrophäen (RRC 359.2)
(rechts) Denar, geprägt von L. Manlius (Proquästor Sullas im Krieg gegen Mithridates) 82 v. Chr.
Vorderseite: Haupt der Roma
Rückseite: Sulla in (Triumph-)Quadriga, darüber schwebende Siegesgöttin (RRC 367.1)

hatte (Plutarch, Sulla 22, entnimmt dies seinen Memoiren), ist bezeichnend für seine Denkweise, selbst wenn er damit nur verschleiern wollte, daß ihm die volle Unterstützung der Oberschicht erst in dem Augenblick zu Gebote stand, als über seinen Sieg kein Zweifel mehr bestehen konnte. Die Münzen, die er prägen ließ, zeigten zu Beginn Motive aus dem privaten Bereich, während die späteren Motive seine persönliche Verbundenheit mit Rom symbolisieren sollten (s. Abb. 11).

Als im Jahre 83 Sulla mit dem gegnerischen Konsul L. Cornelius Scipio verhandelte, ging es um »die Autorität des Senats, die Befugnisse des Volkes, den Anspruch auf Bürgerrecht« (Cicero, Philippica 12, 27). »Zu jener Zeit stellte die *res publica* den Siegespreis dar« (Valerius Maximus 7, 6, 4).

Sulla war klug genug, deutlich zu machen, daß er nicht die Absicht habe, den Italikern ihr römisches Bürgerrecht zu entziehen oder ihr Wahlrecht anzutasten; als der römische Widerstand gebrochen war, wurde Sulla von den meisten Italikern anerkannt. Nur die Samniten und die Lucaner sahen noch eine Möglichkeit, die Niederlage von 90 bis 87 zu rächen. Der jüngere C. Marius hatte sich nach Praeneste (Palestrina) geflüchtet, wo der Samnite Pontius Telesinus und der Lucaner Marcus Lamponius ihn zu retten versuchten. Als dieser Versuch fehlschlug, marschierten sie auf Rom:

Pontius Telesinus, der Anführer der Samniten, ein tapferer und kriegserfahrener Mann und Todfeind der Römer, rekrutierte etwa 40000 der tapfersten und zähesten jungen Männer und lieferte am ersten November im Konsulatsjahr von Carbo und Marius, also heuer vor 109 Jahren, beim Collinischen Tor dem Sulla eine Schlacht. Sulla und die ganze *res publica* (man beachte die Verbindung!) gerieten in die größte Gefahr; größer war selbst die nicht, die der *res publica* damals drohte, als Rom Hannibals Lager innerhalb des dritten Meilensteins vor seinen Toren gesehen hatte. Telesinus ging von Einheit zu Einheit seines Heeres und erklärte, für die Römer sei der letzte Tag gekommen; man müsse die Stadt völlig zerstören, denn nicht eher würde es keine Wölfe mehr geben, die die Freiheit Italiens raubten, als bis der Wald, in den sie sich immer flüchten könnten, gerodet sei ... (Nach dem römischen Sieg) feierte Sulla die *felicitas** des Tages, an dem das Heer des Telesinus und seiner Samniten zurückgeschlagen worden war, zum ewigen Angedenken durch die Einrichtung von Spielen im Circus, die man mit seinem Namen (Ludi) Sullanae Victoriae nennt (zur Unterscheidung der Ludi Caesaris Victoriae). (Velleius Paterculus 2, 27, 1–2 u. 6)

Sulla übte schreckliche Rache:

Im Kampf ließ er die Samniten erschlagen – er hatte angeordnet, daß keine Gefangenen gemacht werden sollten –; einige aber, man spricht von drei- bis viertausend Mann, warfen ihre Waffen fort und wurden in der Villa Publica auf dem Marsfeld eingeschlossen. Drei Tage später schickte Sulla seine Soldaten dort hinein und ließ alle Samniten abschlachten; er begann mit den Proskriptionen, die nicht eher endeten, als bis jeder wichtigere Samnite entweder getötet oder aus Italien vertrieben war. Wer ihm vorwarf, daß er sich in seinem Zorn so gehen ließ, bekam von ihm zu hören, er wisse eben aus Erfahrung, daß nicht einmal *ein* Römer in Frieden leben könne, solange es noch eine eigene Gruppe von Samniten gäbe (ein Bezug auf Telesinus' Rede; s. o.).
Auf diese Weise sind von den früheren Städten in Samnium heute die meisten zu Dörfern abgesunken, andere ganz verschwunden: Boianum,

---

* Sulla nahm auch den zusätzlichen Namen *Felix* an und nannte sich seitdem L. Cornelius Sulla Felix.

Aesernia, Pinna, Telesia bei Venafrum und einige andere, die man nicht mehr als Stadt bezeichnen kann ... Beneventum jedoch blieb in passablem Zustand erhalten, ebenso Venusium.

(Strabon 5, 4, 11, p. 248–250)

Der Stadt Praeneste, die gezwungen worden war, C. Marius d. J. Zuflucht zu gewähren, widerfuhr ein ähnliches Schicksal; von den 138 Familien, deren Existenz vor der Plünderung bezeugt ist, erlebten allenfalls 20 die letzte Generation der Republik.

Proskriptionen

Die Proskriptionen sollten nicht nur die Samniten vernichten, sondern alle Feinde Sullas. Wer auf der Proskriptionsliste aufgeführt war, den konnte man töten, ohne dafür bestraft zu werden; der Staat konfiszierte seinen Besitz, und seine Nachfahren waren für immer von öffentlichen Ämtern ausgeschlossen. Einigen gelang sicherlich die Flucht aus Italien, die übrigen wurden ermordet. Ihr Besitz wurde größtenteils versteigert und von Anhängern Sullas zu Spottpreisen erworben, die damit teilweise ihr Vermögen begründeten. Einige behaupteten später, nur aus Furcht an den Versteigerungen teilgenommen zu haben; Sulla wollte sichergehen, daß die herrschende Schicht der er die Regierung der *res publica* übertragen wollte, ein finanzielles Interesse an der Erhaltung seines Staatssystems haben, sich aber auch dessen Anfängen moralisch verpflichtet fühlen sollte.* (Ähnlich sah man später in denjenigen Mitgliedern der englischen Oberschicht, die Klosterbesitz erwarben, die künftigen Anhänger der Reformation unter Heinrich VIII.)

Überdies verloren einige Städte in Italien, die Sulla Widerstand geleistet hatten, ihr Bürgerrecht; viele andere mußten Geldstrafen entrichten und Land abtreten, auf dem Sullas Veteranen angesiedelt wurden; auch hier erkennt man die Absicht Sullas, durch Förderung privater Interessen das eigene System zu untermauern.

Denn Sullas Sieg bedeutete den Sieg der *res publica*, wie Cice-

---

* Eine kleine, aber interessante Gruppe, die aus Eigennutz an der Erhaltung von Sullas Staatssystem interessiert war, bildeten jene Sklaven der Geächteten, die durch Sulla Freiheit und Bürgerrechte erhalten hatten.

ro ausdrücklich behauptete, als er im Jahre 80 Sex. Roscius von Ameria gegen die Machenschaften eines verrufenen Anhängers Sullas verteidigte.

Sullas innenpolitische Maßnahmen

Von Anfang an wurde deutlich, daß Sulla bei aller Ungesetzlichkeit um die formale Einhaltung von Gesetzen bemüht war. Der Senat beschloß ein Dekret, durch das alle seine Maßnahmen in den Jahren 88 bis 82 im nachhinein Gültigkeit erhielten; Sulla zog sich aus der Stadt zurück, während ein *interrex*, L. Valerius Flaccus, die Herrschaft in Rom übernahm (s. S. 31; beide Konsuln waren nicht mehr am Leben) und mit Hilfe der *lex Valeria* Sulla zum Diktator ernannte. Trotz seiner absoluten Macht überließ Sulla doch viele Entscheidungen der Volksversammlung; er verweigerte Cn. Pompeius zunächst den Triumphzug, weil er ihn nicht als rechtmäßig anerkannte; zum Ende des Jahres 81 legte er das Amt des Diktators nieder, um im Jahre 80 zusammen mit Q. Caecilius Metellus Pius das Konsulat zu übernehmen.

Sullas Maßnahmen sind ein seltsames Gemisch aus der Behebung von Mißständen, wie er sie sah, und der systematischen Neuordnung einzelner Verwaltungsgebiete. Obwohl diese Ereignisse in die Haupt-Schaffensperiode Ciceros fallen, bleibt vieles unklar und im dunkeln. Wir besitzen durch Zufall eine von ursprünglich wohl neun Bronzetafeln, auf der das Gesetz festgehalten ist, das die Zahl der Quästoren auf 20 erhöhte (CIL I^2 587); dieses Gesetz ist sonst nur durch einen sechs Worte umfassenden Satz bei Tacitus bekannt (Annales 11, 22).

Natürlich mußte die Zahl der Senatoren dringend wieder ergänzt werden; Sulla jedoch ging weit über eine Ergänzung hinaus und verdoppelte ihre Zahl. Wir wissen zu wenig, um auch nur mit einiger Sicherheit sagen zu können, wer die neuen Senatoren waren. Fraglos kamen einige von ihnen aus alten Senatorenfamilien, andere aus denjenigen Gebieten Italiens, die im Jahre 90 ihre Treue bewiesen hatten. Vor allem wollte Sulla natürlich seine Anhänger belohnen; er schuf jedoch auch einen Senat, der zahlenmäßig der Größe des Reiches entsprach, und für dessen stetige Ergänzung durch den automatischen Neueintritt von 20 Quästoren im Jahr gesorgt war.

Sulla rechnete offensichtlich mit einem stetigen Zuwachs an neuen Bürgern; seine Gesetzgebung ging von der Existenz des Census aus (Cicero, Pro Cluentio 148), und Cicero behauptete:

> Etwa vier Jahrhunderte (bis zum Jahre 58) war bei uns die Prüfung und das Urteil der Zensoren in Kraft. Diese Gesetze hat mancher Verworfene einschränken wollen, doch niemand einschränken können, und dieses Amt hat niemand so zügellos verwegen zu entmachten versucht, daß er nicht das alle vier Jahre wiederkehrende Urteil über unsere Lebensführung (die *cura morum*) beibehalten hätte: All das, du Nichtswürdiger, wurde schon während des Vorspiels deines Konsulats zu Grabe getragen. (Cicero, In Pisonem 10)

In Wahrheit wurde zwischen der Zeit Sullas und der des Augustus nur ein einziger Census durchgeführt, nämlich für 70 auf 69 v. Chr.; ein bemerkenswertes Symptom für die Auflösung der *res publica*.* Die Mitglieder der Bürgerfamilien wurden vermutlich automatisch in die Register aufgenommen, doch selbst für die Jahre 70/69 waren nur verhältnismäßig wenige Italiker aufgeführt, und die *comitia centuriata* kamen immer mehr außer Gebrauch; da aber von nun an jährlich 20 Quästoren zur Verfügung standen, die automatisch Anspruch auf einen Sitz im Senat hatten, konnte man im Grunde auf den Census verzichten. Als die Politik der Friedenszeit durch den Krieg beendet wurde, war es wohl nicht mehr von Belang, daß die Wählerlisten in Unordnung waren und daß die *cura morum* als Kontrollorgan nicht mehr existierte. Mit dem Blick auf die letzte Generation, in der freie Institutionen noch funktionsfähig gewesen waren, hat Cicero in seiner Idealvorstellung von der Verfassung die »automatische« Rekrutierung von Senatoren gefordert (De legibus 3, 27).

Viele von Sulla erlassene Gesetze waren »reaktionär«, hatten aber teilweise durchaus ihre Berechtigung. Sulla versuchte, den Einfluß, den das Tribunat seit 133 gehabt hatte, systematisch zu schmälern; er beschränkte das Vetorecht der Tribunen, entzog ihnen das Recht, Gesetze zu erlassen und jemanden vor Gericht zu stellen und schloß sie von allen weiteren Ämtern aus. Die Gesetze, die die Folge der Magistraturen festlegten, und die auf das zweite vorchristliche Jahrhundert zurückgingen, traten wieder in Kraft (s. S. 87); auch ein Luxusgesetz wurde in Anlehnung an ähnliche Bestimmungen aus dem zweiten Jahrhundert

---

* Im Jahre 75 wurde wohl der Versuch gemacht, eine Alternative zum Zensorenamt zu finden, indem man dem Konsulat einige der Aufgaben übertrug.

v. Chr. (s. S. 90 f.) verabschiedet, und Priester wurden wieder durch Kooptation statt durch Wahlen bestimmt.

Doch im Zusammenhang damit wurde eine weitere Maßnahme erlassen, die neue Perspektiven eröffnete. Sulla erkannte, daß das Reich eine breitere Regierungsschicht brauchte. Nach Sulla war der Senat etwa doppelt so groß wie vorher; die Anzahl der Quästoren war auf zwanzig, die der Prätoren von sechs auf zehn erhöht worden.* Eines ließ Sulla unverändert: An der Spitze des Staates standen nach wie vor zwei Konsuln, um deren Amt sich jeweils eine größere Anzahl ehrgeiziger Männer bewarb.

Diese Gruppe wollte Sulla in Schranken halten. In Anlehnung an die Gesetze der Popularen vom Ende des zweiten Jahrhunderts v. Chr. erließ er Bestimmungen, die die Pflichten der Provinzstatthalter festlegten. Im Rahmen einer umfassenden Rechtsreform, in deren Verlauf die Gerichtshöfe erwartungsgemäß wieder dem Senat unterstellt wurden, brachte er Elemente aus den Gesetzen der Popularen in ein neues Gesetz gegen Landesverrat ein. Seine Rechtsreformen blieben bis ins zweite Jahrhundert n. Chr. richtungweisend – seinen politischen Reformen hingegen war keine so lange Lebensdauer beschieden.

Die Gruppe, der er die Herrschaft über den Staat übertragen hatte, war jedoch fest entschlossen, diese nicht aus der Hand zu geben. Ihre Furcht vor einschneidenden Veränderungen entnehmen wir einer Bemerkung Ciceros über eine Rede, die er während seines Konsulats hielt, und in der er sich dagegen aussprach, die Söhne von Geächteten wieder in ihre vollen Rechte einzusetzen:

Ich habe anständige und tüchtige junge Leute, denen jedoch das Schicksal derart zugesetzt hat, daß sie, wären sie an Ämter gekommen, die Stabilität unserer *res publica* beseitigt hätten, für unwählbar erklärt.
(Cicero, In Pisonem 4)

---

* Sulla scheint nebenbei auch die Unterscheidung zwischen plebejischen und kurulischen Ädilen beseitigt zu haben, ein Überbleibsel aus der Zeit, als die Unterschiede zwischen plebejischen Beamten und patrizischen Magistraten von entscheidender Bedeutung war.

14. Die Oligarchie an ihrem Ende

Außerordentliche Kommandos

Sulla starb 78 v. Chr. und wurde als erster des Patriziergeschlechtes der Cornelii eingeäschert, womit verhindert werden sollte, daß sein Leichnam geschändet würde, so wie er den des C. Marius geschändet hatte. Unmittelbar nach seinem Tode sah sich die wieder herrschende Oligarchie von neuem bedroht: M. Aemilius Lepidus, einer der beiden Konsuln jenes Jahres, unternahm den Versuch, Sullas Vermächtnis zunichte zu machen. Ein bewaffneter Aufstand, den er angezettelt hatte, konnte ohne größere Schwierigkeiten niedergeschlagen werden. Doch wurde dabei dem jungen Cn. Pompeius ein außerordentliches Kommando übertragen. Unterdessen hatte Q. Sertorius im Jahre 80 seine Position in Spanien erhalten können, wohin er vor Sulla geflüchtet war, und wo man ihn ursprünglich ausgewiesen hatte. Er versuchte, nicht ohne Erfolg, einen unabhängigen Staat aufzubauen, und in den Jahren 80 bis 75 unterstand Spanien tatsächlich nicht der Kontrolle des Senats; um die Herrschaft dort zurückzuerlangen, vertraute man Cn. Pompeius ein weiteres außerordentliches Kommando an.

Im Jahre 73 brach in Italien unter der Führung eines entflohenen Gladiators namens Spartacus ein größerer Sklavenaufstand aus; dieser Aufstand konnte erst im Jahre 71 von M. Licinius niedergeschlagen werden, dem ebenfalls ein außerordentliches Kommando erteilt worden war. Inzwischen hatte Mithridates – nach einem Friedensschluß mit Sulla im Jahre 85 und kurzen Kämpfen gegen L. Licinius Murena zwischen 83 und 81 – im Jahre 75 mit Q. Sertorius verhandelt und schließlich im Jahre 74 Rom erneut den Krieg erklärt, um die Vollstreckung des Testaments von Nikomedes IV. von Bithynien zu verhindern, der sein Reich Rom hinterlassen hatte. Im Osten blühte weiterhin die Piraterie, trotz eines von 78 bis 75 währenden Feldzugs unter Führung von P. Servilius Vatia, der für seinen Sieg den Beinamen Isauricus erhielt.

Seine Erfolge im Ausland mußte Rom durch die Schaffung von außerordentlichen Kommandos sichern; damit büßte der Senat einen Teil seiner unumschränkten Herrschaft ein. Ursprünglich hatte L. Licinius Lucullus im Jahre 74 die Provinz

Kilikien erhalten, um Mithridates zu bekämpfen, erwarb aber im Laufe der Zeit zusätzlich die Provinzen Asia, Bithynien und Pontus hinzu. De iure handelte er damit noch im Rahmen der Verfassung, de facto kann man das kaum behaupten. Lucullus nahm mit seinem Verhalten bereits das autokratische Gebaren des Pompeius voraus:*

Am anderen Ufer des Flusses (Euphrat) liegt eine mächtige Festung der Kappadokier, Tomisa. Diese war ursprünglich für hundert Talente (600000 Denare) an den Herrscher von Sophene verkauft worden, später dann hat sie Lucullus dem Herrscher von Kappadokien zum Geschenk gemacht, weil jener so tapfer im Krieg gegen Mithridates an seiner Seite ins Feld gezogen war. (Strabon 12, 2, 1 p. 535)

Um das Piratenproblem zu lösen, hatte man bereits im Jahre 74 M. Antonius ein außerordentliches Kommando erteilt; auch dem Cn. Pompeius wurden später wieder Sonderkommandos übertragen, und zwar im Jahre 67 zur Bekämpfung der Piraten und im Jahre 66 in seinem Kampf gegen Mithridates. Kraft dieser Befehlsgewalt regierte er den Osten eigenverantwortlich und ohne Beteiligung des Senats bis ins Jahr 62 und annektierte nicht nur das Königreich des Mithridates nach dessen Niederlage, sondern auch das Territorium des untergehenden Seleukidenreiches. Dadurch wurde das jährliche Steuereinkommen Roms vermutlich von 50 Millionen auf 135 Millionen Denare gesteigert.

Die Provinzen Gallia Cisalpina und Illyricum wurden C. Iulius Caesar, dem Konsul des Jahres 59, durch die *lex Vatinia* aus demselben Jahr übertragen (die Provinz Gallia Transalpina kam erst durch Senatsbeschluß hinzu). In den Jahren 58 bis 50 eroberte Caesar das gesamte Gallia Transalpina, von den ursprünglichen Grenzen bis zum Rhein; auch er handelte, ohne den Senat zu fragen, und bekriegte dabei ein mit Rom befreundetes Volk (s. S. 178). Durch das Beispiel Caesars bestärkt, führte Crassus im Jahre 54 einen Krieg gegen das Partherreich herbei.

Das Prinzip der außerordentlichen Kommandos stieß innerhalb der Oligarchie natürlich auf berechtigten Widerstand (s. wegen Einzelheiten zu juristischen Fragen Kap. 17, Exkurs IV):

---

* Wahrscheinlich hatte Pompeius bereits im Jahre 77 auf seinem Weg nach Spanien angeordnet, Gebiete der Volken und Helvier zu konfiszieren; zwar war ein anderer mit der Durchführung dieses Erlasses betraut, doch galt Pompeius als der Verantwortliche für die Übereignung der Gebiete an Massalia.

(Q. Lutatius Catulus) sprach sich gegen das Gesetz aus (nach dem Cn. Pompeius den Oberbefehl im Kampf gegen die Seeräuber erhalten sollte) und sagte, Pompeius sei zwar ein hervorragender Mann, aber doch für eine freie *res publica* zu eminent; man solle nicht alle Macht in die Hände eines einzigen Mannes legen. (Velleius Paterculus 2, 32, 1)

Nur ein einziger Senator stimmte für den Antrag: C. Iulius Caesar.

Als Cicero im Jahre 66 seine Rede *De imperio Cn. Pompei* hielt, um zu erreichen, daß man dem Cn. Pompeius das Kommando gegen Mithridates übertrug, mußte er sich den gleichen Einwand gefallen lassen. L. Licinius Lucullus, der auf diese Weise ebenfalls sein Kommando verlor, konnte immerhin im Jahre 61 und danach den Senat überreden, die Ratifizierung des Abkommens mit dem Osten hinauszuzögern, indem er über jede einzelne Klausel ausführlich verhandelte. (Als offizielle Begründung wurde zweifellos angeführt, Pompeius habe auf den sonst üblichen Senatsausschuß von zehn Legaten verzichtet; s. S. 79). Das Abkommen selbst blieb inzwischen natürlich in Kraft, und Pompeius verbündete sich schließlich mit Caesar, um die Ratifizierung durchzusetzen.

Anfänglich stieß die geplante Übertragung eines Kommandos auf Caesar auf heftigen Widerstand; Cato d. J. forderte später sogar, man solle Caesar zur Strafe für seinen Angriff auf den germanischen König Ariovist in Ketten ausliefern. Im Jahre 57 wurde Pompeius der Sonderauftrag erteilt, die Getreideversorgung zu übernehmen (bemerkenswert ist hier, daß man zur Lösung eines nicht-militärischen Problems ein Mittel wählte, das bisher dem militärischen Bereich vorbehalten war):

Tags darauf fand eine gut besuchte Senatssitzung statt, alle Konsulare waren anwesend. Man bewilligte Pompeius alles, was er forderte: Er beantragte fünfzehn Legate und nannte mich an erster Stelle; ich wäre in allem sein zweites Ich, sagte er. Die Konsuln entwarfen dann den Gesetzesvorschlag, nach welchem Pompeius auf fünf Jahre die Gesamtverwaltung der Getreideversorgung für das ganze Reich übertragen wurde. Einen zweiten Antrag brachte Messius ein, der ihm die Verfügung über alle Staatsgelder, dazu eine Flotte, eine Armee und in den Provinzen ein dem der Statthalter übergeordnetes *imperium* (Kommando) gewährte. Diesem unfragbaren Vorschlag des Messius gegenüber erschien mein von den Konsuln aufgenommener Antrag jetzt als gemäßigt... (Cicero, Ad Atticum 4, 1, 7)

Doch darf man nicht unterschätzen, welch große Bedeutung in der Ideologie der römischen Oligarchie Erfolge im Ausland hatten. Nicht zuletzt aus diesem Grund fand schließlich die Einrichtung der außerordentlichen Kommandos allgemein Zustimmung. Dies geht deutlich hervor aus zwei Reden Ciceros, einer aus dem Jahre 66 und einer von 56 v. Chr. (*De provinciis consularibus,* Über die konsularischen Provinzen). In der letzteren forderte Cicero, Caesar sein Kommando zu belassen:

Die Leute mögen denken, was sie wollen: Es ist mir unmöglich, jemandes Feind zu sein, der sich um die *res publica* verdient gemacht hat... Der Krieg in Gallien ist erst unter dem Kommando C. Caesars ernsthaft geführt, zuvor ist er lediglich hingehalten worden... C. Caesar hat sich, wie ich feststelle, von ganz anderen Grundsätzen leiten lassen. Er glaubte nämlich, nicht nur diejenigen, die er schon in Waffen gegen das römische Volk sah, bekämpfen, sondern ganz Gallien in unsere Gewalt bringen zu sollen. (Cicero, De provinciis consularibus 24–32)

Augustus wußte sehr wohl, was er tat, als er später gerade diese Einstellung der Römer ansprach, um die von ihm begründete Autokratie zu rechtfertigen.

Innenpolitische Probleme

Der Senat hatte die innenpolitische Lage ebensowenig im Griff wie die Außenpolitik. Außerhalb Italiens übte er in den siebziger, sechziger und fünfziger Jahren aus jeweils unterschiedlichen Gründen nur eine schwache Herrschaft über das Reich aus, dessen Regierung er eigentlich darstellte. Ebensowenig verstand er es, den ordnungsgemäßen Ablauf des politischen Geschehens in Rom und Italien zu gewährleisten.

Offenbar ging die Unzufriedenheit u. a. von den Nachkommen der Geächteten aus, jedoch auch von Männern aus italischen Gemeinden, die unter Sullas Strafmaßnahmen zu leiden gehabt hatten. Die Stadt Rom war sehr groß, und ihre Bevölkerung setzte sich aus den unterschiedlichsten Gruppen zusammen; die Einwohnerzahl hatte sich seit dem frühen dritten Jahrhundert v. Chr. wahrscheinlich verdoppelt und betrug gegen Ende des zweiten vorchristlichen Jahrhunderts etwa 375 000 Einwohner. Dieser Bevölkerungszuwachs war in der Hauptsache durch den Zuzug von Sklaven entstanden, die in den großen Häusern dienten; viele der Sklaven aus aller Welt wurden von ihren Herren freigelassen und lebten in mehr oder weniger großer Abhängigkeit von ihnen weiterhin in Rom.* Es kamen auch zahlreiche Fremde nach Rom, die besondere Dienstleistungen anzubieten hatten. Gemessen an modernen Maßstäben waren die Lebensbedingungen der Stadtbevölkerung vermutlich furchtbar, und selbst zur damaligen Zeit wurden sie wohl als unzumutbar empfunden.

Ob Freie, Freigelassene, Sklaven oder Fremde, keine dieser Gruppen, aus denen die Stadtbevölkerung sich zusammensetzte, lehnte sich (für sich allein oder in Verbindung mit anderen) ernsthaft auf oder stellte eine Bedrohung für die *res publica* und den Status quo dar. Doch möglicherweise stärkten die heimatlichen Religionen der verschiedenen Nationalitäten den Gruppenzusammenhalt. Gewiß waren im ersten vorchristlichen Jahrhundert zahlreiche fremde Religionen in Rom vertreten, die, ähnlich wie der Bacchuskult, als Bedrohung empfunden wurden; es wurde häufig, wenn auch nicht systematisch, versucht, die eine oder andere Sekte zu unterdrücken. Zur gleichen Zeit kursierten aber auch inoffizielle prophetische Schriften, die vielleicht auf gewisse revolutionäre Tendenzen schließen lassen, wie es etwa im England des 17. Jahrhunderts der Fall war. Seit Augustus durften im Römischen Reich solche inoffiziellen Prophezeiungen von den Behörden verbrannt werden.

Es läßt sich wohl nicht leugnen, daß die Schwierigkeiten, denen sich die herrschende Oligarchie gegenübersah, nicht zuletzt auf die Zusammensetzung und auf das Elend der Bevölkerung Roms zurückzuführen waren. Mit einer solchen Bevölkerung hatten ehrgeizige Politiker natürlich auch ein leichtes Spiel; vor diesem Hintergrund sind meiner Ansicht nach die Beziehungen zwischen einzelnen Mitgliedern der Oberschicht und Angehörigen des Volkes zu sehen, die schließlich die Auflösung der Republik herbeiführen sollten. Die Tatsache, daß die Politik in Rom so gewalttätige Formen annahm – was sich sowohl aus dem alten Brauch der Selbsthilfe in einer bäuerlichen Gemeinde als auch durch die neueren Entwicklungen erklären läßt –, war, glaube ich, ebenfalls für den allmählichen Abbau politischer Skrupel verantwortlich; dies führte schließlich dazu, daß Caesar und Pompeius um die *res publica* kämpften, die ihrem Wesen nach eigentlich die gemeinschaftliche Regierung einer Gruppe gebraucht hätte.

* Das Wahlrecht der Freigelassenen war ein ständiger Streitpunkt unter den Politikern Roms.

Das Jahrzehnt nach Sulla war bereits turbulent genug: Von der *concordia*, die er glaubte hergestellt zu haben (wie aus Reden der siebziger Jahre zu entnehmen ist, die uns durch Sallust überliefert sind), war jedenfalls weit und breit nichts zu bemerken. Obwohl unsere Quellen über diesen Zeitraum nur unvollständig sind, ist uns überliefert, daß in den Jahren 78, 75 und 73 das Volk die Wiederaufnahme der Getreideverteilung forderte, die unter Sulla offenbar außer Gebrauch gekommen war. Unruhen wegen der Stellung der Tribunen sind für die Jahre 76 und 75 belegt (als die Begrenzung der Aufstiegsmöglichkeiten aufgehoben wurde), sowie für 74 und 73 und natürlich auch für das Jahr 70 (s. u.); politische Unruhen wegen der Zusammensetzung der Geschworenen in den *quaestiones* begannen offensichtlich erst gegen Ende des Jahrzehnts und sind für die Jahre 71 und 70 bezeugt.*

Nach ihren Siegen in Spanien und über Spartacus wurden Cn. Pompeius Magnus und M. Licinius Crassus im Jahre 70 zu Konsuln gewählt; ersterer hatte noch nie ein Amt innegehabt, letzterer hingegen hatte eine reguläre Karriere durchlaufen. Mit ihrer Unterstützung wurden Zensoren gewählt, die ihre Aufgabe im folgenden Jahr zu Ende führten; das Tribunat erhielt wieder seine alten Rechte, und die Gerichtshöfe wurden einem gemischten Gremium aus Senatoren, *equites* und *tribuni aerarii* unterstellt; diese letzte Gruppe war, ebenso wie die *equites*, eine *ordo;* sie gehörte zu denen, die den Census erfüllten, der zwar zum Status des *eques* qualifizierte, doch noch keinen Anspruch darauf beinhaltete (s. Kap. 17, Exkurs III). Gleichzeitig wurde auch ein Gesetz verabschiedet, das den Anhängern des M. Lepidus die Rückkehr gestattete (s. S. 176): Im Jahre 70 schien Sullas Oligarchie die Zügel fest in der Hand zu haben und zu Zugeständnissen bereit zu sein.

Obwohl der Senat übereingekommen war, Land zur Verteilung an die Veteranen des Spanienfeldzugs bereitzustellen (was in Anbetracht seiner früheren Einstellung überrascht), scheiterte noch im selben Jahr die *lex Plotia*, die die rechtliche Grundlage für diesen Beschluß bilden sollte, vermutlich wegen finanzieller Schwierigkeiten. Im Lauf der nächsten 20 Jahre nahmen die Wirren in Rom zu, während die Erfordernisse und Möglichkeiten des Weltreiches zunächst Cn. Pompeius und anschlie-

---

* Die Bestimmung der Priester durch Wahl statt durch Kooptation wurde erst im Jahre 63 wieder eingeführt.

ßend C. Caesar zur Macht verhalfen; beiden stand damit ein Heer zur Verfügung, das ihnen persönlich und nicht dem Staate ergeben war.

dignitas

Sallust sah die politische Geschichte der späten Republik im Grunde als einen latenten Konflikt zwischen einigen wenigen und der großen Masse, der zum Ausbruch kam, als jegliche Bedrohung von außen durch die Zerstörung von Karthago beseitigt war:

Es begann nämlich die Nobilität ihre *dignitas* und das Volk seine *libertas* beliebig zu mißbrauchen; jeder nahm, zog, riß an sich. So wurde alles in zwei Parteien gespalten und die *res publica*, die Gemeingut gewesen, zerstückelt. (Sallust, Bellum Iugurthinum 41, 5)

Es wäre falsch, zu glauben, daß Rom nach 146 keiner Bedrohung von außen ausgesetzt war; im übrigen wäre das Fehlen einer solchen Bedrohung kaum eine hinlängliche Erklärung für das Phänomen, das Sallust beschreibt; die Betonung der *dignitas* scheint auf Vergleiche mit dem Zeitalter Ciceros zurückzugehen. Der Begriff der *libertas* hatte natürlich schon um das Jahr 70 oft im Mittelpunkt politischer Auseinandersetzungen gestanden. Die nächsten 20 Jahre waren gekennzeichnet durch die Skrupellosigkeit des politischen Kampfes, dadurch, daß Angehörige der Oberschicht die Führung über die Armen übernahmen, und durch die Entfremdung der Armen von der *res publica* insgesamt.

Die Zensoren des Jahres 70/69 schlossen 64 Personen aus dem Senat aus, unter ihnen auch P. Cornelius Lentulus Sura, den ehemaligen Konsul des Jahres 71. Einige der Betroffenen, wie C. Antonius, begannen ihre Laufbahn von neuem und beendeten sie erfolgreich; C. Antonius war im Jahre 63 der Amtskollege Ciceros. Anderen, wie z.B. Q. Curius, gelang der Neubeginn offensichtlich nicht mehr; er war einer der Hauptanhänger Catilinas im Jahre 63, ebenso wie Sura, der nicht über eine zweite Amtszeit als Prätor in jenem Jahr hinauskam. Die Mittel, zu denen diese Männer griffen, zeugen von der Verzweiflung, mit der sie sich an ihr Amt klammerten und ihre *dignitas* wiederherzustellen versuchten. (Catilina und seine Anhänger planten u. a. auch, sich die Posten zu verschaffen, von denen sie ihrer Ansicht nach zu Unrecht ausgeschlossen waren; s. S. 187.)

Auch ohne den verschärften Wettbewerb, der sich durch die 64 zusätzlichen Amtsanwärter ergab, herrschte starke Konkurrenz innerhalb der von Sulla erweiterten Regierungsschicht. Das führte dazu, daß Wahlbestechung und Prunksucht sich ungehindert entfalten konnten; die Folge war, daß der Wucher derart in Verruf geriet, wie dies zu keinem früheren oder späteren Zeitpunkt in der antiken Welt der Fall war; »alle Betätigungen, die Ärgernis erregen, sind verdammungswürdig, wie z. B. ... die der Geldverleiher« (Cicero, De officiis 1, 150). Wie M. I. Finley betont hat*, machten dennoch viele Magnaten zur Zeit Ciceros ihr Geschäft mit dem Geldverleih und widmeten sich zusätzlich ihren Lieblingsbeschäftigungen Politik und Krieg; alles war erlaubt.

Versorgungsschwierigkeiten

Wenn die Unruhen in Rom zunahmen, so hatte gewiß auch der Zuzug von Landbewohnern seinen Anteil daran:

Die *plebs* in der Hauptstadt freilich leistete vor allem blinde Gefolgschaft aus vielen Gründen. Erstens einmal waren die, welche sich irgendwo an Lasterhaftigkeit und Liederlichkeit am meisten hervortaten, in Rom wie Bodensatz zusammengeflossen ... Außerdem hatte die Jugend, die mit ihrer Hände Arbeit gegen den Mangel gekämpft hatte, durch private und öffentliche Spenden angelockt (man beachte die Reihenfolge), den Müßiggang in der Stadt nutzloser Anstrengung vorgezogen. (Sallust, Catilina 37, 4–7)

Sallust wiederholt hier eine zeitgenössische Bemerkung Ciceros. Obwohl er der Landverteilung ablehnend gegenüberstand, glaubte er, eine revidierte Version der *lex Flavia* des Jahres 60 »ermögliche die Entfernung der Großstadthefe und die Wiederbelebung der öden Landstrecken in Italien« (Cicero, Ad Atticum 1, 19, 4; das Gesetz galt natürlich ursprünglich dem Zweck, die Veteranen des Pompeius zu versorgen). Der Zuzug nach Rom stieg noch an, als P. Clodius die kostenlose Getreideverteilung einführte.

* *Die antike Wirtschaft.* (dtv 4277) München 1977, S. 54 f.

Doch war die Getreideversorgung der Stadt Rom häufig bedroht. Vor dem Jahre 67 v. Chr. war sie durch das Piratenunwesen unterbrochen worden; obwohl Pompeius die Seeräuberei erfolgreich bekämpfte, gab die Frage der Getreideversorgung nach wie vor Anlaß zu Besorgnis, und einer der Prätoren des Jahres 66 hatte sich eigens damit zu befassen. Cicero schrieb im Jahr 61 an Atticus, er habe in einer Senatsrede viel Kapital aus den derzeitig billigen Kornpreisen schlagen können; doch bei seiner Verbannung im Jahre 58 und seiner Rückkehr im Jahre 57 konnten sowohl er als auch seine Gegner behaupten, die Getreideversorgung sei in Gefahr; all diesen Behauptungen und Gegenbehauptungen muß eine ständige Besorgnis zugrundegelegen haben. Im Jahre 57 erhielt Pompeius ein außerordentliches Kommando zur Regelung der Getreideversorgung (wenn er auch nicht alle Befugnisse erhielt, die sich seine Anhänger erhofft hatten; s. S. 176f.); dennoch hielt man es im Jahre 52 für notwendig, die Zahl derer zu beschränken, die kostenlos Getreide erhielten.

Die Zustände in Rom können auch nicht getrennt von den Verhältnissen im übrigen Italien betrachtet werden, wo Sulla ein trauriges Erbe hinterlassen hatte: Enteignung und Entbehrung. Unter dem Aufstand des Lepidus und dem des Spartacus hatten auch die zu leiden, die unter Sulla unbehelligt geblieben waren, und sicherlich auch die Veteranen, die von ihm angesiedelt worden waren. Die Anzahl an Münzschätzen, die vergraben und nicht mehr ausgegraben wurden, weil ihre Besitzer einen wohl gewaltsamen Tod gefunden hatten, war in den siebziger Jahren fast ebenso hoch wie im Jahrzehnt davor (s. Abb. 12). Die Wehrpflicht machte den Bauern weiterhin das Leben schwer, und gewaltsam durchgeführte Zwangsenteignungen waren im ländlichen Italien an der Tagesordnung.

Catilina

Die Zinslast in Rom und Italien war weiterhin erdrückend und vergrößerte sich in den siebziger und sechziger Jahren bis zum Jahre 63, weil keine neuen Münzen in Umlauf gesetzt werden konnten, was zu verminderter Liquidität führte. (Roms Staatseinkünfte waren in der Zeit zwischen Sullas Diktatur und dem Jahre 63 erschreckend gering.) Einige trieb das Elend dazu, sich

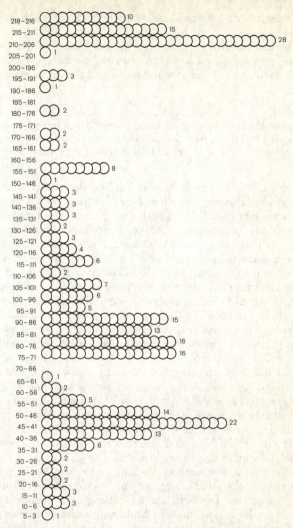

Abb. 12: Münzhorte aus Italien, Korsika, Sardinien und Sizilien
Die Tabelle gibt eine Übersicht über bisher bekannte Münzhortfunde in Fünf-Jahres-Intervallen. Auffällig ist der Zusammenhang zwischen der Häufung von solchen Horten, die ja von ihren Besitzern vergraben, aber nicht wieder ausgegraben wurden und daher heute gefunden werden können, und Zeiten politischer Unruhen bzw. Kriegszeiten.

als Gladiatoren zu verdingen, andere verkauften sich in die Sklaverei.

Vor den unheilvollen achtziger Jahren hatte sich der Senat wenigstens auf die passive Unterstützung der Bevölkerung berufen können; im Jahre 63 war das offensichtlich nicht mehr der Fall:

(L. Catilina) sagte damals, der Staat bestehe aus zwei Leibern; der eine sei gebrechlich und habe ein schwaches Haupt, der andere sei stark und habe gar kein Haupt; diesem Leib werde, wenn er sich ihm gegenüber entsprechend verhalte, zu seinen Lebzeiten das Haupt nicht fehlen.
(Cicero, Pro Murena 51)

An der Laufbahn des L. Sergius Catilina war zunächst nichts Ungewöhnliches zu bemerken: Bereits im Jahre 68 war er Prätor, zwei Jahre vor Cicero, doch dann strebte er mehrfach vergeblich das Konsulat an, und gegen Ende des Jahres 63, als Cicero Konsul war, setzte er sich mit Nachdruck für ein Programm ein, das eine neue Landverteilung und die Aufhebung von Schulden vorsah. Meiner Ansicht nach bedeutete dieses Programm für die bestehende Ordnung tatsächlich eine Bedrohung und wurde nicht etwa von Cicero überbewertet. Bereits im Jahre 64 hatte es die Regierung für notwendig erachtet, die *collegia* zu unterdrücken, die Handelsgilden, die dem Volk als Ventil für seine Unzufriedenheit dienten; zu Beginn des Jahres 63 hatte Cicero zur Ablehnung der *lex Servilia* beigetragen, eines Landbesiedlungsprogramms, indem er u. a. seine Rednergabe dazu verwendete, die Stadtbevölkerung auf seine Seite zu bringen; er wußte die Angst des Volkes vor Brandstiftung geschickt zu nutzen, die, wie er behauptete, in den Plänen Catilinas und seiner Genossen eine Rolle spielte.

Catilina verließ Rom und wählte, vermutlich durch Ciceros Anschuldigungen dazu getrieben, den Weg der Gewalt. Er und seine vorwiegend bäuerliche Anhängerschar wurden in einen Kampf verwickelt und besiegt, er wurde schließlich bei Pistoria (Pistoia) getötet. Die bestehende Ordnung hatte überlebt; der ungeheure Reichtum, den die Eroberungen des Pompeius ins Land gebracht hatten, trug gewiß zu größerer Liquidität und zur Verringerung der Schulden bei (natürlich beschleunigte er auch den Untergang der Republik; s. S. 195).

Sallust überliefert einen Brief, den Catilina an Q. Lutatius Catulus geschrieben haben soll; selbst wenn er gefälscht sein sollte, können wir ihm doch entnehmen, unter welchen Umständen in den Augen der damaligen Oberschicht ein bewaffneter Aufstand gerechtfertigt erschien:

Lucius Catilina grüßt Quintus Catulus ... Darum habe ich auch nicht vor, mich wegen meines neuen Planes bei Dir zu verteidigen; eine Darstellung will ich Dir im Bewußtsein meiner Schuldlosigkeit geben, aus der Du die Schlüssigkeit meines Plans leicht ersehen kannst. Durch Unrecht und schmachvolle Behandlung war ich gereizt, da ich mich um die Früchte meiner Arbeit und meines Fleißes betrogen sah und die Stellung an *dignitas* nicht bekam, die mir gebührt; so machte ich meiner natürlichen Vorliebe entsprechend die Sache der Unterdrückten, die uns alle angeht, zu meiner eigenen ... Aus diesem Grunde habe ich ein Ziel verfolgt, das mich hoffen läßt, den Rest meiner *dignitas* zu retten, und das bei meiner schlimmen Lage durchaus ehrenhaft ist.

(Sallust, Catilina 35)

Städtische Politik und Gewalttätigkeiten

Im nächsten Jahrzehnt versuchte ein weiteres Mitglied der Oberschicht, sich eine Machtposition bei den niederen Schichten aufzubauen. P. Clodius, ebenso wie Catilina von patrizischer Herkunft, wurde zum Plebejer, indem er sich von einer Plebejer-Familie adoptieren ließ, und konnte so für das Jahr 58 zum Volkstribun gewählt werden. In den folgenden Jahren wußte er eine ihm treu ergebene Anhängerschar innerhalb der Stadtbevölkerung für sich zu gewinnen; auch setzte er die im Jahre 64 abgeschaffte Institution der *collegia* wieder ein, mit deren Hilfe er die unteren Schichten organisierte. Seine Gegner wandten sich der armen Landbevölkerung zu:

Pompeius spricht mit mir darüber, daß ein Anschlag gegen sein Leben beabsichtigt sei: Crassus unterstütze C. Cato, stelle Clodius Geld zur Verfügung, beiden werde von ihm wie auch von Curio, Bibulus und seinen sonstigen Neidern der Rücken gestärkt; er müsse scharf aufpassen, daß er nicht unter die Räder komme, wo die Tagediebe in den Volksversammlungen ihm beinahe entfremdet seien, die Nobilität ihn anfeinde, der Senat sich wenig gewogen zeige, auf die Jugend kein Verlaß sei. So trifft er denn seine Gegenmaßnahmen und holt Leute vom Lande heran. Aber auch Clodius verstärkt seine Banden; für die Quirinalien wird ein Handstreich vorbereitet. Doch für diesen Fall sind wir durch Milos eigene Gefolgschaft besser gerüstet; außerdem erwarten wir noch starken Zuzug aus Picenum (dem Familienbesitz von Pompeius) und aus Gallien (das teilweise durch Pompeius' Vater das

Wahlrecht erhalten hatte), so daß wir auch Catos Anträgen gegen Milo und Lentulus entgegentreten können.

(Cicero, Ad Quintum fratrem 2, 3, 4 [aus dem Jahre 56])

Durch Bestechung, Gewalt und den Einsatz von Religion war die *res publica* in Unordnung geraten. Ein klassischer Fall von einem solchen Einsatz von Religion ereignete sich im Jahre 59, als M. Calpurnius Bibulus die Verabschiedung eines Gesetzes seines Amtskollegen Caesar zu verhindern suchte, indem er ankündigte, er werde nach einem ungünstigen Omen am Himmel Ausschau halten; daß sich solche Zeichen finden ließen, galt als sicher. Wenn man bedenkt, wie leicht die römische Bevölkerung in solchen Dingen zu beeinflussen war, ist es nicht verwunderlich, daß sich in der späten Republik viele um die Mitgliedschaft in einem der vier bedeutendsten Priesterkollegien bemühten; dies waren die *pontifices, augures, septemviri* und *decemviri;* Caesar ließ sich im Jahre 63 durch Bestechung zum Pontifex Maximus wählen. Zu Beginn der Jahre 55, 53 und 52 waren die ordentlichen Magistrate noch unbesetzt; kleinere Unregelmäßigkeiten im Verwaltungsablauf waren an der Tagesordnung.

Allein die Häufung von Gewalttätigkeiten spricht für die verzweifelte Lage der Armen. Zum römischen Mob gehörten wahrscheinlich auch »Normalbürger« (s. S. 38); und die Unzufriedenheit und der Widerwille, die sich in Gewalttätigkeit äußerten, waren wohl auch gegen die Klientelverhältnisse gerichtet. Wer sich aber verdingte, der tat das gewiß nur, weil ihm sonst jede andere Möglichkeit des Broterwerbs versagt war. Vor 1936 trieb in Spanien die wachsende Arbeitslosigkeit die Männer in ein politisches Bandenwesen, das die Republik schwer belastete. Ähnlich verdingten sich infolge der Armut in Rom auch Klienten als Leibwächter der Reichen – in krassem Unterschied zum Sinn der *clientela* während der frühen und mittleren Republik (s. S. 36 ff.):

Als die Leute aber allmählich von ihrem Grund und Boden vertrieben wurden und Untätigkeit und Not sie zwangen, kein festes Heim mehr zu haben, fingen sie an, fremden Besitz zu begehren, und mit ihren Diensten wurde auch ihre Loyalität käuflich. So kam ein Volk, einst ein Herrenvolk, das über alle Völker gebot, allmählich herunter, und statt gemeinsamer Herrschaft erwarb ein jeder für sich selber Knechtschaft.

(Ps.-Sallust*, 2. Brief an Caesar 5, 4–5)

---

* Es handelt sich hier um ein politisches Pamphlet eines unbekannten Autors, das als Brief von Sallust an Caesar abgefaßt ist.

Daraus sollte man jedoch nicht schließen, daß Catilina, Clodius, Cicero und diejenigen, die sich mit Cicero gegen Clodius stellten, nur Unterstützung suchten, um die Sache ihrer jeweiligen Interessengruppe voranzutreiben. Die verschiedenen Konflikte ergaben sich gerade daraus, daß beide Seiten an starke Elemente der ideologischen Tradition der römischen Republik appellieren konnten.

Mit der Betonung seiner *dignitas* stand L. Catilina ganz im Rahmen der Tradition, wenn er sich auch nicht traditioneller Mittel bediente, um diese *dignitas* zu vermehren; alle Mitglieder der Oberschicht behaupteten, die Rechte und Interessen der unteren Schichten zu vertreten, wenn das auch nicht immer ihren wahren Gefühlen, die hier nichts zur Sache tun, entsprochen haben mag. Bei seiner Kampagne gegen Catilina appellierte Cicero gleichermaßen an die Wertvorstellungen der Aristokratie wie an die des Volkes.

Clodius und Cicero

Die *dignitas* des Clodius hatte Cicero durch die Anschuldigung verletzt, er habe bestimmten religiösen Riten (denen der Bona Dea) beigewohnt, die Frauen vorbehalten waren; Clodius erwirkte seinen Freispruch durch Bestechung. Doch war es für Clodius auch eine Frage des politischen Prinzips, Ciceros Verbannung zu betreiben; letzterer hatte voreilig einige von Catilinas Genossen ohne Prozeß hinrichten lassen, da sie für ihn erklärte Staatsfeinde waren; damit hatte er eines der politischen Grundprinzipien Roms verletzt, daß kein Römer ohne Prozeß hingerichtet werden durfte. Auf diesen Grundsatz war Cicero bereits im Jahre 62 von Q. Caecilius Metellus Celer hingewiesen worden:

All das habt ihr unüberlegt und ohne die Milde unserer Vorfahren ins Werk gesetzt, und so braucht ihr euch nicht zu wundern, wenn ihr es noch einmal zu bereuen habt. (Ps.-Cicero, Ad familiares 5, 1)

Es ist auch anzunehmen, daß Clodius' Verletzung der Bona Dea-Riten ein bewußter politischer Akt war, der sich gegen Ciceros eigennützige Auslegung eines Bona Dea-Omens im Jahre 63 richtete. Politische Überlegungen lagen auch dem Versuch zugrunde, das Verfahren zu vereinheitlichen, durch das die

Zensoren mit Hilfe der *nota* ihr Mißfallen auszudrücken pflegten. Auch die Gesetze, die die Zuweisung konsularischer Provinzen regelten, ließen politische Absicht erkennen.

Den Gracchen war nach ihrem Tode ein ehrendes Andenken bewahrt worden, und mit dem Besitz ihres Bildnisses tat man kund, daß man der Politik der Popularen nahestand; der Vorschlag, der im Jahre 47 gemacht wurde, dem Clodius ein Denkmal zu setzen, macht deutlich, daß man ihn in derselben politischen Tradition sah (Cicero, Ad Atticum 11, 23, 3 mit der notwendigen Textemendation).

Clodius war bei einer Schlägerei von T. Annius Milo getötet worden; die Auswirkungen waren derart, daß sich schließlich die Mehrheit des Volkes für die Notlösung aussprach, Cn. Pompeius mit der Wiederherstellung von Ruhe und Ordnung zu beauftragen (s. S. 205; vgl. die Stellung des Marius im Jahre 100, S. 146). Milo wurde vor Gericht gestellt, und seine Schuld war so offenkundig, daß selbst Ciceros Beredsamkeit ihn nicht zu retten vermochte; einige von Ciceros Kollegen ließen jedoch keinen Zweifel daran, welche Motive dieser Verteidigung zugrundelagen:

Die eine Argumentation paßte für Cicero als Verteidiger des Milo, die andere für Brutus, der – geübt wie er war – eine Rede verfaßte, in der er den Tod (des Clodius) sogar noch rühmte als den eines nichtswürdigen Bürgers; Cicero meinte (auch), jener sei zu Recht getötet worden – ohne daß Milo dies beabsichtigt habe –, weil er eben ein *insidiator* sei (und mit den Gewalttätigkeiten angefangen habe). (Quintilian 3, 6, 93)

Parallelen zum Fall des Ahala und zur Rechtfertigung des Mordes an Ti. Gracchus sind nicht zu übersehen (s. S. 33 u. 128); dem Mörder eines potentiellen Tyrannen gebührte gleichermaßen der Dank der Aristokratie und des Volkes.

In seiner Schilderung des Tribunats der Gracchen sprach Cicero vom zweigeteilten Staat (De re publica 1, 31, zitiert auf S. 128). Natürlich gehörten die Anführer beider Seiten der Oberschicht an; dennoch gingen sie von entgegengesetzten Vorstellungen aus, und der Konflikt war um so gefährlicher, als beide Seiten sowohl an die Wertvorstellungen der Aristokratie als auch an die des Volkes appellieren konnten. Cicero unterlag einem schweren Irrtum, als er im Jahre 56 sich selbst (und wahrscheinlich auch seine Zuhörerschaft) davon zu überzeugen suchte, daß im Grunde jeder hinter einer traditionellen aristokratischen Regierung stehe, der wahren Verfechterin der Interessen des Volkes:

Wer ist das: alle Guten? Der Zahl nach unendlich viele, sonst würden wir uns ja nicht behaupten können: Da sind die ersten Männer in der Staatsführung und deren Anhänger, da sind die Angehörigen der höchsten Stände, die Zugang zum Senat haben, da sind Römer aus den italischen Städten und vom Lande, da sind Geschäftsleute und auch Freigelassene – sie alle gehören zu den Besten. (Cicero, Pro Sestio 97)

Cicero machte sich nicht nur falsche Vorstellungen von der Übereinstimmung zwischen den oberen und unteren Schichten Roms; er versäumte es auch, die Beziehung zu erörtern zwischen den traditionellen Formen der *clientela,* die der Oligarchie zur Macht verholfen hatten, und den neuen Formen der *clientela,* die den Demagogen in der Stadt oder den militärischen Herrschern ihre Macht verliehen.

Traditionelle Institutionen in neuer Zeit

Das Zeitalter Ciceros war im ganzen gesehen jedoch eine Epoche, die sich mit den charakteristischen Institutionen Roms prüfend und spekulierend auseinandersetzte, woran sich auch Cicero beteiligte. Das System der Censusklassen war wohl erst im vierten Jahrhundert v. Chr. vollständig entwickelt worden, um den Sold des römischen Heeres aufzubringen, das immer häufiger weitab von Rom zu kämpfen hatte. Übrigens trug die einheitliche Besoldung aller Legionssoldaten bereits dazu bei, die Unterschiede zwischen den *classes* auszugleichen, die in der klassischen Republik die Bürgerschaft in Wähler, Steuerzahler und Soldaten gliederte (s. Kap. 17, Exkurs I). Im Laufe der Zeit verloren aber die *comitia centuriata* zugunsten der *comitia tributa* an Bedeutung. Nach 167 wurde die Besteuerung der Bürger, *tributum* genannt, nicht mehr erhoben, die auf dem System der *classes* beruhte; im Jahre 107 machte C. Marius bei der Rekrutierung von Soldaten keinen Unterschied mehr zwischen den Angehörigen der *classes* und den übrigen.

Im ersten Jahrhundert schließlich war die Auflösung aller traditionellen Strukturen der römischen Republik offensichtlich; meines Erachtens hat E. Gabba* mit seiner Beobachtung recht, daß man gerade wegen dieser Auflösung der Strukturen festzustellen versuchte, was verlorengegangen war, und wie sich

---

* In seiner *Rezension* eines Werkes von Cl. Nicolet im Journal of Roman Studies 67 (1977) 192–194.

dies philosophisch rechtfertigen ließ. Cicero liefert uns die früheste zusammenhängende Darstellung dieses Problems, in der sich die Wertvorstellungen der Aristokraten und die des Volkes in bemerkenswerter Weise vermischen:

Aus der höchsten Vermögensklasse bildete (Servius Tullius) achtzehn Centurien. Dann sonderte er eine große Zahl von Rittern aus der Gesamtmasse des Volkes aus, teilte den Rest des Volkes in fünf Klassen auf, schied dabei die älteren von den jüngeren, und führte die Einteilung dieser Klassen so durch, daß bei der Abstimmung nicht die große Masse, sondern die Wohlhabenden den Ausschlag gaben. Damit beugte er dem Zustand vor, daß das Übergewicht bei der Überzahl steht, ein Grundsatz, an dem man immer im Staatsleben festhalten muß. Diese Einrichtung müßte ich näher erläutern, wenn sie euch unbekannt wäre; wie ihr freilich wißt, ergibt sich folgendes Schema:
1. Die Rittercenturien zusammen mit den sechs Stimmen und die erste Vermögensklasse (eine weitere Gruppe von sechs Centurien mit der höchsten Census-Einstufung, nämlich der der ersten Klasse) nebst der Centurie, die zum größten Nutzen der Stadt den Zimmerleuten zugestanden wurde (Cicero muß hier den offensichtlichen Widerspruch erklären, daß Handwerker eine bevorzugte Stellung innehaben), umfassen 89 Centurien.
2. Wenn sich diesen aus den 104 Centurien – so viele sind nämlich übrig – nur acht anschließen, so ist zusammengerechnet die ausschlaggebende Mehrheit des Volkes hergestellt (89 + 8 = 97, d.i. mehr als die Hälfte von 89 + 104 = 193).
3. Die übrige Menge, die zahlenmäßig viel größer ist, wird mit ihren 96 Centurien auf diese Weise nicht von der Abstimmung ausgeschlossen – dies wäre ja ein Zeichen hochfahrender Einstellung –, sie darf aber auch kein zu großes Gewicht haben, da dies eine Gefahrenquelle bilden könnte. (Cicero, De re publica 2, 39–40)*

Eine Alternative stellte C. Gracchus' Vorschlag dar, die Reihenfolge der Stimmabgabe in den *comitia centuriata* durch das Los zu entscheiden; ein Vorschlag, den auch der anonyme Verfasser jenes Sallust zugeschriebenen Pamphlets, *2. Brief an Caesar*, aufgriff.

Cicero beteiligte sich an den Gewalttaten, die zu seiner Zeit in Rom stattfanden, und unterstützte sie (s. S. 187; man beachte Pro Sestio 86, eine öffentliche Rede aus dem Jahre 56); gleichzeitig schwebte ihm eine *res publica* aus vergangenen Zeiten vor, als noch Ordnung herrschte. Das Konzept, das er dabei

---

* Man darf nicht vergessen, daß dies zu einer Zeit geschrieben wurde, als sich das Amt des Zensors, von dem das System abhing, im Zustand der Auflösung befand.

entwickelte, war jedoch unvereinbar mit dem Konzept der kollektiven Herrschaft einer Gruppe: Er forderte einen *princeps* als unparteiischen Wächter über die politischen Vorgänge. Er konnte sich der Faszination nicht entziehen, die die Vorstellung eines charismatischen Führers zu seiner Zeit ausübte.

Doch dem Ehrgeiz eines charismatischen Führers der letzten Generation der römischen Republik hätte die Rolle, die Cicero ihm zudachte, wohl nicht genügt.

15. Die militärischen Dynasten

Römische Herrschaft in den Provinzen

Einem Provinzbewohner zur Zeit Ciceros hätte man es nicht verübeln können, wenn er daran gezweifelt hätte, ob Rom überhaupt ein Staat war. Nicht nur während eines Bürgerkrieges gab es einen ständigen Wechsel gegnerischer Parteien (jede von ihnen stellte ihre Forderungen, die man zu erfüllen hatte, und für deren Erfüllung man später büßen mußte); selbst in Zeiten der scheinbaren Stabilität unterlag die Politik Roms erschreckenden Wechseln, wie Strabon ohne jede Spur von Verwunderung oder Tadel bemerkt:

(Mein Großvater mütterlicherseits) hatte von Lucullus Sicherheiten erhalten und daraufhin fünfzehn Festungen auf dessen Seite gebracht. Obwohl ihm also viel Lohn für solche Dienste versprochen worden war, ging er leer aus, denn als Pompeius als Nachfolger des Lucullus die Kriegführung übernahm, behandelte er alle die wie Gegner, die mit jenem gemeinsame Sache gemacht hatten, da er mit Lucullus verfeindet war. Als er später den Krieg beendet hatte und (nach Rom) zurückgekehrt war, konnte er dafür Sorge tragen, daß die Ehrengaben, die Lucullus einigen Männern in Pontus versprochen hatte, vom Senat nicht gebilligt wurden. (Strabon 12, 3, 33 p. 557–8)

Wer das Abenteuer liebte, konnte in den Gebieten, die nominell römischer Herrschaft oder Vormundschaft unterstanden, eine erstaunliche Karriere machen:

Dieser Archelaos war ein Sohn *des* Archelaos, dem von Sulla und dem Senat Ehren erwiesen worden waren, ein Freund des früheren Konsuls Gabinius. Als dieser nach Syrien geschickt wurde, kam auch Archelaos dorthin, in der Hoffnung, am Krieg gegen die Parther, den dieser plante, teilzunehmen. Weil aber der Senat den Krieg nicht genehmigte, ließ Archelaos diese Hoffnung fahren, fand aber eine andere, größere: Zufällig war damals Ptolemaios, der Vater der Kleopatra, von den Ägyptern vertrieben worden, und die Regierungsmacht hatte seine Tochter, die ältere Schwester der Kleopatra erhalten. Da man nun für diese einen Gemahl von königlicher Abstammung suchte, ließ er sich von den Vermittlern zureden, sich als Sohn des Königs Mithridates Eupator auszugeben, und wurde tatsächlich angenommen; er regierte aber nur sechs Monate, denn Gabinius tötete ihn in einer Schlacht und führte den Ptolemaios zurück (vgl. Strabon 17, 1, 11 p. 796).
(Strabon 12, 3, 34 p. 558)

Es gab unzählige Möglichkeiten, sich zu bereichern; in gewisser Hinsicht hatte sich seit dem frühen zweiten Jahrhundert v. Chr. kaum etwas geändert, und wenn Cicero aufzeichnet, woher der Reichtum seiner Zeit kam, so erinnert dies an die Schilderungen Catos des Älteren (s. S. 89):

Wir sehen es bei denjenigen ein, die sich ihr Einkommen ehrenhaft durch Handel, Bauunternehmung oder Steuerpacht zu erwerben suchen, daß sie Gewinn machen müssen. Aber bei dir? Man sieht doch in deinem Haus die Scharen von Spitzeln und Anklägern, die sich zusammentun (um Profit zu machen), sieht die schuldigen, aber eben reichen Angeklagten, die auf dein Zureden hin die Gerichte zu bestechen suchen, sieht die Geschäfte, die du als Verteidiger machst, sieht die Garantiesummen bei Absprachen korrupter Kandidaten, sieht auch die Aussendung von Freigelassenen, die die Provinzen mit Wucher aussaugen und sie plündern sollen, sieht die Vertreibung der Nachbarn von ihren Gütern, die Räubereien auf dem Land, sieht die Zusammenschlüsse von Sklaven, Freigelassenen und Klienten, sieht die (Besetzung) herrenlosen Eigentums, erinnert sich an die Proskriptionen, die die Reichen betrafen, an die Zerstörung der italischen Städte, an die nur zu gut bekannte Ernte der sullanischen Zeit, erinnert sich auch an all die gefälschten Testamente, an die ermordeten Menschen, ja man erkennt schließlich, daß alles käuflich ist.
(Cicero, Paradoxa Stoicorum 6, 2, 46; 46 v. Chr. veröffentlicht, aber sicher auf älteren Notizen beruhend)

Aus dem ersten Jahrhundert stammt das Bonmot, daß ein Provinzstatthalter sich drei Vermögen schaffen müsse: eines, um die Ausgaben für die Wahlkampagne wieder einzubringen, ein zweites zur Bestechung der Geschworenen, wenn er später wegen Mißverwaltung vor Gericht käme, und ein drittes, um anschließend seinen Lebensunterhalt bestreiten zu können. In den ungeheuren Ausmaßen, die diese Entwicklung nun aber angenommen hatte, lag der Unterschied zu früheren Zuständen. Vor den fünfziger Jahren gab es keinen größeren Geldfürsten als Cn. Pompeius; der Gewinn, den er der römischen Staatskasse einbrachte, ließ sich nur noch mit seiner persönlichen Bereicherung vergleichen. Mit einem Teil des erworbenen Kapitals versuchte er, die Politik Roms zu bestimmen; den übrigen Teil verwendete er zur weiteren Vermehrung seines Privatvermögens. Große Summen waren als Darlehen in den Provinzen und in den Klientelfürstentümern Roms angelegt; mit Entsetzen entdeckte Cicero, daß Pompeius dem Ariobarzanes III. von Kappadokien zu enormem Zinssatz Geld geliehen hatte:

Zunächst habe ich bei Ariobarzanes darauf gedrungen, Brutus die Summe zu geben, die er mir zugedacht hatte. Solange der König bei mir war, stand die Sache ausgezeichnet; hinterher begannen die zahllosen Agenten des Pompeius ihm zuzusetzen; der nämlich hat aus verschiedenen Gründen mehr Einfluß als jeder andere, vor allem aber, weil man annimmt, er werde zum Krieg gegen die Parther hierherkommen. Trotzdem erhält er zur Zeit nur monatlich 33 attische Talente (198 000 Denare), und zwar aus Steuern, die aber nicht einmal genug für den monatlichen Zins bringen. Doch unser Gnaeus trägt das mit Geduld: Sein Kapital bekommt er nicht zurück und selbst die Zinsen nicht einmal vollständig, und doch ist er schon mit diesen Einnahmen zufrieden. (Cicero, Ad Atticum 6, 1, 3)

Die Höhe des Zinssatzes gibt natürlich einigen Aufschluß über die Höhe des Risikos, und möglicherweise rechnete Pompeius nicht ernsthaft damit, die Summe je zurückzuerhalten oder auch nur in den vollen Genuß der Zinsen zu kommen; die Rückzahlung konnte auch auf andere Weise erfolgen: So konnten Darlehen unter Mitgliedern der römischen Oligarchie mit politischen Mitteln statt in barer Münze zurückgezahlt werden. Pompeius hatte Könige in der Hand.

Die Darlehensfrage komplizierte auch das Hauptproblem, mit dem sich die römische Außenpolitik der fünfziger Jahre auseinandersetzen mußte. Ptolemaios XII. Auletes von Ägypten war im Jahre 58 von seinen Untertanen vertrieben worden; nun versuchte er, durch die Aufnahme großer Darlehen und mit Hilfe hoher Bestechungssummen einen Senatsbeschluß zu erwirken, der ihn wieder in sein Amt einsetzen würde. Gelang das nicht, so war das Geld unwiederbringlich verloren. So wie die römische Oligarchie die Macht des Pompeius einzuschränken gewußt hatte, als er im Jahre 57 das außerordentliche Kommando der Getreideversorgung übernahm, so blockierte sie auch jetzt jeden konkreten Antrag zur Wiedereinsetzung des Auletes, weil sie den Einfluß und die Macht des Siegers fürchtete, wer das auch immer sein mochte. A. Gabinius, der Konsul des Jahres 58, setzte 55 Auletes wieder als König ein und wurde für seine Bemühungen vor Gericht gestellt und ins Exil geschickt (zu den Folgen von Auletes' Wiedereinsetzung in Ägypten

Abb. 13: Silbergehalt ägyptischer Münzen
Die Abnahme des Silbergehalts fällt in die Zeit, als Ptolemaios XII. Auletes versuchte, das Darlehen zurückzuzahlen, das er zur Bestechung von Mitgliedern der römischen Oligarchie aufgenommen hatte.

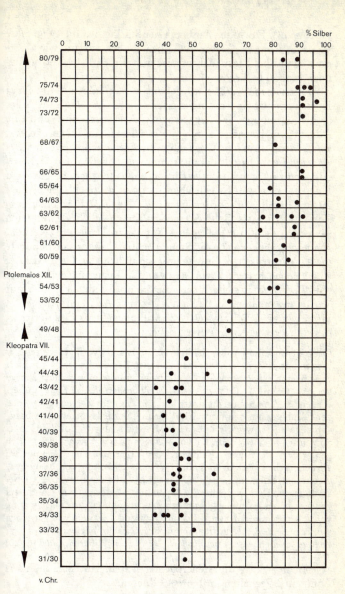

s. Abb. 13). Doch der Anschein der Stärke, den die Oligarchie sich gab, trog; als Caesar in Gallien ähnlich vorging wie Gabinius, stand bald fest, daß er weder strafrechtliche Verfolgung noch Exil zu befürchten hatte.

Die Senatoren waren natürlich nicht die einzigen, die sich auf Kosten der Provinzen bereicherten. Als Caesar das System der Steuereintreibung in der Provinz Asia umstellte und die Abgaben nicht mehr durch die *publicani*, die Steuerpächter, sondern auf direktem Wege eintreiben ließ, senkte er den Steuersatz um ein Drittel; daraus kann man schließen, daß der Anteil, den die Steuerpächter für sich behalten hatten, eben ein Drittel ausmachte. Es gab überdies noch reichlich Gelegenheit zu ungesetzlichen Forderungen; die Steuerpächter betätigten sich zusätzlich als Geldverleiher. Wahrscheinlich verwendeten sie jedoch nicht nur ihr eigenes Kapital zu Darlehenszwecken, sondern verliehen (wie die Steuerpächter späterer Jahrhunderte in der europäischen Geschichte) zusätzlich das Geld, das sie eingetrieben hatten, bevor sie es an die Regierung weiterleiteten. Sie waren es sicher auch, die die notwendigen Gelder zur Verfügung stellten, als Sulla der Provinz Asia eine Abgabe in Höhe von 20000 Talenten (120 Millionen Denare) auferlegte; das sollte verheerende Folgen haben:

Obwohl Lucullus in den Städten üble Zustände vorfand, befreite er binnen kurzer Zeit die Gequälten von allen Leiden. Erstens verordnete er, daß nur ein Prozent und nicht mehr auf die monatlichen Zinsen berechnet werden dürfe; zweitens annullierte er die das Kapital übersteigenden Zinsen; und die dritte und wichtigste Bestimmung war, daß der Gläubiger nur den vierten Teil der Einkünfte des Schuldners beanspruchen dürfe. Wer die Zinsen zum Kapital schlug, verlor das Ganze. So wurden in einem Zeitraum von weniger als vier Jahren alle Schulden getilgt und die Güter schuldenfrei den ursprünglichen Eigentümern zurückgegeben. Es war dies aber die Staatsschuld, die von den zwanzigtausend Talenten herrührte, mit denen Sulla die Provinz Asia bestraft hatte. Das Doppelte dieser Summe war denen, die sie zuerst geliehen hatten, schon abgezahlt worden, aber durch die Zinsen war sie von ihnen schon auf hundertzwanzigtausend Talente hinaufgetrieben worden. Diese Leute griffen nun in Rom, als ob ihnen schweres Unrecht geschehen wäre, Lucullus an. (Plutarch, Lucullus 20)

Wie finanzkräftig die Steuerpächter waren, läßt sich auch aus Pompeius' Verhalten im Jahre 49 ablesen:

Inzwischen trieb man rücksichtslos die befohlenen Geldsummen in der ganzen Provinz ein; außerdem klügelte man viele Methoden zur Befriedigung der eigenen Habgier aus: Auf jeden Kopf eines Sklaven oder Freien legte man eine Steuer; man erhob Säulen- und Türsteuern; man verlangte Lieferung von Getreide, Stellung von Soldaten, Waffen, Ruderknechten, Wurfmaschinen und Fahrzeugen. Wenn man nur einen Namen finden konnte, schien das schon ein ausreichender Grund, Gelder einzutreiben. Nicht nur die Städte, sondern beinahe jedes einzelne Dorf und jedes Fort bekam einen besonderen Kommandanten, der die volle Macht innehatte. Wer unter ihnen am härtesten und grausamsten vorging, der galt als ein Kerl und als bester Patriot. Die Provinz war voll von Amtsinhabern und deren Mitarbeitern, war überschwemmt von Präfekten und Geldeintreibern, die neben der Einziehung der befohlenen Gelder auch in die eigene Tasche wirtschafteten; immer wieder behaupteten sie, von Haus und Hof vertrieben zu sein und bitterste Not zu leiden, so daß sie mit ehrenvollstem Vorwand das schamloseste Treiben deckten. Dazu kamen schwerste Zinslasten, wie es sie sonst meist im Krieg gibt, wenn allgemein Zahlungen auferlegt werden; Aufschub des Zahlungstermines nur um einen Tag galt schon als echte Großzügigkeit. So stieg die Schuldenlast in der Provinz während dieser zwei Jahre um das Vielfache. Auch den römischen Bürgern dieser Provinz erging es nicht besser: Den einzelnen Bezirken und Gemeinden wurden bestimmte Zahlungen auferlegt, wobei man behauptete, daß diese Summen gemäß Senatsbeschluß als Darlehen gefordert würden. Den Steuerpächtern wurde, sowie sie sich Geld gemacht hatten, (von Pompeius' Leuten) die Ablieferung der Steuer für das kommende Jahr als Anleihe im voraus befohlen.   (Caesar, De bello civili 3, 32, 1–6)

Die Niederlage des Mithridates zeigte, daß letzten Endes bewaffneter Widerstand gegen Rom im Osten sinnlos war. Die griechische Welt versuchte, ihre kulturelle Überlegenheit in die Waagschale zu werfen, um sich von der durch Rom auferlegten Schuldenlast zu befreien und sogar einige Privilegien zu bekommen. Ein Hinweis auf die Verhältnisse im Westen zeigt, daß dort eine ähnliche Einstellung herrschte, und daß die Provinzbewohner sogar an ein Bündnis mit Catilina dachten, nur um der Verschuldung zu entgehen (Sallust, Catilina 40–41).

Ehrungen für Pompeius

Die Verwaltung der Provinzen verhalf einzelnen nicht nur zu Reichtum und Beziehungen in einem Ausmaß, wie sie eine Generation zuvor noch unvorstellbar gewesen wären; ihre Machtbefugnisse verliehen ihnen zeitweise fast die Stellung von Königen, und sie wurden mit symbolischen Ehrungen überhäuft, wie sie einer solchen Stellung entsprachen. Auch hier stellte Pompeius alle seine Vorgänger in den Schatten.

Bereits nach seinem Afrikafeldzug von 82 bis 81 nahm er, offensichtlich in Anlehnung an Alexander den Großen, den Beinamen Magnus an, von dem er nach dem Sieg in Spanien unumwunden Gebrauch machte; schließlich gab Pompeius, vielleicht anläßlich seines Triumphes im Jahre 71, eine bemerkenswerte Sonderprägung von Goldmünzen in Auftrag:

Abb. 14: Goldmünze, *aureus*, des Cn. Pompeius Magnus 71 v. Chr.
Vorderseite: Haupt der Africa mit Elefantenskalp im Kranz
Rückseite: Pompeius in (Triumph-)Quadriga   (RRC 402.1a)

Im Osten war ihm bereits eine Reihe glanzvoller Ehrungen zuteil geworden. Bis zu den achtziger Jahren ist uns die kultische Verehrung eines römischen Magistraten zu seinen Lebzeiten nur in solchen Fällen überliefert, wo es sich gewissermaßen um den Neugründer der Stadt oder Provinz handelte, von der er geehrt wurde; so zum Beispiel bei M. Claudius Marcellus, T. Quinctius Flamininus, Manius Aquilius, M. Annius oder Q. Mucius Scaevola. Seit den achtziger Jahren wurden kultische Ehren anscheinend zur Selbstverständlichkeit, selbst für bekanntermaßen schlechte Statthalter wie C. Verres in Sizilien. Die Tatsache, daß vormals bedeutsame Ehrungen längst alltäglich geworden waren, erklärt, warum Pompeius mit solch außergewöhnlicher Prachtentfaltung gefeiert werden mußte. Nur eine Aufzählung der Zahl und der Art der Ehrungen kann uns das ganze Ausmaß des Kultes um Pompeius vermitteln.

Außer den üblichen Denkmälern und Statuen haben wir Nachweise für kultische Ehrungen auf Delos, in Athen und im lydischen Philadelpheia: »Das Volk weihte es (für) Cn. Pompeius Magnus *imperator*.« (Syll.³ 749 u. a.) In Mytilene wurde wahrscheinlich ein Monat nach Pompeius benannt; auf Samos wurde er als *sōtēr* (Retter) verehrt, und Mytilene feierte ihn als Retter und Gründer, nachdem er die Feinde zu Wasser und zu

Lande besiegt hatte; Miletopolis verehrte ihn als Retter und Wohltäter ganz Kleinasiens und als Wächter über Land und Meer; Pompeiopolis, eine der nach ihm benannten Städte, prägte vermutlich noch zu seinen Lebzeiten Münzen mit seinem Porträt; Aristarchos von Kolchis prägte seinerseits Münzen mit Pompeius' Porträt im Jahre 52; mindestens vier Städte außer Pompeiopolis führten eine pompejanische Ära ein; jede Stadt ließ dabei ihre Zeitrechnung mit einem anderen Datum beginnen, je nachdem, wann sich Pompeius dort aufgehalten hatte.

Diese Vorgänge im Osten fanden ihre Entsprechung in Rom. Ein Münzpräger, der mit C. Marius verwandt war, hatte diesen als *triumphator* abgebildet (s. S. 150 mit Abb. 8); Sulla hatte man bereits in der Rolle des Triumphators gesehen; er hatte sein in Rom befindliches Reiterstandbild abbilden lassen. Als im Osten das Porträt des Cn. Pompeius auf Münzen erschien, änderten sich auch in der römischen Republik die Vorstellungen darüber, was auf ihren Münzen abzubilden sei; so bildete Q. Pompeius Rufus, Sohn eines der Konsuln des Jahres 88, seinen Vater und dessen Amtskollegen L. Sulla ab.

Ein paar Münzpräger hatten den C. Marius, einige wenige auch Sulla verherrlicht; viele bekundeten nun mit ihren Prägungen ihre Sympathie für Pompeius. Ähnlich sollten später, vom Jahr 49 an, die Anhänger von Führern in Bürgerkriegen Schmucksteine mit deren Abbildungen tragen; so wurde auch zu allen Zeiten das Abbild des Monarchen von seinen treuen Gefolgsleuten getragen.

Entwicklungen in der Religion

Wie schon viele Führer vor ihm rühmte sich auch Pompeius einer persönlichen Verbindung zu einer Schutzgottheit. Der erste, von dem wir wissen, daß er dies tat, war P. Scipio Africanus; C. Marius versuchte sich in verschiedenen Religionen des Ostens; L. Sulla behauptete, in besonderer Beziehung zu Venus zu stehen und bekundete öffentlich sein Interesse für das Heiligtum der Aphrodite (= Venus) in Aphrodisias in Karien, dessen Priester klug genug waren zu erkennen, welche Möglichkeiten der Bereicherung sich ihnen dadurch eröffneten. Der Gunst der Venus rühmten sich viele, die in die politischen Wirren zur Zeit Ciceros verstrickt waren, unter ihnen auch Pompeius; das spiegelt sich auch in den Münzen dieser Zeit wider (vgl. auch Abb. 15). Unsere Quellen betonen besonders den Wettstreit um die göttliche Gunst zwischen Pompeius und Caesar – ein deutlicher Beweis dafür, wie ernst so etwas genommen wurde. Bereitwillig schrieb das Volk einem siegreichen General ebenso wie einem Anführer des Volkes göttliche Eigenschaften zu und sah offenbar in den Zeichen göttlicher Gunst eine entscheidende Rechtfertigung für den Machtanspruch (s. S. 209f.).

Eine solche Entwicklung konnte in Rom nicht überraschen, wo zunächst die Patrizier und später die patrizisch-plebejische Nobilität immer das Recht für sich in Anspruch genommen hatten, Hüter und Mittler des religiösen Erbes des Staates zu sein. Es war also keine radikale Veränderung (vgl. S. 150), aber dennoch eine Entwicklung; interessanterweise ging sie Hand in Hand mit theoretischen Erörterungen über religiöse Themen und vor allem über die Beziehung zwischen Religion und Gesellschaft in einem idealen Staat.

Ennius, ein Zeitgenosse des Africanus, übersetzte das Werk des Euhemeros ins Lateinische, das sich mit der Frage befaßte, ob große Könige zu Göttern werden könnten. Im ersten vorchristlichen Jahrhundert war das Interesse an der Astrologie als Wissenschaft groß, und man beschäftigte sich ernsthaft mit okkulten Dingen; Lucretius verfaßte ein Werk *De rerum natura*, ein didaktisches Gedicht »Über die Natur der Dinge« in sechs Büchern, um die römische Leserschaft mit der Philosophie Epikurs vertraut zu machen und das traditionelle Bild von den Göttern zu widerlegen; Cicero schrieb *De natura deorum* und räumte auch in *De re publica* und in *De legibus* religiösen Fragen viel Platz ein; ein großer Teil von Varros umfangreichem Werk befaßte sich mit der römischen Staatsreligion, über die er – zumindest nach dem Zeugnis Augustins – ähnliche Ansichten hatte wie Polybios im zweiten vorchristlichen Jahrhundert (s. S. 110):

Hat doch auch Varro, einer ihrer gelehrtesten Männer, zwar nicht dreist und offen, aber doch zugegeben, daß (die göttliche Herkunft von Sterblichen) nicht stimmt. Aber er behauptet, es sei für den Staat nützlich, daß tapfere Männer, auch wenn's nicht stimme, sich für Göttersprößlinge hielten. Dann werde der menschliche Geist, auf die vermeintlich göttliche Abstammung vertrauend, um so kühner große Unternehmungen anfangen, um so tatkräftiger betreiben und aufgrund dieser Zuversicht um so glücklicher zu Ende führen.

(Augustinus, Gottesstaat 3, 4)

Das erste Triumvirat und seine Folgen

Zwischen dem Jahr 59 und dem Kriegsausbruch im Jahr 49 überrundete Caesar Pompeius, und das war sicherlich geplant. Beide hatten sich im Jahr 60 mit Crassus zusammengetan, um Caesars Wahl zum Konsul im Jahr 59 zu sichern (es war dies das erste Jahr, in dem er dieses Amt von Rechts wegen bekleiden durfte); sie wollten nämlich den Vertrag zwischen dem Staat und den Steuerpächtern in Asia revidieren, woran Crassus interessiert war, und die Ansiedlung der Veteranen des Pompeius sicherstellen. Dieser Zusammenschluß wird heute als erstes Triumvirat bezeichnet, war aber, im Gegensatz zum zweiten Triumvirat (s. S. 215), ein ganz informelles Bündnis; die drei beteiligten Parteien trafen nur eine lose Abmachung, sich nach Durchführung des ursprünglichen Programms gegenseitig zu unterstützen.

Sobald Caesar in Gallien war, begann er mit der Eroberung des Gebietes (s. S. 177); seine Darstellung der Gründe, die Pompeius im Jahre 49 zu einem Krieg bewogen, beruht natürlich auf reiner Spekulation; doch geht daraus klar hervor, welchen Einfluß die Jahre in Gallien auf das Kräfteverhältnis in Rom hatten:

Pompeius, der von Caesars Feinden aufgehetzt war und von niemandem in seiner *dignitas* erreicht werden wollte...
(Caesar, De bello civili 1, 4, 4)

Es ist interessant, daß Caesar während seiner Zeit in Gallien versuchte, auf Kosten von Pompeius die Freundschaft Massalias zu gewinnen, indem er der Stadt das Gebiet der Salyer übergab; sicherlich erwarb er große Reichtümer, vielleicht noch größere als Pompeius. 50 Talente gingen als Geschenk an die Stadt Athen, womit er ein früheres Geschenk von Pompeius an die Stadt in den Schatten stellen wollte; vor allem verwendete er sein Vermögen zur Entlohnung der Soldaten über den vom Staat erlaubten Sold hinaus und gab große Summen für Bestechungen in Rom aus. Abgesehen von den Privatarmeen aus der Zeit von 84 bis 81 hatte Crassus vermutlich einige der Truppen bezahlt, die er gegen Spartacus aufstellte, und Pompeius hatte es in Spanien ebenso gehalten; so entstand das Bonmot, daß nur reich war, wer eine Legion aus eigener Tasche finanzieren konnte. Ein solches Kriterium spricht für sich.

Vor allem aber erwarb Caesar in Gallien eine Armee. Zur Zeit

Ciceros war es immer noch üblich, zur Aufstellung der Truppen diejenigen einzuziehen, die Land besaßen, doch gab es auch viele Freiwillige – ein typisches Merkmal der Klientenarmee; ich bezweifle allerdings, daß die Nicht-Freiwilligen von ihren Generälen weniger abhängig waren. Sicherlich war der Unterschied zwischen dem Sold eines Legionärs, der nach wie vor 108 Denare pro Jahr betrug, und der Bezahlung seines Kommandanten noch größer als im zweiten vorchristlichen Jahrhundert; jeder Soldat war zur Aufbesserung des erbärmlich geringen Betrages, der ihm zustand, auf Beute aus erfolgreichen Feldzügen angewiesen, auf die Großzügigkeit seines Kommandanten bei der Verteilung der Beute und auf dessen Bereitwilligkeit, stillschweigend die Beraubung fremder, aber nicht feindlicher Völker zu dulden. Es ist häufig betont worden, wie groß im ersten Jahrhundert v. Chr. die Gefahr der Meuterei war; auch scheint mir, daß bis zu den achtziger Jahren häufig Soldaten zum Feind überliefen, danach jedoch nur verhältnismäßig selten. Die Möglichkeiten, sich im Legionärsdienst zu bereichern, waren jetzt sehr groß; mit etwas Hartnäckigkeit und Energie war alles möglich.

Das höchste Ziel eines Legionärs war der Erwerb von Grundbesitz; wenn man bedenkt, daß Caesar die Ansiedlung von Pompeius' Veteranen im Jahre 59 unterstützt hatte, war es durchaus zu erwarten, daß er zu gegebener Zeit dasselbe für seine eigenen Leute tun würde; vom Senat hingegen war nichts zu erwarten. Das Römische Reich konnte nicht ohne seine Armeen überleben, diese nicht ohne ihre Generäle. Es stellte sich heraus, daß Caesar eine bessere Armee auf die Beine stellen konnte, als Pompeius es vermocht hatte.

Caesars Marsch auf Rom

Spannungen zwischen Caesar, Pompeius und Crassus führten zu einem Treffen in Lucca und zu Pompeius' und Crassus' Wiederwahl für ein zweites Konsulat im Jahre 55. Caesars Befehlsgewalt in Gallien wurde für weitere fünf Jahre erneuert; Pompeius und Crassus erhielten ebenfalls den Oberbefehl über Provinzen; wie wichtig ihnen dies war, ist ein Zeichen ihrer politischen Unsicherheit. Dem Pompeius wurde Spanien zugeteilt, das er aber *in absentia* durch Legaten regieren ließ; nach derselben Methode sollte später Augustus seine *provincia* regieren; und Caesar sollte die verständliche Beschwerde vorbringen:

... gegen ihn werde eine ganz neue Art von Herrschaft aufgerichtet, daß derselbe Mann vor den Toren Roms das Kommando über die Städte und, obwohl gar nicht anwesend, zwei sehr streitbare Provinzen für so viele Jahre zur Verfügung habe ...
(Caesar, De bello civili 1, 85, 8)

Durch die Unruhen nach Clodius' Tod wurde Pompeius zum einzigen Konsul für das Jahr 52 gemacht (s. S. 190); im Laufe dieses Jahres wurde seine Befehlsgewalt in Spanien für weitere fünf Jahre verlängert. Zunächst äußerte Caesar noch Bewunderung für seine Erfolge bei der Bekämpfung der Unruhen:

Als Caesar in Italien (d. h. in Norditalien, Gallia Cisalpina) davon erfuhr und sah, daß die Verhältnisse in Rom durch das energische Einschreiten des Pompeius in einen erträglichen Zustand gekommen waren, reiste er in die gallische Provinz jenseits der Alpen (Gallia Transalpina).
(Caesar, De bello Gallico 7, 8)

Aber als Caesars zweite Amtszeit ihrem Ende entgegenging, wurde deutlich, daß er geradewegs das Konsulat anstrebte und anschließend eine weitere Provinzkommandantur. Es erscheint wie eine Ironie des Schicksals, daß Pompeius im Jahre 52 auch ein Gesetz erließ, wonach zwischen einer Magistratur in Rom und einer Provinzkommandantur ein zeitlicher Abstand von fünf Jahren liegen mußte; wäre dieses Gesetz früher erlassen und auch durchgesetzt worden, so hätte es die gefährliche Verbindung zwischen politischem Wettbewerb in Rom und Ausbeutung der Provinzen geschwächt. Unterdessen kam es zu einer Annäherung zwischen Pompeius und dem Kern der Oligarchie unter Führung des jüngeren Cato. Als völliger Fehlschlag erwies sich jedoch Catos d. J. Versuch, Caesar den Willen der Oligarchie aufzuzwingen; da dieser sich jedoch durch eine Rückkehr ins Privatleben mit Sicherheit gerichtlicher Verfolgung ausgesetzt hätte, entschloß er sich, zu Anfang des Jahres 49 mit seiner Armee den Rubikon zu überschreiten, der seine Provinz von Italien trennte; damit begannen die Bürgerkriege, die sich so lange hinzogen, bis Octavianus im Jahre 30 nach dem Tod des M. Antonius in Ägypten die alleinige Macht erringen konnte.

Andere behaupten, er habe gefürchtet, man werde ihn zwingen, über die Maßnahmen, die er während seines ersten Konsulates gegen Auspizien, Gesetze und Veto der Tribunen getroffen habe, Rechenschaft abzulegen. Denn M. Cato (d. J.) erklärte sich mehrmals sogar unter Eid bereit, Caesar anzuklagen, sobald er seine Truppen entlassen habe; und auch im Volk wurde gesagt, daß er sich, wenn er als Privatmann zurückkehre, sogleich wie Milo unter militärischer Bewachung vor Gericht verantworten müsse (um durch Einschüchterung eine Verurteilung herbeizuführen). Dies Gerücht gewinnt noch an Wahrscheinlichkeit dadurch, daß Asinius Pollio (ein Zeitgenosse) berichtet, Caesar habe, als er nach der Schlacht bei Pharsalos die gefallenen Gegner sah, wörtlich gesagt: »Sie haben es gewollt! Nach all meinen Taten wäre ich, C. Caesar, verurteilt worden, wenn ich nicht bei meinem Heer *auxilium* gesucht hätte.« (Sueton, Divus Iulius 30)

Die Betonung, mit der Caesar seine Erfolge hervorhebt, ist sicherlich authentisch (s. S. 179). Auch die Verwendung des Wortes *auxilium* ist von Bedeutung; wenn ein Plebejer von einem Magistraten bedroht war und sich an einen Volkstribunen um *auxilium* wandte, so war ihm dieses *auxilium* sicher, weil die Plebs geschworen hatte, jeden zu töten, der es verweigerte. Die Saat der Gewalt im politischen System Roms ging auf.

Der Bürgerkrieg

Wer das Recht auf seiner Seite hatte, darüber herrschte schon damals Uneinigkeit, und es wäre illusorisch anzunehmen, daß wir heute darüber entscheiden können; ja, man interessierte sich auch kaum dafür, soweit uns aus der Überlieferung bekannt ist, wenn nur jemand gute Gründe für sein Handeln anführen konnte. Caesar konnte sich rühmen, ein Verteidiger der *libertas* zu sein, ein Verteidiger der Tribunen, die versucht hatten, seine angeblichen Rechte zu schützen; wie schon L. Catilina führte auch er an, seine *dignitas* wahren zu müssen; auch wies er auf seine Verdienste um die *res publica* hin; es ging also um wohlbekannte Themen:

Sowie Caesar von (den gegnerischen Vorbereitungen) erfuhr, hielt er vor seinen Soldaten eine Ansprache. Er erinnerte sie an das ihm während der ganzen Zeit von seinen Gegnern zugefügte Unrecht. Von diesen, beklagte er sich, sei Pompeius verführt und verdorben durch Neid und Eifersucht auf seinen Ruhm, jener Pompeius, dessen Ruhm und *dignitas* gerade er stets gefördert und begünstigt habe. Eine ganz neue Erscheinung sei in die Politik eingeführt worden: Das Vetorecht der Tribunen, das in den vergangenen Jahren mit den Waffen wiederhergestellt worden sei, werde nun mit Waffengewalt schimpflich unterdrückt (Caesar bezieht sich hier auf die Wiedereinsetzung dieses Vetos unter dem Konsulat des Pompeius und des Crassus im Jahre 70 v. Chr.; die Behauptung, sie hätten ihr Konsulat mit Waffengewalt durchgesetzt, ist übertrieben). Sulla habe, obwohl er die Macht der Tribunen sonst in jeder Beziehung eingeschränkt habe, wenigstens das Vetorecht (zum Schutz eines einzelnen) nicht angetastet. Pompeius aber, der sich den Anschein gebe, ihnen verlorengegangene Rechte wiederhergestellt zu haben, habe ihnen sogar die Vorrechte geraubt, die sie vorher besessen hätten.

Wenn früher das *senatus consultum ultimum* gefaßt worden sei – die Magistraten sollten dafür sorgen, daß die *res publica* keinen Schaden erleide; eine feierliche Formel, die das römische Volk zu den Waffen rief –, dann sei dies geschehen bei unheilvollen Gesetzesanträgen, bei Mißbrauch der tribunizischen Gewalt, wenn das Volk illoyal wurde und die Tempel und Befestigungen der Stadt besetzt wurden ... Davon aber sei jetzt nichts geschehen, nicht einmal gedacht habe man daran ...

Caesar legte seinen Soldaten ans Herz, die ruhmreichen Namen und die *dignitas* ihres Feldherrn gegen die Gegner zu schützen, unter dessen Führung sie während neun Jahren die *res publica* in glücklichster Weise geführt, zahllose erfolgreiche Schlachten geliefert und ganz Gallien und Germanien unterworfen hätten.

Die Soldaten der anwesenden 13. Legion – diese hatte er bei Beginn der Unruhen aufgeboten, die anderen waren noch nicht eingerückt – spendeten tosenden Beifall: Sie seien bereit, das an ihrem Feldherrn und an den Volkstribunen begangene Unrecht abzuwehren.

(Caesar, De bello civili 1, 7)

Und mit dieser Einstellung standen die Soldaten der 13. Legion nicht allein:

Auf die Meldung von Caesars Anmarsch suchten die Ratsherrn von Auximum gemeinsam den Attius Varus (den Kommandanten des Pompeius) auf: Sie wiesen darauf hin, daß ihnen zwar die Entscheidung nicht zustehe; aber weder sie noch die anderen Städte könnten es dulden, daß C. Caesar, dem um die *res publica* hochverdienten *imperator*, nach so bedeutenden Erfolgen Tür und Tor der Stadt verwehrt werde.

(Caesar, De bello civili 1, 13)

Die Schrecken der Proskription unter Sulla, die Cicero noch bei der Abfassung seiner *Paradoxa Stoicorum* (s. S. 195) erschauern ließen, hatten vielleicht in der Generation nach Sulla manchen von Gewaltanwendung abgehalten. Nun, da es zum Krieg gekommen war, fielen jedoch diese Schranken:

... mir graut vor der Art, wie dieser furchtbare, grausame Krieg geführt werden wird – die Leute haben ja noch gar keinen Begriff davon, wie es zugehen wird! Wie droht man den Landstädten, wie ehrenwerten Männern unter Nennung ihres Namens! Wie letzten Endes allen, die zurückgeblieben sind! Wie oft hören wir dies »Sulla hat es fertiggebracht, und ich sollte es nicht können?« ... Sulla aber, Marius und Cinna haben recht gehandelt, besser gesagt: waren vielleicht formell im Recht; aber wie grauenhaft ihr Sieg, wie unheilträchtig!

(Cicero, Ad Atticum 9, 10, 2–3)

Nicht nur seine Soldaten folgten Caesar nach Italien. Als Sulla gegen Rom marschierte, war ihm nur ein einziger seiner Offiziere gefolgt; jetzt im Jahre 49, ließ nur ein einziger, T. Labienus, Caesar im Stich, und zwar, weil er sich schon vorher Pompeius zur Treue verpflichtet hatte und weil er ihm größere Siegeschancen einräumte. So drängt sich der Schluß auf, daß die zunehmende Gewalttätigkeit in der römischen Politik dazu beigetragen hatte, den Schritt, den Caesar unternahm, natürlich und annehmbar erscheinen zu lassen. Der Konkurrenzkampf innerhalb der Oligarchie hatte nun solche Ausmaße angenommen, daß er die Grundlage zerstörte, auf der ein Wettstreit überhaupt sinnvoll war; ein Autokrat brachte schließlich die Armeen, die in der Zeit von 49 bis 30 für die verschiedenen Herrscher kämpften, unter Kontrolle.

Viele Menschen sahen im Jahre 49 der Zukunft mit Besorgnis entgegen, doch zeigte keiner von ihnen, soweit wir wissen, den Scharfblick, den John Hotham* im Jahre 1642 bewies: »Niemand, der in irgendeiner Weise am Gemeinwohl teilhat, kann wünschen, daß eine der beiden Seiten den absoluten Sieg davonträgt, denn dann wird es sein wie einst zwischen Caesar und Pompeius ... Die Bedürftigen des gesamten Königreiches werden sich in großer Zahl erheben, und ganz gleich, für wen sie sich zunächst einsetzen – nach einiger Zeit werden sie sich selbständig machen und damit den gesamten hohen und niederen Adel des Königreiches vernichten.« Im Falle Englands konnten diejenigen, die von der Revolution profitiert hatten, ihr Einhalt gebieten, indem sie sich mit der alten Ordnung verbündeten. Im Falle Roms konnte die versammelte Macht der gesamten Oligarchie bereits im Jahre 49 nichts mehr gegen den Kern der Gruppe unter der Führung Catos d. J. ausrichten, der entschlossen war, Caesar seinem Willen zu unterwerfen; der Senat sprach sich mit 370 gegen 22 Stimmen für die Auflösung der

---

* Zitiert nach Chr. Hill, *Puritanism and Revolution. Studies in Interpretation of the English Revolution of the 17th Century.* London 1958, S. 18.

Armeen von Caesar *und* Pompeius aus. Das Abstimmungsergebnis wurde nicht beachtet; doch vielleicht war es auch unerheblich, daß kein Kompromiß gefunden wurde. Eine *res publica*, in der es möglich war, daß Pompeius im Jahre 55 Konsul war, dann fünf Jahre lang eine Provinz regierte, anschließend zusätzlich im Jahre 52 wieder Konsul wurde, dann seine Provinzkommandantur für weitere fünf Jahre verlängerte; in der es möglich war, daß Caesar im Jahre 59 Konsul war, anschließend Gallien zehn Jahre lang regierte, daraufhin erneut das Konsulat innehatte und dann eine andere Provinz zugeteilt bekam – das war nur noch dem Namen nach eine *res publica*.

Es folgte eine Reihe blutiger Schlachten im gesamten Mittelmeerraum. Pompeius wurde im Jahre 48 bei Pharsalos besiegt und bald darauf in Ägypten ermordet. Der Krieg gestaltete sich immer mehr zu einer Fehde zwischen Caesar und den Erben des Pompeius.

Caesars Alleinherrschaft

Im Jahre 45 befanden sich keine Truppen mehr im Kampf gegen Caesar. Während dieser ganzen Zeit unterschied sich Caesar in seinem Verhalten in einem wesentlichen Punkt von seinen Feinden (und dieser Tatsache mag sein endgültiger Sieg zuzuschreiben sein): Er bemühte sich, die Besiegten zu schonen, denn er wollte keine Proskriptionen; diese *clementia* jedoch galt als Tugend eines Monarchen.

Und *de facto* wurde Caesar wirklich ein Monarch; auch wurden ihm viele der symbolischen Rechte zuteil, die einem Monarchen gebühren, wie z. B. das Recht, Münzen mit seinem Abbild versehen zu lassen (s. Abb. 15). Wir wissen nicht, ob er König genannt werden wollte, und Elizabeth Rawsons[*] Theorie hat durchaus etwas für sich: Er habe lieber den Eindruck erwecken wollen, als spiele er mit dem Gedanken, und habe zugleich die *gloria recusandi* für sich beansprucht, den Ruhm also, den die Zurückweisung des Titels einbrachte. Was die Römer damals de iure unter einem König verstanden, ist jedenfalls unklar; ihre zwiespältige Haltung gegenüber den eigenen Köni-

---

[*] *Caesar's Heritage: Hellenistic Kings and their Roman Equals.* Journal of Roman Studies 65 (1975) 148–159.

Abb. 15: Denar, geprägt von L. Aemilius Buca 44 v. Chr.
Vorderseite: Lorbeerbekränztes Haupt Caesars (das älteste bekannte Porträt Caesars; die Prägung des Porträts ist ein monarchisches Zeichen)
Rückseite: Sitzende Venus
(RRC 480.7)

gen der Vergangenheit und den hellenistischen Königen der Gegenwart kann uns hier nicht weiterhelfen.

Auch übertraf die Verehrung, die man Caesar darbrachte, selbst die göttlichen Ehren für Pompeius; Rom war bereit, Caesar wie einen Gott zu feiern:

Und du willst so darauf bedacht sein, Caesars Andenken zu bewahren? Du liebst ihn noch im Tode? Welche größere Ehre hat er erlangt als die, eine Liege, eine Statue, ein Giebelfeld (an seinem Haus wie an einem Tempel), einen eigenen Priester zu bekommen? So wie Iuppiter, Mars, Quirinus ihre eigenen Priester haben, so hat der göttliche Iulius (Caesar) seinen Priester in der Person des M. Antonius! Was zögerst du also noch?
(Cicero, Philippica 2, 43, 110)

Wie manche seiner Vorgänger verstand es auch Caesar, seine Abkunft von Venus (vgl. Abb. 15) und Aeneas zu betonen; zwischen den Jahren 49 und 44 bewies er auch großen Einfallsreichtum, wenn es darum ging, die Religiosität für sich auszunutzen.* Dennoch bleibt unklar, was es tatsächlich bedeutete, ein Gott zu sein. Im übrigen wurde Caesar erst nach seiner Ermordung zur Gottheit erhoben. Dies aus unserer Sicht sinnlose Tat war in den Augen seiner Mörder schon allein durch die Macht, die er tatsächlich besessen hatte, hinreichend gerechtfertigt. Noch waren aber die institutionellen Voraussetzungen für eine Monarchie nicht geschaffen.

---

* Wieder machen wir die interessante Feststellung, daß religiöse Entwicklung zu Spekulationen führte, und zwar in Varros 43 v. Chr. verfaßtem Werk *De gente populi Romani*, das sich unter anderem auch mit Sterblichen beschäftigt, die als Götter verehrt wurden.

16. Ausblick

Der Weg zur Autokratie

Caesars Mörder wurden nicht mit der stürmischen Dankbarkeit begrüßt, die sie sich von einem Volk, dem sie die Freiheit wiedergegeben hatten, erwartet hatten; in allen Schichten außer der ihren begann sich eine Einigkeit abzuzeichnen, die einer neuen Regierungsform als Basis dienen konnte, und allmählich schien die Einführung einer Autokratie vertretbar. Diese Entwicklung hatte sich bereits zu Lebzeiten Caesars angedeutet und verfestigte sich noch in den fünfzehn schrecklichen Jahren, in denen Caesars Mörder und seine Rächer gegeneinander und anschließend die Rächer noch untereinander kämpften. Mörder und Rächer unterschieden sich nicht sehr, denn beide gehörten der römischen Oligarchie an, und beide kämpften um die höchste Macht im Staat. Die letzten Münzen, die Brutus prägen ließ, waren Denare; auf der einen Seite waren zwei Dolche und ein *pileus* dargestellt (eine Filzkappe, wie sie römischen Sklaven bei der Freilassungszeremonie aufgesetzt wurde) und die Aufschrift *Eid(ibus) Mar(tiis)* als Symbol für die Befreiung des römischen Staates durch Caesars Ermordung an den Iden des März im Jahre 44; die andere Seite zeigte das Porträt des Brutus, ein eindeutiges Symbol der Monarchie (s. Abb. 16).

Die Mittel, durch die Octavianus, Caesars Adoptivsohn, aber nicht sein designierter Nachfolger, schließlich an die Macht kam und der erste Augustus wurde, sind weniger bedeutsam, als die Tatsache, daß es nun möglich war, die Monarchie mit dem römischen Wertesystem in Einklang zu bringen, und daß diese Vorstellung zunehmend akzeptiert wurde. Denn entscheidend an der politischen Umwälzung in Rom war nicht, daß eine Oligarchie durch eine andere ersetzt wurde; entscheidend war vielmehr, daß ein Despotismus aufkam, der auf einer ganz anderen Art der Übereinstimmung basierte als die gemeinschaftliche Herrschaft der republikanischen Aristokratie.

Wer, wie Octavianus, durch den Umsturz zu Macht und Reichtum gekommen war, dem mußte am unveränderten Fortbestand dieser Errungenschaften liegen; und der finanzielle Einsatz im Machtkampf um Rom nach dem Jahre 44 war sehr groß. Im norditalienischen Brescello fand man im Jahre 1714

Abb. 16: Denar, geprägt für Brutus von L. Plaetorius Cestianus 43–42 v. Chr.
Vorderseite: Haupt des Brutus (wie Abb. 15 ein monarchisches Zeichen)
Rückseite: *pileus* (Filzkappe, die der römische Sklave bei seiner Freilassung während der Zeremonie der *manumissio* trug) zwischen zwei Dolchen (RRC 508.3)
An den Iden des März, EID(IBUS) MAR(TIIS), sei also durch die Ermordung Caesars der römische Staat befreit worden.

einen Schatz von 80000 Goldstücken; er war um das Jahr 38 verloren worden und entstammte vermutlich der Schatzkiste eines Kriegsfürsten; der Wert betrug 2 Millionen Denare zu einer Zeit, als ein Legionär 250 Denare als Jahressold erhielt. Auch gehört es zu den Gepflogenheiten siegreicher Revolutionäre, mit Hilfe traditioneller Institutionen die eigene Position zu festigen; obwohl nach dem römischen Umsturz republikanische Elemente fortbestanden, wurde doch, als im Jahre 30 der Frieden eintrat, die alte Ordnung nicht wiederhergestellt, und mit dem Ende der Republik starb auch die Kunst der politischen Rede (Tacitus, Dialogus de oratoribus 36).

Der neue Konsens

Die apolitische Oberschicht hatte an der Republik sehr gut verdient: all jene Reichen, die darauf verzichtet hatten, im Senat zu sitzen, die sich jedoch als Steuerpächter an der Ausbeutung der Provinz beteiligt hatten. Zyniker könnten behaupten, die *concordia ordinum* sei nichts als eine Absprache gewesen, das Reich zu schröpfen. Cicero hingegen rühmte die Eintracht zwischen den verschiedenen sozialen Schichten als Ausdruck des gemeinsamen Willens von Senat und *equites*, die *res publica* zu verteidigen; und ausgerechnet ein Streit zwischen dem Senat und den *equites* über dieses Thema ebnete im Jahre 59 Caesar den Weg zur Macht (s. S. 203). Doch verständlicherweise waren die apolitischen Mitglieder der römischen Oberschicht vom Regierungsstil der republikanischen Aristokratie enttäuscht und mehr noch von ihrem wachsenden Unvermögen, zu regieren. Es gehört zu den ironischen Zufällen der Geschichte, daß diese Ernüchterung zu einer Zeit einsetzte, als eines der Hauptärgernisse durch das Gesetz aus dem Jahre 70 aus der Welt geschafft war: Die Gerichtshöfe mußten von nun an aus Mitgliedern der *equites* und des Senats zusammengesetzt sein.

Die Enttäuschung wurde jedoch unverhohlen geäußert:

Auf zwei Wegen kann meines Erachtens der Senat reformiert werden: durch Vergrößerung der Zahl seiner Mitglieder und durch Einführung der (geheimen) Abstimmung mit Stimmtäfelchen. Letzteres wird dazu führen, daß die Senatoren eher nach ihrem Gewissen entscheiden, ersteres mehr Sicherheit und größeren Nutzen (durch größere Erfahrung) bringen. Gerade heutzutage haben ja die einen, die in die staatlichen Gerichtshöfe, die anderen, die in die eigenen privaten Geschäfte oder die ihrer Freunde verstrickt sind, der *res publica* ganz und gar nicht mit ihren Ratschlägen beigestanden ... Männer der Nobilität haben zusammen mit wenigen im Senat, die Anhänger ihrer jeweiligen Parteiung sind, was immer ihnen gutzuheißen, zu tadeln oder zu beschließen beliebte, so gemacht, wie es ihre Lust mit sich brachte.
(Ps.-Sallust, 2. Brief an Caesar 11, 5–6)

Wozu diese Verärgerung führte, geht deutlich aus einer Bemerkung Ciceros aus dem Jahre 49 hervor:

Oft unterhalten sich Leute aus den *municipia* (Kleinstädten) und vom Lande mit mir: Ihnen ist es überhaupt nur um ihre Felder, ihre Häuser und ihr bißchen Geld zu tun. (Cicero, Ad Atticum 8, 13, 2)

Cicero mißverstand und unterschätzte solche Männer; einer von ihnen war etwa C. Cartilius Poplicola aus Ostia, der zur Zeit der politischen Umwälzung seiner Gemeinde als Magistrat gedient hatte; wahrscheinlich schlug er einen Angriff des Sex. Pompeius während der Kriege, die Caesars Ermordung folgten, zurück. Jedenfalls war er nun eine Stütze der neuen Regierung, und Ostia dankte ihm mit einer Statue, die ihn in heroischer Nacktheit darstellt und mit einem prunkvollen Grab für ihn, seine Frau, seine Kinder und Nachfahren.

Neben Zeugnissen dafür, wie die apolitische Oberschicht auf die Arroganz und Unfähigkeit der republikanischen Oligarchie reagierte, haben wir auch Zeugnisse für ein allgemeines Gefühl der Unsicherheit in Italien zur Zeit Ciceros. Es ist nicht erwiesen, daß irgend jemand wirklich für die Machtergreifung des Pompeius im Jahre 62 eintrat, doch rechneten viele nicht ohne Besorgnis mit dieser Möglichkeit. Ein Zeichen für das allgemeine Gefühl der Unsicherheit ist auch, daß viele Städte nun Stadtmauern errichteten oder wiederaufbauten.

Andere Mißstände blieben gleichfalls nicht unbemerkt. In ihrem Kampf gegeneinander wandten sich die Angehörigen eines Staates, der die damalige Welt beherrschte, an Barbaren um Hilfe und folgten damit dem Beispiel der Samniten, die verständlicherweise Mithridates VI. um Unterstützung gebeten hatten. Cicero verachtete dieses Vorgehen und behauptete, sich nicht zuletzt deswegen im Jahre 48 von Pompeius zurückgezogen zu haben (Ad Atticum 11, 6, 2; vgl. 7, 3). Die Wertvorstellungen, die einer solchen Ansicht zugrundelagen, sollten später Augustus zur Rechtfertigung seiner Stellung dienen.

Wir haben bereits gesehen, daß die Spezialisierung der Armee maßgeblich an den Konflikten der späten Republik beteiligt war, was den Zeitgenossen nicht verborgen blieb:

Die berühmte Phalanx Alexanders (d. Gr.), die durch ganz Asien gezogen war und die Perser besiegt hatte, mit deren Ruhm jedoch auch die Zügellosigkeit gewachsen war, forderte damals, nicht mehr ihren Führern gehorchen zu müssen, sondern selbst befehlen zu können, was zu tun sei. Das gleiche ist nunmehr bei unseren Veteranen der Fall, und es besteht die Gefahr, daß diese eines Tages genauso handeln wie jene, und in ihrer ungeheuerlichen Zügellosigkeit Freunde wie Feinde gleichermaßen zugrunderichten. Jedenfalls wird man, wenn man vom Vorgehen der damaligen Veteranen liest, an die eigene Gegenwart erinnert und mag zur Ansicht kommen, daß der zeitliche Abstand der einzige Unterschied zwischen beiden ist. (Cornelius Nepos, Eumenes 8, 2)

Eine ähnliche, von Appian (Emphylia 5, 17, 68–71) überlieferte Ansicht geht wahrscheinlich auf zeitgenössische Quellen zurück.

Augustus versuchte natürlich, die politische Macht der Armee niederzuhalten; interessanterweise zeigte schon Caesar ähnliche Bestrebungen; die von ihm verfügte Solderhöhung von 108 auf 250 Denare im Jahr sollte wahrscheinlich die Abhängigkeit der Berufssoldaten von ihrem General verringern, von dem sie bei Beendigung ihrer Dienstzeit ein Stück Land erwarteten. Da jedoch die römische Welt nach Caesars Tod ins Chaos zurückfiel, führten seine Maßnahmen dazu, daß der Machtkampf für seine potentiellen Nachfolger teurer wurde und diese entsprechend höhere Forderungen an die Provinzen stellten.

Nach Caesar

Soweit die römische Welt nach dem Jahre 44 überhaupt noch eine nennenswerte Regierung hatte, bestand sie aus dem Triumvirat des M. Lepidus, des M. Antonius und des C. Iulius Caesar Octavianus; diese teilten im Jahre 43 die Welt unter sich auf, bis Lepidus zum Rücktritt gezwungen wurde und die beiden anderen die Sache unter sich ausmachten. Über die Art ihrer Herrschaft gibt es keine Zweifel:

(P. Scipio Africanus) erreichte die Zustimmung des Senats trotz seiner führenden Stellung im Staate nicht, weil die *res publica* damals noch ein Rechts- und kein Machtstaat (wie heute) war.

(Cornelius Nepos, Cato 2, 2)

Ganz im Gegensatz zu Caesars Mördern besaß Augustus wieder das richtige Gespür für die öffentliche Meinung und war bemüht, sich nach seinem Sieg über Antonius von den illegalen Anfängen seiner Laufbahn zu distanzieren und die Legalität seiner Ziele hervorzuheben. Seine *Res gestae*, in denen er gegen Ende seines Lebens versuchte, sich zu rechtfertigen, gelten als historisch irreführend; in gewisser Hinsicht sind sie das zwar, doch liefern sie auch eine überzeugende Darstellung der Wertvorstellungen, an die Augustus mit Recht appellieren konnte. Zu Beginn schildert er seine Anfänge im öffentlichen Leben – wobei er die fragwürdigen Episoden überspielt – und die Erfolge seiner militärischen und zivilen Laufbahn im Dienst des römischen Volkes; es folgt eine Aufzählung der erworbenen Auszeichnungen. Im Anschluß schildert er die Wohltaten, die er dem römischen Volke erwiesen hat, und seine außenpolitischen Erfolge nach seiner Anerkennung als Führer; schließlich folgt wieder eine Aufzählung seiner Auszeichnungen. Niemand konnte Augustus eine Politik vorwerfen, die als *cum barbaris gentibus coniunctio* bezeichnet wurde, als enge Verbindung mit den Barbaren, wie sie von Cicero angeprangert wurde. Auch in religiösen Fragen hatte Augustus ein sicheres Gespür. In der Spätzeit der Republik hatte die Oberschicht eine gewisse Skepsis, einen umfassenden Wissensdrang und gleichzeitig auch ein starkes Interesse an Ritualen gezeigt, das sich in verschiedenen Veröffentlichungen über religiöses Brauchtum niederschlug; und Augustus kündigte ganz bewußt an, er werde die Tempel wiederherstellen und die religiösen Feste wiederbeleben.

Die Monarchie unter Augustus und seinen Nachfolgern konnte sich also auf eine ganz andere Art des Konsenses stützen, als es die Regierung der Republik vermocht hatte; überdies forderte das neue Regime nicht nur denjenigen Teil der Oberschicht zur Mitarbeit auf – in dienender Funktion, versteht sich –, der im politischen Leben der Republik kaum eine Rolle gespielt hatte; er bezog seine Mitarbeiter auch aus einem erheblich größeren geographischen Umkreis. Die kulturelle Vereinigung Italiens, die auf die politische Vereinigung nach dem Jahr 90 folgte, ist einer der wichtigsten Faktoren in der Geschichte der letzten Generation der römischen Republik.

Kultur der späten Republik

Wie die Dinge am Ende aussehen würden, ahnte bereits Cicero:

Atticus: ... Was bedeutet es, was du eben gesagt hast, daß dieser Ort – ich höre, daß du ihn Arpinum nennst – dein eigentliches Vaterland sei? Hast du etwa zwei Vaterländer? Es müßte denn sein, dem klugen Cato (d. Ä.) war nicht Rom, sondern Tusculum Vaterland!
Cicero: Ich bin allerdings der Ansicht, daß er wie alle Bürger aus Municipia zwei Vaterländer hat, eines von seiner Geburt her, das andere wegen der einheitlichen Natur des (römischen) Bürgerrechts.
(Cicero, De legibus 2, 5)

Man kann sich heute kaum vorstellen, welche Anstrengungen die Assimilation Italiens nach dem Bundesgenossenkrieg kostete; es mußten nicht nur entsprechende politische Institutionen geschaffen werden, es bedurfte auch noch in allen Bereichen der Gesellschaft neuer Bindungen. Eine wesentliche Folge der Neuschaffung politischer Einheiten unter dem Vorzeichen Roms (vgl. Abb. 17) war die beschleunigte Urbanisierung Italiens; wie umfassend der Assimilationsprozeß war, geht daraus hervor, daß die Po-Ebene zur Zeit Ciceros den Dichter Catull, den Historiker Cornelius Nepos und einen epikureischen Philosophen namens Catius hervorbrachte.

Aus einer Rede, die Cicero im Jahre 56 hielt, um die Verleihung des Bürgerrechts an L. Cornelius Balbus durch Cn. Pom-

Abb. 17: Denar, geprägt von Q. Fufius Kalenus und Mucius Cordus 70 v. Chr.
Vorderseite: Häupter der bekränzten *honos* (Ehrenhaftigkeit) und der behelmten *virtus* (Tapferkeit, moralische Integrität)
Rückseite: Roma, ihren Fuß auf einem Globus (als Zeichen der Weltherrschaft), reicht Italia (zur Versöhnung) die Hand.   (RRC 403.1)

peius Magnus zu rechtfertigen, geht hervor, daß während der Spätzeit der Republik die Institutionen, die die verschiedenen Teile des Römischen Reiches miteinander verbanden, im Wandel waren. Wie H. Braunert* meint, war der Fall, den Cicero vertrat, rechtlich wenig überzeugend, denn die Stadt Gades hätte das Bürgerrecht vielleicht verleihen müssen; die moralische Wirkung seiner Rede hingegen war groß, da Rom nun Mittelpunkt eines Weltstaates war, und es keine Rolle mehr spielen konnte, ob eine verbündete Gemeinde einen Bürger an Rom verlor.

Wie wenig ausgeprägt die römischen Institutionen zu jener Zeit waren, wird auch aus Inschriften wie denen von Tarent und Herakleia deutlich, die Gemeinderegelungen noch zaghaft, ja ungeschickt formulieren. Damit stehen sie im krassen Gegensatz zu den sprachlich sicheren, stereotyp wirkenden Formulierungen ähnlicher Regelungen aus der Zeit des Prinzipats, wie etwa in denen der Städte Irni Malaca oder Salpensa, die unter Flavius abgefaßt wurden.

Eine wesentliche Rolle bei der Vereinigung Italiens spielte natürlich die Armee, die auch gesellschaftliche Aufstiegschancen bot. M. Petreius, wahrscheinlich der Sohn eines Centurios

* *Verfassungsnorm und Verfassungswirklichkeit im spätrepublikanischen Rom. Eine Interpretation zu Ciceros Rede für Balbus.* Der altsprachliche Unterricht 9.1 (1966) 51–73; wieder in: H. B., *Politik, Recht und Gesellschaft in der griechisch-römischen Antike. Gesammelte Aufsätze und Reden.* (Kieler Historische Studien 26) Stuttgart 1980, S. 191–212.

aus Atina, erreichte bereits zur Zeit Ciceros das Amt des Prätors (und unterdrückte als Proprätor im Jahre 63 den Aufstand des Catilina). In den turbulenten Jahren zwischen 49 und 30 bot die Armee noch mehr Möglichkeiten des sozialen Aufstiegs. P. Otacilius, der Sohn des Arranes, liefert ein besonders eindrucksvolles Beispiel für die Integrations- und Aufstiegsmöglichkeiten eines Fremden zur Zeit des Augustus: Er war, nach einer kürzlich gefundenen Inschrift*, Gemeindemagistrat von Casinum und Sohn eines spanischen Ritters, der während des Bundesgenossenkriegs von Cn. Pompeius Strabo das Wahlrecht erhalten hatte. Das waren die Männer, die für ihre Grabdenkmäler die *fregi d'armi* wählten, jene Friese mit Darstellungen von Waffen und Rüstungen, die ein so wesentliches Element in der Kunst Mittelitaliens zur Zeit des frühen Prinzipats ausmachten.

Doch war die späte Republik nicht nur eine Zeit der politischen Erneuerung mit all ihren sozialen und wirtschaftlichen Konsequenzen, es war auch eine Zeit des ungeheuren kulturellen Fortschritts. Wir haben das Anfangsstadium der Beziehungen zwischen Rom und der griechischen Welt nach dem Jahre 200 und einige Entwicklungen, die sich daraus ergaben, beobachtet. Nach einem Jahrhundert, in dem sich Rom relativ wahllos griechisches Kulturgut angeeignet hatte, entwickelte die römische Elite einen hohen Grad an kulturellem Bewußtsein. Dieses Bewußtsein bildete Hintergrund und Ausgangspunkt für eine Reihe erstaunlicher Einzelleistungen auf künstlerischem und geistigem Gebiet. Auf dem politischen Sektor strebten einzelne immer häufiger – und mit Erfolg – nach Machtpositionen auf Kosten der Gruppe; wie J. North (s. Literaturhinweise allg.) treffend bemerkt, ist es bezeichnend für die Entwicklung, daß sich im ersten vorchristlichen Jahrhundert für Priesterstellen, die sich mit einer politischen Laufbahn nicht vereinen ließen, häufig kein Nachwuchs fand; aus diesem Grund blieb auch zwischen den Jahren 87 und 11 das Amt des Flamen Dialis, des Iuppiterpriesters, unbesetzt. Doch nicht nur auf politischem, sondern auch auf kulturellem Gebiet wurde der persönliche Ehrgeiz bestimmend; die letzte Generation der Republik brachte Dichter hervor wie Lukrez, einen Gelehrten

---

* Veröffentlicht von A. Pantoni und A. Giannetti, *Iscrizioni latine e greche di Montecassino*. Atti della Accademia nazionale dei Lincei, anno CCCLXVIII (1971), ser. VIII: Rendiconti, Classe di Scienze morali, storiche e filologiche, vol. 26 (1971) S. 434 nr. 8. Vgl. CIL I 709.

Abb. 18: Denar, geprägt von Q. Pomponius Musa 66 v. Chr.
Vorderseite: Lorbeerbekränztes Haupt des Apollon, dahinter zwei gekreuzte Flöten
Rückseite: Die Muse Kalliope (RRC 410.2a)
Im Spiel mit seinem Namen prägte Pomponius Musa neun verschiedene Typen mit Darstellung je einer Muse.

wie Varro, einen Redner wie Cicero, Historiker wie Caesar und Sallust und andere, weniger bedeutende Persönlichkeiten. Ein (uns unbekannter) Künstler schuf den Fries am sogenannten »Altar des Domitius Ahenobarbus«, die Darstellung eines römischen Zensus; der »Altar« zeigte außerdem einen Neptun (mit dem der Auftraggeber, wohl L. Gellius Poplicola, Verwandtschaft beanspruchte, wie das Caesar mit Venus tat)*. Mehrere unbekannte italische und römische Künstler entwarfen Münzen von erstaunlichem Einfallsreichtum (s. Abb. 18). Gewöhnliche Bürger in Pompeji schmückten ihre Häuser mit Gemälden, die sich an griechischen Vorlagen orientierten und nicht selten auf die literarischen und musischen Interessen der Auftraggeber Bezug nahmen (s. Umschlagbild). Die lateinische Literatur und die römische Kunst erreichten einen Höhepunkt zu einer Zeit, da ein Großteil der Energie noch darauf verwendet wurde, ein Weltreich zu schaffen und dessen Möglichkeiten auszuschöpfen, zu einer Zeit, da Neuerungen auf dem Gebiet der Gesetzgebung und neue religiöse Strömungen im Mittelpunkt standen.

In dieser Situation fürchtete Horaz eine »Eroberung« Roms; doch die Widerstandskraft des Römischen Reiches war groß, und so bestand es unbeschadet den Übergang von der Republik zur Monarchie. Dieser Wechsel war in der Tat die größte aller Neuerungen; doch waren damit auch Erneuerungswille und -fähigkeit erschöpft.

* Vgl. T. P. Wiseman, *Legendary genealogies in late republican Rome*. Greece and Rome 21 (1974) 153–164.

17. Exkurse

Exkurs I: Die römische Volksversammlung*

Das wichtigste Merkmal der verschiedenen römischen Volksversammlungen war, daß ihre Mitglieder in Gruppen abstimmten.

Die früheste Form der Volksversammlungen (*comitia*) bildeten die *comitia curiata;* sie bestanden aus 30 *curiae*, von denen jeweils zehn aus einem der drei archaischen Stämme der Titier, Ramner und Lucerer stammten. Das Prinzip der Gruppenabstimmung war vielleicht gewählt worden, weil man aus religiösen Gründen die Zustimmung jeder Sippe haben wollte. Während der mittleren und späten Republik traten die *comitia curiata* nur zur Erledigung rein formeller Angelegenheiten zusammen, wie etwa zur Verabschiedung der *leges curiatae* für neu eintretende Magistraten oder zur Genehmigung von Adoptionen. Offenbar besaßen die *leges curiatae* dabei insbesondere religiöse Bedeutung; und Adoptionen, die auch die Übertragung von Familienheiligtümern beinhalteten, waren ebenfalls Sache der Götter.

Als sich das Gemeinwesen weiterentwickelte, wurde das Prinzip der Gruppenabstimmung auf die verschiedenen neuen Volksversammlungen übertragen. Als erste entstanden die *comitia centuriata;* die Volksversammlung war hier nach Zenturien, nach Heereseinheiten, eingeteilt. Die besser bewaffneten Einheiten, von denen im Kampf größerer Einsatz erwartet wurde, erhielten auch ein größeres Mitspracherecht in der Versammlung. Sie durften zuerst abstimmen, und die Aufteilung in *centuriae* erfolgte derart, daß die Einheiten der besser Bewaffneten und folglich Reicheren aus weniger Männern bestanden als die Einheiten schlecht ausgerüsteter, also mittelloser Männer. Die Entscheidungen wurden daher meist von einer relativ kleinen Anzahl von Männern getroffen, die in relativ vielen Wahleinheiten zusammengeschlossen waren. Im Verlauf der weiteren Entwicklung der Republik wurde die Zugehörigkeit zu einer Wahleinheit der entsprechenden *classis* immer mehr

---

* Eine gute Gesamtdarstellung findet sich bei E. S. Staveley, *Greek and Roman Voting and Elections*. London 1972

vom Vermögen abhängig gemacht und immer weniger von der Qualität der Bewaffnung. Der offenkundig undemokratische Charakter der *comitia centuriata* wurde vermutlich 179 v. Chr. modifiziert, erfuhr aber keine wesentlichen Veränderungen.

Während der Plebejeraufstände des fünften vorchristlichen Jahrhunderts entstand parallel das *concilium plebis*, eine Volksversammlung, die sich nur aus Plebejern zusammensetzte, und die nach Tribus, den neuen regionalen Einheiten, gegliedert war; im Laufe der Zeit entstanden 35 solcher Einheiten. Diese 35 Abstimmungs- oder Wahleinheiten waren viel übersichtlicher und einfacher zu handhaben als die 193 Einheiten der *comitia centuriata*, und ihre Struktur wurde von einer neuen Art von *comitia*, den *comitia tributa*, übernommen, die sich schließlich mit einem Großteil der Angelegenheiten befaßten, die dem römischen Volk vorgetragen wurden. Die *comitia tributa* setzten sich zusammen wie das *concilium plebis*, doch kam hier noch eine geringe Zahl von Patriziern hinzu. Da die beiden Versammlungen sich – abgesehen von ihren Vorsitzenden – kaum unterschieden, legte die *lex Hortensia* von 287 fest, daß Dekrete des *concilium plebis*, die Plebiszite, für das ganze Volk verbindlich sein sollten, obwohl nur ein Teil des Volkes sie verabschiedet hatte. Obwohl sie nicht so offenkundig undemokratisch schienen, waren die *comitia tributa* und das *concilium plebis* auf ihre Weise ebensowenig repräsentativ wie die *comitia centuriata*. Während der mittleren Republik waren die ländlichen Tribus in der Abstimmung meist durch diejenigen vertreten, die genügend Muße und Geld besaßen, nach Rom zu reisen; in der späten Republik stimmten nach Rom zugewanderte Bauern weiterhin in den ländlichen Tribus ab, denen sie ursprünglich angehört hatten. Die Entscheidungen wurden daher von denjenigen gefällt, die de facto zur städtischen Plebs zählten.

In allen römischen Versammlungen war das Reden nur auf Aufforderung des Vorsitzenden erlaubt; es gab also keine Redefreiheit. Es war auch nicht möglich, einen Gesetzesantrag abzuändern. Der Vorsitzende forderte die Versammlung auf, mit ja oder nein zu stimmen, weshalb ein Antrag als *rogatio* bezeichnet wurde; natürlich wurden Reden dafür und dagegen gehalten, aber einfache Annahme oder Ablehnung waren die einzigen beiden Entscheidungsmöglichkeiten. Aus den folgenden Beispielen ist zu entnehmen, wie unterschiedlich die Einstellung zur Verabschiedung von Gesetzen war:

Funktionen der verschiedenen römischen Volksversammlungen

	comitia curiata	comitia centuriata	comitia tributa	concilium plebis
Wahleinheiten	30 *curiae* – je 10 aus Titiern, Ramnern und Lucerern	193 *centuriae*	35 *tribus*	35 *tribus*
Zusammensetzung	1 Liktor pro *curia*	alle Bürger	alle Bürger	Plebs
Vorsitzender	Konsul, Prätor, Pontifex Maximus	Konsul, Prätor, Diktator, *interrex*	Konsul, Prätor, kurulischer Ädil	Tribun, plebeischer Ädil
Wahlen	–	Konsuln, Prätoren, Zensoren	kurulische Ädilen, Quästoren, niedere Magistrate, Sonderbevollmächtigte	Tribunen, plebeische Ädilen, Sonderbevollmächtigte
rogationes (Legislative)	*lex curiata*, Adoptionen	Kriegserklärungen, Friedens- und Bündnisverträge, Amtsbestätigung von Zensoren, Gesetzgebung	Gesetzgebung	Gesetzgebung (nach 287 v. Chr. hatten Plebiszite Gesetzeskraft)
(Judikative)	–	Anklage von Kapitalverbrechen (allmählich den *quaestiones* übertragen)	Verbrechen gegen den Staat, auf die Geldstrafe stand (allmählich den *quaestiones* übertragen)	–
Versammlungsort	*comitium* oder Kapitol	gewöhnlich Marsfeld	bei Wahlen gewöhnlich Marsfeld, bei Gesetzgebung gewöhnlich *comitium* oder Kapitol	–

Glaucia, ein widerlicher, aber scharfsinniger Mensch, pflegte, wenn ein Gesetz verlesen wurde, der Volksversammlung zu empfehlen, sie solle auf die erste Zeile achten. Wenn es heiße, »Ein Diktator, Konsul, Prätor, Befehlshaber der Reiterei ...«, dann könne sie beruhigt sein, da sie ja wisse, daß sie nicht betroffen sei; wenn es jedoch heiße »Wer immer nach Erlaß dieses Gesetzes ...«, dann müsse sie aufpassen: Vielleicht solle die Allgemeinheit neuen strafrechtlichen Bestimmungen unterworfen werden. (Cicero, Pro Rabirio Postumo 14)

Im Gegensatz dazu zeigt Pompeius eine ganz andere Haltung im Hinblick auf das Ackergesetz Caesars aus dem Jahre 59:

Nach seiner Einleitung ging Pompeius das Geschriebene einzeln durch und lobte alles, so daß die Menge hocherfreut war.
(Cassius Dio 38, 5, 3)

Exkurs II: Die römische Armee*

Wie aufgeschlossen man in Rom für Neuerungen war, zeigt sich auch auf militärischem Gebiet, was auch Polybios feststellte. Im fünften vorchristlichen Jahrhundert und sicher auch gegen Ende der Monarchie kämpften die *assidui*, das schwerbewaffnete römische Fußvolk, in einer Formation, die der griechischen und makedonischen Phalanx glich; ihre Bewaffnung bestand aus Lanzen und Rundschilden, die ursprüngliche Legion von 6000 Männern setzte sich aus sechzig hundert Mann starken *centuriae* zusammen. Als der König durch zwei Konsuln ersetzt wurde, wurde die Legion in zwei Legionen von jeweils 3000 Mann aufgeteilt, setzte sich aber weiterhin aus sechzig *centuriae* zusammen.

Vermutlich gegen Ende des vierten Jahrhunderts v. Chr. entstand eine viel flexiblere Formation; die Legionen nahmen jeweils in drei Reihen Aufstellung. Jede Reihe bestand aus zehn Manipeln aus je zwei *centuriae*. Die Männer in der ersten Reihe wurden *hastati* genannt, die in der zweiten *principes* und die in der dritten *triarii;* drei Manipel, je eine aus jeder Gattung, bildeten eine Kohorte. Anfänglich besaßen nur die *hastati* die neue Ausrüstung, die aus Wurfspeer, Schwert und Langschild be-

---

* Dies ist eine – wie ich hoffe korrekte – Zusammenfassung des schwierigen Artikels von E. Rawson, *The Literary Sources for the Pre-Marian Army*. Papers of the British School at Rome 39 (1971) 13–31; wieder in E. R., *Roman Culture and Society*. Oxford 1991, 34–57.

stand (*pilum*, *gladius* und *scutum*); Ennius erwähnt sie als Speerwerfer (Annales 284 Vahlen), vielleicht, weil sie als erste Speere warfen. In der Schlacht von Beneventum im Jahre 275 kämpften die *principes* offenbar noch immer in der Phalanx mit Lanzen und vielleicht auch mit Rundschilden (Dionysios von Halikarnassos 20, 11); und Ennius (Annales 183 Vahlen; zitiert S. 145) ging vermutlich zu Unrecht davon aus, der Langschild, *scutum*, sei im Jahre 281 die Norm gewesen. Die *principes* verdankten ihren Namen wohl der Tatsache, daß sie dem Kampfgetümmel am stärksten ausgesetzt waren. Zur Zeit des Polybios kämpften nur noch die *triarii*, die dritte Reihe, mit Lanzen; zu dieser Zeit gehörten zu einer Legion zusätzlich 1200 *velites*, Leichtbewaffnete.

Zu der Zeit, als die Infanterie ausgebaut wurde, nahm man auch Reformen bei der Reiterei vor (vermutlich während des Zweiten Punischen Krieges); die Reform hatte zum Ziel, die Ausrüstung zu verbessern und die Kampfkraft der Truppen zu stärken.

Seit Ende des dritten vorchristlichen Jahrhunderts wandte man – wahrscheinlich als Reaktion auf die Erfahrungen in Spanien – eine neue Technik an, indem man drei Manipel zu einer Kohorte vereinte; dies wurde im ausgehenden zweiten Jahrhundert v. Chr. die normale Kampf-Formation des römischen Heeres. Als Marius die Rekrutierung vom Vermögensstand unabhängig machte, schaffte er vermutlich gleichzeitig auch die Unterschiede innerhalb der Legion ab, die von nun an aus zehn einheitlich bewaffneten Kohorten bestand. Die *velites* verschwanden ebenso wie die römische Reiterei; beide wurden durch fremde Hilfstruppen ersetzt.

Exkurs III: Die *equites*[*]

Die *equites equo publico* waren ursprünglich Ritter, denen der Staat ein Pferd stellte; auch für den Unterhalt der Tiere kam der

---

[*] Mit der Definition des *eques* und verwandten juristischen Problemen sowie mit der Sozialgeschichte des Ritterstandes beschäftigt sich Cl. Nicolet, *L'ordre équestre*. 2 Bde. (BEFAR 207) Paris 1966–1974. Letztere ist knapp und gut dargestellt von P. A. Brunt, *Die Equites in der späten Republik*. (1962). Dt. in H. Schneider (Hg.), *Zur Sozial- und Wirtschaftsgeschichte der späten römischen Republik*. (Wege der Forschung 413) Darmstadt 1976, S. 175–213. Die Diskus-

Staat auf. Je mehr Rom seine Herrschaft außerhalb Italiens ausdehnte, desto häufiger ergänzte es seine Reiterei durch die Hilfstruppen befreundeter Mächte, und so gewann der Status der *equites equo publico* zusehends an Ansehen. Bis zum Jahre 129 v. Chr. waren fast alle Senatoren auch *equites equo publico;* als Cato im Jahre 184 in seiner Eigenschaft als Zensor dem L. Scipio das Staatspferd entzog mit der Begründung, er verdiene es nicht, tat er damit etwas völlig Unübliches.

Inzwischen war die römische Regierung ein so komplexer Apparat geworden, daß der Staat nun auch an wohlhabende Bürger Aufträge vergab, sei es auf dem Gebiet des Bauwesens oder der Steuereintreibung. (Diese wohlhabenden Bürger waren, wie alle Reichen im Italien der Republik, immer noch Grundbesitzer und mußten für die Erfüllung ihrer Aufträge mit ihrem Land bürgen.) Senatoren waren natürlich von der Übernahme solcher Staatsaufträge unter eigenem Namen ausgeschlossen, da ihnen die Oberaufsicht über die Aufträge oblag.

Neben diesen Wohlhabenden setzte sich der Ritterstand (die *equites equo publico*) um die Mitte des zweiten vorchristlichen Jahrhunderts aus Senatoren und deren Söhnen zusammen, ferner aus wohlhabenden Grundbesitzern, die weder im Senat sitzen noch Staatsaufträge übernehmen wollten, sowie aus einigen Geschäftsleuten. Daß ein bestimmter Druck ausgeübt wurde, um die Aufnahme in diesen Stand zu bewirken, läßt sich vielleicht Catos Antrag entnehmen, die Zahl der *equites equo publico* von 1800 auf 2300 zu erhöhen; doch ist es auch denkbar, daß Cato wieder eine regelrechte römische Reiterei schaffen wollte.

Im Jahre 129 setzte das *plebiscitum equorum reddendorum* fest, daß wer Senator war oder es wurde, sein Staatspferd abgeben mußte; wie absolut dieses Gesetz befolgt wurde, ersehen wir aus einem Ereignis des Jahres 70:

Damals saßen die Zensoren Gellius und Lentulus in ihrem Ornat auf ihren Amtssesseln, und die zu musternden *equites* paradierten an ihnen vorüber. Da sah man Pompeius von oben auf das Forum herunterkom-

---

sion der juristischen Probleme nimmt T. P. Wiseman wieder auf: *The definition of ›Eques Romanus‹ in the Late Republic and Early Empire.* Historia 19 (1970) 67–83; wieder in T. P. W., Roman Studies, Liverpool 1987, 57–73. Wie derselbe Autor in seiner *Rezension* im Phoenix 27 (1973) 189–198 (ebd. 74–82) gezeigt hat, ist E. Badian, *Publicani – Zöllner und Sünder* (engl. 1972). Stuttgart 1984, Kap. 3 und 5 nicht zuverlässig in seiner Erklärung der Definition des *eques*, des Gesetzes von 129 v. Chr. und der Bedeutung von Gesetzgebung zur Zeit der Gracchen.

men, mit allen Abzeichen seiner Würde angetan (er war jetzt Konsul), aber sein Pferd mit eigener Hand am Zügel führend (um es abzugeben). Als er nahe und allen sichtbar geworden war, befahl er seinen Liktoren, beiseite zu treten, und führte sein Pferd vor das Tribunal. Das Volk staunte und war ganz still, und die Zensoren erfüllte ein gewisses Schamgefühl und Freude zugleich bei dem Anblick. Darauf stellte der ältere der beiden die Frage: »Ich frage Dich, Pompeius Magnus, ob Du alle vom Gesetz (zur Wahl für ein Regierungsamt) vorgeschriebenen Feldzüge mitgemacht hast«, und Pompeius antwortete mit lauter Stimme: »Ich habe sie alle mitgemacht, und alle unter meinem Kommando.« (Pompeius hatte vor seinem Konsulat kein Wahlamt, aber eine Reihe außerordentlicher Kommandos innegehabt.) Als das Volk das hörte, schrie es laut auf und konnte vor Freude nicht mehr zur Ruhe kommen. (Plutarch, Pompeius 22)

Zweck des Gesetzes aus dem Jahre 129 war die Freistellung von 300 Staatspferden, die an Grundbesitzer, Männer mit Staatsaufträgen und Geschäftsleute als ehrenvolle Auszeichnung vergeben wurden; unter diesen gab es offenbar inzwischen viele, die für ihre Stellung und Bedeutung in der Gemeinde öffentliche Anerkennung suchten. Es ist daher nicht verwunderlich, daß Cicero (De re publica 4, 2) diese Maßnahme als *nova largitio* beschreibt, als eine neue Art der Gunstbezeugung.

So kam es also zur Trennung von Senatoren- und Ritterstand, wobei wir allerdings nicht vergessen dürfen, daß die *Söhne* der Senatoren weiterhin einen beträchtlichen Teil des Ritterstandes ausmachten (sie wurden natürlich ausgenommen, wenn *equites* als Geschworene für Erpressungsprozesse ausgewählt wurden).

Zu einem uns unbekannten Zeitpunkt entstand innerhalb der *prima classis* ein zusätzliches Besitzkriterium (in Form eines größeren zu zahlenden Geldbetrages), das zu erfüllen Voraussetzung für den Anspruch auf ein Staatspferd war; im ersten vorchristlichen Jahrhundert betrug dieser Mindestbesitz 400 000 Sesterzen (für die Zugehörigkeit zur *prima classis* allein betrug er nur 100 000 Sesterzen). Als Folge wurden zunehmend diejenigen als *equites* bezeichnet, die mehr als 400 000 Sesterzen besaßen, und nicht nur die, die über ein Staatspferd verfügten; die letztere (ursprüngliche) Definition behielt jedoch ihre rechtliche Gültigkeit; und aus den Reihen dieser *equites* im ursprünglichen Sinne sollte C. Gracchus später seine Geschworenen wählen.

Exkurs IV: Die außerordentlichen Kommandos

Kennzeichnend für die spätere Republik war die Schaffung zahlreicher außerordentlicher Kommandos für die Gebiete außerhalb Italiens; bedeutsam war, daß sie gewöhnlich für ein großes Gebiet und auf längere Zeit gültig waren, und daß sie unabhängig von den üblichen Provinzzuweisungen erteilt wurden. Doch mit welcher Macht die verschiedenen Gesetze die Inhaber solcher Kommandos ausstatteten, ist ebenfalls von Bedeutung; daher ist es äußerst bedauerlich, daß viele der Quellen, die von diesen Gesetzen berichten, vor allem die zeitgenössische Entrüstung wiedergeben: *imperium infinitum,* unbegrenzte Macht, war ein abwertender Ausdruck und kein offizieller Begriff.

Die Handlungsfreiheit eines republikanischen Magistraten war traditionsgemäß eingeschränkt; eine wesentliche Einschränkung (außer der Rücksichtnahme auf die Amtskollegen und der begrenzten Amtsdauer) bedeutete die Zuweisung einer *provincia,* worunter man ursprünglich nur den Geschäftskreis eines Magistraten verstand, später jedoch das geographische Gebiet, das ihm zugeteilt wurde; das galt für Konsuln ebenso wie für jeden anderen Magistraten.

Die ersten zwei Sonderkommandos, für die wir Belege haben (und die sich von der Zuteilung großer Provinzen über längere Zeit unterschieden), hatten M. Antonius im Jahre 74 und Cn. Pompeius im Jahre 67 inne; in beiden Fällen ging es um die Bekämpfung der Piraterie; beide Männer erhielten »gleiche Machtbefugnisse wie die verschiedenen Provinzstatthalter für ein Gebiet bis zu 50 Meilen landeinwärts« (Velleius 2, 31, 2). Wahrscheinlich sollten Antonius und Pompeius damit von den territorialen Einschränkungen befreit werden, die ihnen ihre *provinciae* auferlegten und die bei der Verfolgung der Piraten hinderlich sein konnten. Die beiden Konsuln hatten immer schon die gleiche Macht besessen, und die Macht eines Prokonsuls hatte der eines Konsuls entsprochen; und so schien es nur konsequent, Antonius und Pompeius mit der gleichen Macht auszustatten, wie sie ein Statthalter in seinem Gebiet besaß.

Das führte jedoch zu einer recht unwürdigen Auseinandersetzung zwischen den Beamten des Pompeius und denen des Statthalters von Kreta, Q. Caecilius Metellus, sowie zwischen Pompeius und dem Statthalter Galliens, C. Calpurnius Piso. Zunächst hatten diese Zusammenstöße keine nennenswerten Folgen; und das zusätzliche Sonderkommando, das Pompeius im Jahre 66 im Kampf gegen Mithridates VI. erhielt, bezog sich lediglich auf einen größeren geographischen und zeitlichen Raum. Im Jahre 57 schließlich kam man zu der Auffassung, daß Pompeius für die Regelung der Getreideversorgung in den Provinzen *größere* Machtbefugnisse erhalten sollte, als die Provinzstatthalter selbst (man beachte, daß der Begriff *imperium*, Macht, mit dem Adjektiv *maius* – größer als eine andere Macht – kombiniert werden mußte und nicht für sich allein verwendet wurde); der Antrag wurde abgelehnt, und erst Cicero stellte im Jahre 43 mit Erfolg den Antrag, Brutus und Cassius sollten mit mehr Machtbefugnissen ausgestattet werden als die übrigen Statthalter im Osten; damit wurde – gerade noch rechtzeitig – die Grundlage für die Macht geschaffen, die man Augustus im Jahre 23 übertrug; doch war diese von ganz besonderer Art und übertraf die jedes anderen Provinzstatthalters.

Anhang

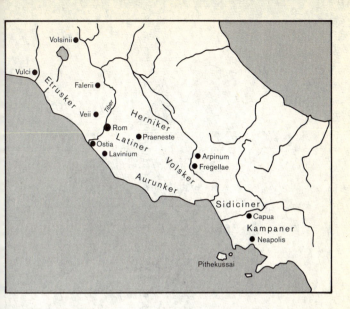

Abb. 19: Mittelitalien

Abb. 20: Italien

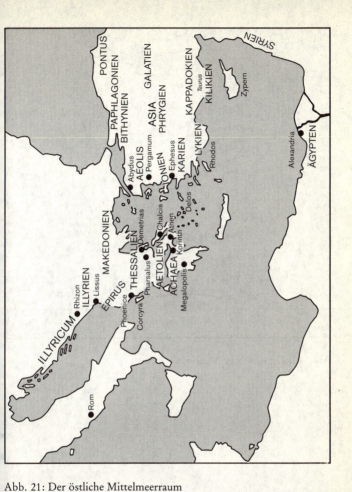

Abb. 21: Der östliche Mittelmeerraum
Die römischen Provinzen *Asia* und *Illyricum* decken sich durchaus nicht mit den gleichnamigen geographischen Bezeichnungen.

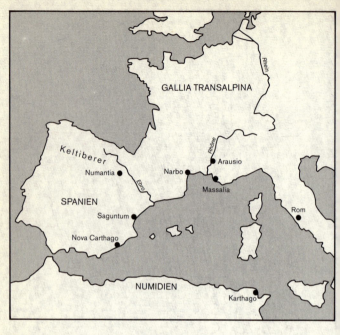

Abb. 22: Der westliche Mittelmeerraum

Zeittafel

753	Gründung Roms
510	Errichtung der Republik

Zu Kapitel 2: Italien und Rom siehe zu Kapitel 4

Zu Kapitel 3: Die römischen Führungsschichten

509	Die *lex Valeria* führt die *provocatio* ein, das Recht der Appellation gegen eine Magistratsentscheidung an das Volk; viele Historiker bezweifeln freilich eine so frühe Einführung dieser Maßnahme: s. zu 449 und 300.
494/493	Erster Auszug der *plebs*, verschafft ihr das Recht, fünf (seit 457 zehn; s. S. 34) Tribune und eine gesetzgebende Versammlung namens *concilium plebis* zu haben.
456	Die *lex Icilia* verteilt Land auf dem Aventin an Plebejer.
451/450	Promulgation des Zwölftafelgesetzes durch die *decemviri legibus scribundis* (der Zehnmännerkommission zur Aufzeichnung der Gesetze).
449	Die *lex Valeria Horatia* erneuert die *provocatio* (oder führt sie ein: s. zu 509 und 300).
	Die *lex Valeria Horatia* macht *plebiscita*, Beschlüsse der *plebs*, für das ganze Volk bindend; viele Historiker bezweifeln freilich eine so frühe Einführung dieser Maßnahme: s. zu 339 und 289.
445	Die *lex Canuleia* beendet das im Zwölftafelgesetz festgeschriebene Verbot von Ehen zwischen Patriziern und Plebejern. Einführung des Plebejern zugänglichen Militärtribunats mit konsularischer Gewalt statt Öffnung des Konsulats für Plebejer.
443	Schaffung des Zensoren-Amtes.
439	Sp. Maelius wird von C. Servilius Ahala wegen angeblicher Pläne der Errichtung einer Tyrannis getötet.
421	Den Plebejern wird der Zugang zur Quästur eröffnet (Livius 4, 43, 10–44, 3).
409	Erstmals Plebejer als Quästoren.
400	Plebejischer Durchbruch mit vier der sechs plebejischen Militärtribunen mit konsularischer Gewalt; zuvor hatte es nur einen (444 und 442) gegeben.
367	Die *leges Liciniae Sextiae* beschränken den Luxus und den zulässigen Umfang von Landbesitz in den Händen der Reichen, außerdem eröffnen sie das Priesteramt der *decemviri sacris faciundis* (Zehnmännerkommission für die Durchführung der Opfer) für Plebejer, was erst seit 342 regelmäßig beachtet wurde.
	Schaffung des Prätoren-Amtes.
	Schaffung des kurulischen Ädilen-Amtes, das zunächst Plebejern nicht zugänglich ist.
364	Erstmals Plebejer als kurulische Ädile.

356	Erstmals Plebejer (C. Marius Rutilus) als Diktator.
351	Erstmals Plebejer (C. Marius Rutilus) als Zensor.
342	s. zu 367.
	Die *lex Genucia* beschränkt den Luxus.
339	Die *leges Publiliae* reservieren ein Zensoren-Amt für Plebejer, machen die Notwendigkeit der Zustimmung der *patres* zu Gesetzen der *comitiae centuriata* dadurch zu einer Formsache, daß sie vorab zu erteilen ist, und machen *plebiscita* für das ganze Volk bindend (s. zu 449 und 289).
336	Erstmals Plebejer als Prätor.
326	Die *lex Poetelia Papiria* beendet angeblich die Schuldknechtschaft (*nexum*).
300	Die *lex Valeria* erneuert die *provocatio* (oder führt sie ein: s. zu 509 und 449).
	Die *lex Ogulnia* macht die Priesterämter der *pontifices* und der Auguren für Plebejer zugänglich.
289	Die *lex Hortensia* macht *plebiscita* für das ganze Volk bindend (s. zu 449 und 339).

Zu Kapitel 4: Die Eroberung Italiens

504	Attus Clusus (Appius Claudius) zieht nach Rom und wird als Patrizier akzeptiert.
449 oder 496	Niederlage der Latiner bei der Schlacht am Regillus-See.
406–396	Krieg gegen Veji, endet mit dessen Zerstörung.
390	Einnahme Roms durch die Gallier.
378	Errichtung der Stadtmauer Roms.
348	Zweiter Vertrag Roms mit Karthago.
343	Capua unterstellt sich Rom.
340–338	Latinerkriege, endet mit deren Unterwerfung.
338	Capua erhält die *civitas sine suffragio*.
334	Gründung von Cales, der ersten latinischen Kolonie Roms.
328	Gründung von Fregellae.
327	Ausbruch des Samnitenkrieges; Hilfsgesuch von Neapel an Rom.
326	Vertrag zwischen Neapel und Rom.
321	Niederlage Roms in den Caudinischen Pässen.
312	Ap. Claudius als Zensor läßt die Via Appia von Rom nach Kampanien anlegen.
	Erste Silberprägung Roms.
304	Ende des Samnitenkrieges.
302	Intervention zur Unterdrückung von Unruhen in Arretium (Etrurien) und Carseoli unter den Aequern.
295	Niederlage der Gallier, Etrusker, Umbrer und Samniten in Sentinum.
280	Einfall des Pyrrhos in Italien.
275	Niederlage des Pyrrhos bei Beneventum.
265/264	Intervention zur Unterdrückung von Unruhen in Volsinii.
241	Intervention zur Unterdrückung von Unruhen in Falerii.

Zu Kapitel 5: Von der Herrschaft über Italien zur Herrschaft über den Mittelmeerraum

312	Ap. Claudius Zensor (s. o. zu Kap. 4)
280	Einfall des Pyrrhos in Italien.
279	Ap. Claudius verhindert einen Friedensschluß mit Pyrrhos.
275	Niederlage des Pyrrhos bei Beneventum.
265/264	Intervention zur Unterdrückung von Unruhen in Volsinii.
264	Ausbruch des Ersten Punischen Krieges.
260	Römischer Seesieg durch C. Duilius bei Mylai.
259	Römische Operationen auf Sardinien und Korsika.
241	Niederlage der Karthager bei den Ägatischen Inseln; Ende des Ersten Punischen Krieges.
	Intervention zur Unterdrückung von Unruhen in Falerii.
238	Einnahme Sardiniens und wohl auch Korsikas aus karthagischem Besitz.
255	Letzter Galliereinfall nach Italien.
218	Ausbruch des Zweiten Punischen Krieges.
202	Niederlage der Karthager bei Zama; Ende des Zweiten Punischen Krieges.
201	Friedensvertrag mit Karthago.

Zu Kapitel 6: Die Eroberung des Ostens

230	Ermordung römischer Gesandter durch Illyrer.
229	Erster Illyrischer Krieg; Demetrios als Schützling Roms eingesetzt.
227	Erstmals zwei weitere Prätoren zur Verwaltung Siziliens und Sardiniens mit Korsika eingesetzt.
220	Demetrios wird *persona non grata*.
219	Zweiter Illyrischer Krieg.
218	Ausbruch des Zweiten Punischen Krieges.
215	Bündnis zwischen Philipp V. von Makedonien und Karthago.
212/211	Bündnis Roms mit dem Ätolerbund.
206	Ende des Ersten Makedonischen Krieges.
200	Kriegserklärung an Philipp V.
197	Niederlage Philipps V. in Kynoskephalai.
196	Proklamation der griechischen Freiheit bei den Isthmischen Spielen.
192	Einfall Antiochos' III. von Syrien in Griechenland.
190	Niederlage Antiochos' III. bei Magnesia.

Zu Kapitel 7: Das Weltreich und seine Auswirkungen für die herrschenden Schichten

197	Erstmals insgesamt sechs Prätoren im Amt.
195	Cato d. Ä. Konsul.
184	Cato d. Ä. Zensor.
181	Erstes Gesetz gegen die Bestechung.
	Erstes Gesetz zur Beschränkung des Aufwands bei Gastmählern.

180	Die *lex Villia annalis* regelt das Mindestalter für die Amtsführung der Magistrate.
149	Die *lex Calpurnia repetundarum* geht gegen Auspressung von Bundesgenossen und Provinzialen vor.
139	Die *lex Gabinia* führt die geheime Abstimmung bei den Magistratswahlen ein.

Zu Kapitel 8: Die Weltmacht

195	Cato d. Ä. Konsul; Statthalter von Hispania Citerior.
184	Cato d. Ä. Zensor.
180–178	Ti. Sempronius Gracchus d. Ä. Statthalter von Hispania Citerior.
171	Ausbruch des Dritten Makedonischen Krieges.
168	Perseus von Makedonien unterliegt in Pydna.
167	Auflösung des makedonischen Königreiches.
155/154	Ausbruch größerer Feindseligkeiten zwischen Hispania Citerior und Ulterior.
149	Ausbruch des Dritten Punischen Krieges.
148	Unterdrückung eines Aufstands in Makedonien.
147	Der Achäerbund bewegt sich auf einen Krieg mit Rom zu.
146	Einnahme von Karthago.
	Einnahme von Korinth.
137	C. Hostilius Mancinus ergibt sich in Numantia.
134	P. Cornelius Scipio Aemilianus zum zweiten Mal Konsul.
133	Einnahme von Numantia durch jenen.

Zu Kapitel 9: Das Weltreich und seine Auswirkungen für die Beherrschten

137	C. Hostilius Mancinus ergibt sich in Numantia.
134	Ausbruch des Ersten Sizilischen Sklavenkrieges.
133	Ti. Sempronius Gracchus Tribun.

Zu Kapitel 10: Reform und Revolution

133	Ti. Sempronius Gracchus Tribun.
	Attalos III. vermacht Rom das Königreich Pergamon.

Zu Kapitel 11: Rom und Italien

132	Ende des Ersten Sizilischen Sklavenkrieges.
129	Niederwerfung des Artistonikos, der Attalos' III. Herrschaft für sich zu beanspruchen suchte.
125	M. Fulvius Flaccus scheitert mit seinem Antrag auf Verleihung des Bürgerrechts an die Italiker; Erhebung von Fregellae.
123/122	C. Sempronius Gracchus Tribun.
122–106	Krieg gegen Jugurtha von Numidien.
105	Niederlage eines römischen Heeres gegen Kimbern und Teutonen bei Arausio in Gallien.

Zu Kapitel 12: Das Ende des Konsenses

122–106	Krieg gegen Jugurtha von Numidien.
105	Niederlage eines römischen Heeres gegen Kimbern und Teutonen bei Arausio in Gallien.
100	L. Appuleius Saturninus zum zweiten Mal Tribun.
	C. Marius zum sechsten Mal Konsul.
95	Die *lex Licinia Mucia* geht gegen die Anmaßung des Bürgerrechts durch Italiker vor.
91	Ausbruch des Bundesgenossenkrieges.
88	Sullas Marsch auf Rom.

Zu Kapitel 13: Der Umbruch

91	M. Livius Drusus d.J. Tribun.
	Ausbruch des Bundesgenossenkrieges.
88	Einfall des Mithridates VI. in die Provinz Asia; Kommando zunächst Sulla, dann Marius übergeben.
	Sullas Marsch auf Rom; Kommando wird Sulla zurückgegeben.
88–83	Sulla im Osten.
83	Sulla kehrt an der Spitze eines Heeres nach Italien zurück.
82	Niederlage der mit Marius verbündeten Samniten am Collinischen Tor Roms; Tod C. Marius' d.J.
82/81	Sulla als Diktator *rei publicae constituendae* (für die Einrichtung des Gemeinwesens) im Amt.
80	Sulla zum zweiten Mal Konsul.
78	Tod Sullas.
78/77	M. Aemilius Lepidus Konsul; sein Aufstieg beginnt.

Zu Kapitel 14: Die Oligarchie an ihrem Ende

80–73	Q. Sertorius kontrolliert Spanien.
74	Ausbruch des Dritten Mithridatischen Krieges.
73–71	Sklavenaufstand unter Führung des Spartacus.
70	Cn. Pompeius Magnus und M. Licinius Crassus Konsuln.
67	Die *lex Gabinia* überträgt das Kommando gegen die Piraten dem Pompeius.
66	Die *lex Manilia* überträgt das Kommando gegen Mithridates VI. dem Pompeius.
63	Cicero Konsul; Verschwörung des Catilina.
	Neuordnung des Ostens durch Pompeius; Ende des seleukidischen Königtums.
60	Bildung einer politischen Allianz zwischen Pompeius, Crassus und Caesar (häufig als »Erster Triumvirat« bezeichnet, doch ohne Rechtsstatus).
59	Caesar zum ersten Mal Konsul.
58–49	Caesars Kommando in Gallien.
58	P. Clodius Tribun; Verbannung Ciceros.

57	Pompeius erhält spezielles Kommando zur Organisation der Getreideversorgung.

Zu Kapitel 15: Die militärischen Dynasten

55	Pompeius und Crassus zum zweiten Mal Konsuln.
52	Pompeius alleiniger Konsul.
49–45	Bürgerkrieg zwischen Caesar und Pompeius und dessen Anhängern und Familie.
48	Niederlage des Pompeius bei Pharsalos.
44	Ermordung Caesars.

Zu Kapitel 16: Ausblick

43	Die *lex Pedia* macht Lepidus, Antonius und Octavianus zu *tresviri rei publicae constituendae* (Dreimännerkollegium für die Einrichtung des Gemeinwesens); Beginn der Proskriptionen und Tod Ciceros.
42	Niederlage des Brutus und des Cassius bei Philippi.
36	Niederlage des Sex. Pompeius in Sizilien; Versuch eines Staatsstreichs durch Lepidus, darauf dessen Vertreibung aus dem Amt.
35	Tod des Sex. Pompeius.
31	Niederlage des Antonius und der Kleopatra bei Actium.

Quellenübersicht

Für den vorliegenden Band wurden die inschriftlichen und literarischen Quellen von Kai Brodersen neu übersetzt. Dabei sind Ergänzungen verlorener Textteile durch moderne Gelehrte von eckigen Klammern [ ] umfaßt, in runden Klammern ( ) stehen Erläuterungen des Übersetzers; Auslassungen sind durch ... gekennzeichnet.

Numismatische und archäologische Quellen sind in den Literaturhinweisen aufgeführt. In den Abbildungslegenden wird bei Münzen auf die Zählung in M. H. Crawford, *Roman Republican Coinage*. Bd. I, Cambridge 1974, mit RRC verwiesen.

Inschriften

Griechische Inschriften werden in diesem Buch nach der *Sylloge Inscriptionum Graecarum*, ed. W. Dittenberger, 4 Bde, Leipzig ³1915–1924 (Syll.³) bzw. nach dem Corpus *Inscriptiones Graecae*. Berlin, seit 1873 (IG) zitiert.

Für lateinische Inschriften ist immer die Zählung des *Corpus Inscriptionum Latinarum*. Berlin, seit 1862 (CIL) angegeben. Eine handliche Sammlung frührömischer Inschriften mit englischer Übersetzung hat B. H. Warmington vorgelegt: *Remains of Old Latin, IV: Archaic Inscriptions*. (Loeb Classical Library 359) London, Cambridge/Mass. 1940. Die Standardsammlung lateinischer republikanischer Inschriften ist A. Degrassi, *Inscriptiones Latinae Liberae Rei Publicae*, 2 Bde, Florenz 1957 (²1965)–1963, die jetzt zu ergänzen ist durch CIL I² Teil 2, Fasc. 4 (1986). Texte und Übersetzungen von Gesetzen, die von den Volksversammlungen verabschiedet wurden, bietet M. H. Crawford, *Roman Statutes*, Cambridge *im Druck*.

Für Neufunde sind die Belege in den jeweiligen Fußnoten gegeben.

Literarische Quellen

Die Fragmente der griechischen Historiker (FGrHist) hat F. Jacoby gesammelt (14 Bde, Leiden 1923–1958), die der lateinischen H. Peter, *Historicorum Romanorum Reliquiae*. 2 Bde, Leipzig 1883–1906 (²1914). Die Reden des M. Porcius Cato, des C. Fannius und der Gracchen werden zitiert nach der Fragmentsammlung von H. Malcovati, *Oratorum Romanorum Fragmenta liberae rei publicae*. Turin ⁴1976 (ORF). Die ersten drei Bände der bereits genannten lat.-engl. Ausgabe *Remains of Old Latin* von E. H. Warmington (Loeb Classical Library 294, 314, 329; London, Cambridge/Mass. 1935–1938) enthalten u.a. die Fragmente des Q. Ennius (auch zitiert nach der Ausgabe von J. Vahlen, Leipzig ²1903) und Lucilius (auch zitiert nach der Ausgabe von F. Marx, 2 Bde, Leipzig 1904–05).

Häufiger zitierte literarische Quellen werden im folgenden knapp vorgestellt und deutsche Übersetzungen angegeben.

Ps.-Aurelius Victor, *De viris illustribus*. Im 4. Jh. n. Chr. aufgezeichnete, anonyme (dem Aurelius Victor fälschlich zugeschriebene) Sammlung von Kurzbiographien berühmter Männer der römischen Geschichte.

Sextus Aurelius Victor, übers. v. A. Forbiger (Langenscheidtsche Bibliothek 109) Berlin o.J. (ca. 1870), Bdch. I, S. 32–96

APPIAN aus Alexandria, Historiker des 2. Jh. n. Chr. Schrieb auf griechisch eine Geschichte der römischen Republik in Einzeldarstellungen, die jeweils die Eroberung eines Gebietes behandeln; seine fünf Bücher *Emphylia* (Bürgerkriege) bieten eine fortlaufende Geschichte der Jahre 133 bis 35 v. Chr. s. S. 20.

Appian von Alexandreia. Römische Geschichte, übers. v. O. Veh, hg. v. K. Brodersen u. W. Will. (Bibliothek der griechischen Literatur) Stuttgart 1987–1989

C. IULIUS CAESAR, römischer Staatsmann, 100–44 v. Chr. Neben politischer und militärischer Tätigkeit auch literarisch aktiv: Erhalten sind seine Werke *De bello Gallico* und *De bello civili.* Die Überlieferung schreibt ihm zu Unrecht auch ein *Bellum Africanum* zu.

Caesar, *Der Gallische Krieg,* übers. v. O. Schönberger. (dtv 2260) München 1991

Caesar, *Bürgerkrieg.* Lat. u. dt. hg. v. G. Dorminger. (Tusculum-Bücherei) München ²1974

M. PORCIUS CATO aus Tusculum, 234–149 v. Chr. War als Politiker und Militär tätig, verfaßte daneben Bücher (etwa *De agricultura,* Über den Ackerbau) und zahlreiche Reden, die in Fragmenten erhalten sind.

Cato, *Vom Landbau. Fragmente. Alle erhaltenen Schriften.* Lat. u. dt. hg. v. G. Schönberger. (Tusculum-Bücherei) München 1980

(Die Reden werden auch nach ORF, die historischen Schriften nach Peter zitiert [s. S. 237])

M. TULLIUS CICERO, 106–43 v. Chr. Seine umfangreichen Werke umfassen neben poetischen Versuchen vor allem Reden und Briefe sowie rhetorische und philosophische Schriften.

Cicero, *Sämtliche Reden,* übers. v. M. Fuhrmann. 7 Bde. (Bibliothek der Alten Welt) Zürich, München 1970–1982

Cicero, *An seine Freunde.* Lat. u. dt. hg. v. H. Kasten (Tusculum-Bücherei) München ²1976

Cicero, *Atticus-Briefe.* Lat. u. dt. hg. v. H. Kasten (Sammlung Tusculum) München ³1980

Cicero, *De re publica.* Lat. u. dt. hg. v. K. Büchner. (RUB 9909) Stuttgart 1979

Weitere Werke sind übersetzt in der Bibliothek der Alten Welt, der Edition Langewiesche-Brandt (dtv zweisprachig), der Sammlung Tusculum und in RUB.

DIODOROS aus Sizilien, 1. Jh. v. Chr. Schrieb auf griechisch eine Weltgeschichte von der mythischen Vorzeit bis zu seiner Gegenwart, die zumeist (so für die römische Republik) nur in Exzerpten erhalten ist. s. S. 20.

DIODOROS, *Griechische Weltgeschichte,* übers. v. G. Wirth u. O. Veh. (Bibliothek der griechischen Literatur) Stuttgart 1992 ff.

QUINTUS ENNIUS aus Rudiae/Kalabrien, 239–169 v. Chr. Vielseitiger Schriftsteller, dessen Hauptwerk *Annales* (Jahrbücher) die Geschichte Roms von Aeneas an darstellt; nur Fragmente erhalten.

Q. Ennius, ed. J. Vahlen, Leipzig ²1903

Keine deutsche Gesamtübersetzung; englische in E. H. Warmington, *Remains of Old Latin.* Bd. 1 (Loeb Classical Library 294) London, Cambridge/Mass. 1935, S. 1–466

Titus Livius aus Patavium (Padua), 59 v. Chr.–17 n. Chr., römischer Historiker. Schrieb eine römische Geschichte *Ab urbe condita* (Seit Gründung der Stadt), deren 142 Bücher bis 9 v. Chr. reichen. 35 Bücher (1–10 und 24–45) sind erhalten, für die übrigen liegen nicht immer korrekte kaiserzeitliche Inhaltsangaben *(periochae)* vor. S. S. 15 f.

Livius, *Römische Geschichte.* Lat. u. dt. hg. v. J. Feix, H. J. Hillen u. a. 11 Bde. (Tusculum-Bücherei bzw. Sammlung Tusculum) München 1974 ff.

Cornelius Nepos aus Oberitalien, etwa 100–25 v. Chr. Römischer Historiker, von dessen Biographien *De viris illustribus* einige erhalten sind.

Cornelius Nepos, *Berühmte Männer,* übers. v. G. Wirth (Goldmann Klassiker) München 1978

Plutarch aus Chaironeia, 46–120 n. Chr. Philosoph und Schriftsteller, aus dessen umfangreichem Werk für den vorliegenden Band die Biographien römischer Staatsmänner und Feldherren (etwa der Gracchen, Marius' und Sullas) wichtig sind.

Plutarch, *Große Griechen und Römer,* übers. v. K. Ziegler u. W. Wuhrmann. 6 Bde. (dtv 5989 [2068–2073]) München 1980–1981

Polybios aus Megalopolis, 200–120 v. Chr. Achaischer Politiker, schrieb als Geisel in Rom eine Weltgeschichte, die Timaios' Werk fortsetzend von 264 bis 144 v. Chr. reicht. Nur zum Teil erhalten. S. S. 14 f.

Polybios, *Geschichte,* übers. v. H. Drexler. 2 Bde. (Bibliothek der Alten Welt) Zürich, München ²1978–1979

Poseidonios aus Apameia/Syrien, 135–50 v. Chr. Neben zahlreichen philosophischen, naturkundlichen und geographischen Werken schrieb er eine Geschichte Roms in Anschluß an Polybios bis 85 v. Chr., die bis auf Fragmente (diese auch in FGrHist 91) verloren ist. S. S. 15.

Poseidonios, *Die Fragmente,* Ed. W. Theiler. 2 Bde. (Texte und Kommentare 10, 1–2) Berlin, New York 1982 (keine deutsche Übersetzung)

Gaius Sallustius Crispus, 86–34 v. Chr. Geschichtsschreiber, verfaßte nach Caesars Tod ein Buch *De coniuratione Catilinae* und das *Bellum Iugurthinum* sowie – nur in Fragmenten erhaltene – *Historiae.* Ob die beiden *Briefe an Caesar* von seiner Hand stammen, ist umstritten; s. S. 22.

Sallust, *Historische Schriften: Catilina, Iugurtha, Auswahl aus den Historien.* Übers. v. A. Lambert. (dtv 2261) München 1991.

Sallust, *Zwei politische Briefe an Caesar.* Lat. u. dt. hg. v. K. Büchner. (RUB 7436) Stuttgart 1974

Strabon aus Amaseia/Pontos, etwa 63 v. Chr.–19 n. Chr. Griechischer Gelehrter, dessen Geographie in 17 Büchern fast ganz erhalten ist und viel historisches Material birgt. Sein Geschichtswerk, das Polybios fortsetzte, ist bis auf wenige Fragmente (FGrHist 91) verloren.

Strabos Erdbeschreibung, übers. v. A. Forbiger, 4 Bde. (Langenscheidtsche Bibliothek 52–58) Berlin²⁻³ o. J. (ca. 1900)

Timaios aus Tauromenion (Taormina), griechischer Historiker Siziliens, Mitte 4.–Mitte 3. Jh. v. Chr. Sein nur in Fragmenten erhaltenes Werk (FGrHist 566;

keine deutsche Übersetzung) hat die spätere Geschichtsschreibung sicher stark geprägt; s. S. 14.

GAIUS VELLEIUS PATERCULUS, Historiker des 1. Jh. n. Chr. Seine römische Geschichte führt bis 30 n. Chr.
  Velleius Paterculus, *Römische Geschichte,* übers. v. M. Giebel. (RUB 8566) Stuttgart 1989 (mit Text)

Literaturhinweise

Allgemeines

Die neueste Standard-Darstellung der Geschichte der römischen Republik mit umfangreichem bibliographischen Apparat ist in der Neuausgabe der *Cambridge Ancient History (CAH)* zu finden: Bd. VII 2 (1989) behandelt ›The rise of Rome to 220 BC‹, Bd. VIII (1989) ›Rome and the Mediterranean to 133 BC‹, Bd. IX (in Vorb.) ›The last age of the Roman Republic, 146–43 BC‹.

M. Beard und M. H. Crawford, *Rome in the late republic*. London, 1985, behandeln das Thema des letztgenannten Bandes in eher provokativer Weise.

Viel Anregendes und Wichtiges enthält ein französisches Sammelwerk: C. Nicolet (Hg.), *Rome et la conquête du monde méditerranéen*. Bd. I: *Les structures de l'Italie romaine*. Paris 1977; Bd. II: *Genèse d' un empire*. Paris ²1989. Vgl. auch R. Jenkyns (Hg.), *The legacy of Rome*. Oxford 1992.

An deutschsprachigen Darstellungen liegen vor: J. Bleicken, *Die Verfassung der römischen Republik*. Paderborn (UTB 460) ⁶1993 und ders., *Geschichte der Römischen Republik*. München, Wien (OGG 2) ³1988 (= ⁴1992).

T. R. S. Broughton, *The magistrates of the Roman Republic*. 2 Bde, New York 1960, Nachdruck und Band III Atlanta 1986, bietet eine chronologische Liste aller Magistrate mit Hinweisen auf antike Quellen und moderne Forschungsliteratur.

Eine kommentierte Auswahl von Quellentexten in Übersetzung bieten N. Lewis und M. Reinhold, *Roman civilisation*. Bd. I: *The Republic and the Augustan Age*. New York ²1990; nützlich ist auch die Sammlung deutscher Übersetzungen historischer Quellen von W. Arend, *Altertum*. Geschichte in Quellen 1, München 1965.

M. H. Crawford, *Coinage and money under the Roman Republic, Italy and the Mediterranean economy*. London 1985, bietet eine historische Analyse der wirtschaftlichen Folgen der römischen Eroberungen in der Mittelmeerwelt.

P. A. Brunt, *Social conflicts in the Roman Republic*. London 1971, stellt eine brillante Analyse dar; viele der dort behandelten Themen sind in Brunts schwierigem, aber lohnendem Werk *The fall of the Roman Republic*, Oxford 1988, weiter ausgearbeitet.

Die *Römische Religionsgeschichte* von K. Latte, Handbuch der Altertumswissenschaft V 4, München 1960, bleibt das Standardwerk zum Thema. Die neueren Arbeiten zur Religion in der römischen Republik beginnen mit J. A. North, *Conservativism and change in Roman religion*. Papers of the British School at Rome 44 (1976) 1 ff.; s. auch ders. in *CAH* VII 2 und IX (s. o.); ders. und M. Beard, *Pagan priests*. London 1990. Ders., dies. und S. R. F. Price bereiten eine zweibändige *History of Roman religion*. Cambridge 1994, vor. Zur Unterdrückung der Bacchanalien s. J. A. North, *Religious toleration in republican Rome*. Proceedings of the Cambridge Philological Society 205 (= n. s. 25) 1979, 85 ff.

Zur ersten Beschäftigung mit dem römischen Recht der republikanischen Zeit eignen sich etwa J. M. Kelly, *Roman litigation*. Oxford 1966; B. W. Frier, *The rise of the Roman jurists*. Princeton 1985; D. Daube, *Roman Law. Linguistic, social and philosophical aspects*. Cambridge 1969, ist brillant und geistreich. Vgl. auch M. Kaser, *Das Römische Privatrecht I: Das altrömische, das vorklassische*

und klassische Recht. Handbuch der Altertumswissenschaft X 3, 3, München
²1971 und F. Wieacker, *Römische Rechtsgeschichte I: Einleitung, Quellenkunde, Frühzeit und Republik.* Ebd. X 3, 1, 1988.

Wichtige Untersuchungen zur Beziehung zwischen republikanischer politischer Theorie und Praxis stammen von C. Wirszubski, *Libertas.* Cambridge 1950, und von C. Nicolet, *Le métier de citoyen dans la Rome républicaine.* Paris 1976; vgl. jetzt vor allem Brunt, *Fall* (s. o.), Kapitel 6 *(Libertas in the Republic).*

Eine neue, zweibändige *Geschichte der römischen Literatur* stammt von M. von Albrecht, Bern 1992; Taschenbuchausgabe München (dtv 4618) 1994. Das Buch *Intellectual life in the late Roman Republic* von E. Rawson ist reichhaltig und aufschlußreich, wenngleich nervös und eigenartig; Cicero und die Dichter sind bewußt ausgenommen.

Keine Gesamtdarstellung der Kunst der römischen Republik ist historisch befriedigend. Eine atemberaubend schöne Serie von Luftaufnahmen findet sich in G. Schmidt, *Atlante aerofotografico delle sedi umane in Italia.* 2 Bde, Florenz 1966–1970; vgl. A. Rieche, *Das antike Italien aus der Luft.* Bergisch-Gladbach 1978.

Zu Kapitel 1

Literaturhinweise zu Inschriften und Münzen sowie zu Übersetzungen literarischer Quellen bietet die Quellenübersicht in diesem Buch. *Sources for Ancient History* sind allgemein in dem von M. H. Crawford herausgegebenen Band dieses Titels, Cambridge 1983, behandelt.

A. Momigliano hat sich mit der Geschichtsschreibung zur römischen Republik (zu Timaios, Fabius Pictor, Polybios u. a.) in einer Reihe brillanter Essays auseinandergesetzt, die in *Studies in historiography.* London 1966, *Essays in ancient and modern historiography.* Oxford 1977, und in *Wege in die Alte Welt.* Berlin 1991, gesammelt vorliegen; vgl. auch ders., *The classical foundations of modern historiography.* Berkeley, Los Angeles 1990, und allgemein V. Pöschl (Hg.), *Römische Geschichtsschreibung.* Wege der Forschung 90, Darmstadt 1969.

An Einzeluntersuchungen sei hervorgehoben: T. S. Brown, *Timaeus of Tauromenium.* Berkeley, Los Angeles 1958; L. Pearson, *The Greek historians of the west.* Atlanta 1987; F. W. Walbank, *Polybius.* Berkeley, Los Angeles 1972; A. D. Nock, *Posidonius.* Journal of Roman Studies 49 (1959) 1 ff.; H. Strasburger, *Posidonius.* Ebd. 55 (1965) 40 ff.; B. W. Frier, *Libri annales pontificum maximorum.* Rom 1979; P. G. Walsh, *Livy.* Cambridge 1961; E. Gabba, *Dionysius [von Halikarnaß] and the history of archaic Rome.* Berkeley, Los Angeles 1991; K. S. Sacks, *Diodorus Siculus and the first century.* Princeton 1990; E. Gabba, *Appiano e la storia delle guerre civili.* Florenz 1956; K. Brodersen, *Appian und sein Werk.* Aufstieg und Niedergang der Römischen Welt II 34. 1, Berlin, New York 1993, 339 ff.; P. Stadter (Hg.), *Plutarch and the historical tradition.* London 1992; F. G. B. Millar, *A study of Cassius Dio.* Oxford 1964; R. Syme, *Sallust.* Darmstadt 1975.

Der entschiedenste Angriff gegen die Glaubwürdigkeit der lateinischen historischen Tradition stammt von T. P. Wiseman, *Clio's cosmetics.* Leicester 1979; die darauf folgende Forschungsdebatte läßt sich etwa in dem von I. S. Moxon, J. D. Smart und A. J. Woodman herausgegebenen Sammelband *Past perspectives.* Cambridge 1986, verfolgen; sie ist freilich weniger für die im vorliegenden Buch behandelten Themen als vielmehr für die Frühzeit von Bedeutung, zu der man weise agnostisch bleiben sollte. Auf einer Fehldeutung der Natur von Geschichte beruht, wie ich meine, A. J. Woodman, *Rhetoric in classical historiography.* London 1988.

Die Komödien des Plautus wertet A. Watson, *Roman private law around 200 BC*. Edinburgh 1968, in interessanter Weise als Quellen für das Recht der Republik aus. Zu Cicero bevorzuge ich A. E. Douglas, *Cicero*. Oxford 1968.

Zur nichtrömischen Tradition vgl. T. J. Cornell im Museum Helveticum 31 (1974) 193 ff. und die Annali della Scuola Normale Superiore di Pisa, cl. di lett. e fil. 6 (1976) 411 ff.

Die großartige Sammlung neuerer Synthesen zu Aspekten der archäologischen Zeugnisse, die in P. Zanker (Hg.), *Hellenismus in Mittelitalien*. Abhandlungen der Akademie der Wissenschaften in Göttingen. Phil.-Hist. Kl. 97, Göttingen 1976, gesammelt sind, haben in den 14 ganz Italien abdeckenden Bänden der *Guide Archeologiche Laterza* Frucht getragen.

Zu Kapitel 2

Eine ausführlichere Darstellung der Völker Italiens findet sich in Crawford, *Coinage and money* (s. o. Allgemeines), Kap. 1. Vgl. auch M. Pallottino, *Italien vor der Römerzeit*. München 1987; T. W. Potter, *Das römische Italien*. Stuttgart 1992; E. T. Salmon, *Samnium and the Samnites*. Cambridge 1967; J. Boardman, *Kolonien und Handel der Griechen*. München 1981; M. Pallottino, *Die Etrusker*. Frankfurt a. Main 1965; K.-W. Weeber, *Geschichte der Etrusker*. Stuttgart 1979; M. Torelli, *Die Etrusker*. Frankfurt a. Main, New York 1988; E. Macnamara, *The Etruscans*. London 1990. Über die Kelten informiert umfassend der Katalog zur Ausstellung in Venedig 1991: *I Celti*. Mailand 1991.

Zu Kapitel 3

Die am besten verständliche und interessanteste Darstellung der republikanischen »Verfassung« stammt von W. Kunkel, *Römische Rechtsgeschichte. Eine Einführung*. Köln, Wien ¹²1990.

Die Forschungskontroverse über die Definition eines *nobilis* läßt sich anhand folgender Titel verfolgen: M. Gelzer, *Die Nobilität der römischen Republik*. Leipzig 1912 (wieder in ders., *Kleine Schriften*. Bd. I, Wiesbaden 1962, 17 ff.); P. A. Brunt, *Nobilitas and novitas*. Journal of Roman Studies 72 (1982) 1 ff.; D. R. Shackleton Bailey, *Nobiles and novi reconsidered*. American Journal of Philology 107 (1986) 255 ff.

Die derzeitige Lehrmeinung weist eine »Analyse der Politik in der Mitte der republikanischen Zeit mit Blick auf Gruppierungen, die auf Allianzen zwischen *gentes* (Sippen) oder Zweigen von *gentes* beruhten«, zurück; s. etwa F. G. B. Millar, *The political character of the classical Roman Republic*. Journal of Roman Studies 74 (1984) 1 ff. (der gleichzeitige Versuch, Rom als Demokratie anzusehen, hätte Polybios überrascht!); Brunt, *Fall* (s. o. Allgemeines), Kap. 7 und 9. Eine recht hölzerne Kritik (aus der das einleitende Zitat stammt) hat J. Briscoe verfaßt: *Political groupings in the middle Republic. A restatement*. In: C. Deroux (Hg.), *Studies in Latin Literature and Roman History*. Bd 6, Brüssel 1992, 70 ff., ein weit anspruchsvollerer Ansatz wird von J. A. North, *Democratic politics in republican Rome*. Past and Present 126 (1990) 3 ff. vertreten. Die Darstellung im vorliegenden Buch scheint mir (M. C.) insgesamt weiterhin haltbar.

Brunt, *Fall* (s. o. Allgemeines), Kap. 8, greift die Bedeutung der *clientela* in der Struktur römischer Politik allgemein an; dabei wird zeitweilig das Kind mit dem Bade ausgeschüttet: s. die Rezension von M. H. Crawford, Athenaeum 72 (1994) [im Druck].

Zur Beziehung zwischen republikanischer politischer Theorie und Praxis im Denken und der Praxis s.o. Allgemeines, zur Rhetorik politischer Argumentation s. F. G. B. Millar, *Politics persuasion and the people before the Social War (150–90 BC)*. Journal of Roman Studies 76 (1986) 1 ff.

Vgl. ferner A. Watson, *Rome of the XII Tables*. Princeton 1975; K. A. Raaflaub (Hg.), *Social struggles in archaic Rome*. Berkeley, Los Angeles 1986.

Zu Kapitel 4

Zum Aufstieg Roms und den Verträgen mit Karthago s. die gute Erörterung von H. H. Scullard, *CAH* VII 2 (s.o. Allgemeines), Kap. 11. R. M. Ogilvie, *Das frühe Rom und die Etrusker*. München ³1988 sieht in der gallischen Eroberung Roms ein allzu einschneidendes Ereignis.

Die Besiedlung eroberten Landes, die Ausdehnung des römischen Bürgerrechts und die sich daraus ergebende Stärke Roms behandeln drei wichtige Bücher: E. T. Salmon, *Roman colonisation*. London 1969; A. N. Sherwin-White, *Roman citizenship*. Oxford ²1973; P. A. Brunt, *Italian manpower*. Oxford 1971 (rev. 1987), eine wahre Fundgrube für eine Vielzahl von Themen. Sherwin-White erörtert die latinischen Rechte in Kapitel 1 und 3; s. auch M. Humbert, *Municipium et civitas sine suffragio*. Paris 1988. Das *tribus*-System in der römischen Bürgerschaft wird von L. R. Taylor, *Voting districts of the Roman Republic*. Rom 1960, behandelt. Dünn und enttäuschend ist E. T. Salmon, *The making of Roman Italy*. London 1982.

Die Eroberung von zwei Gebieten wird im Zusammenhang dargestellt von W. V. Harris, *Rome in Etruria and Umbria*. Oxford 1971; vgl. Salmon 1967 (s.o. zu Kapitel 2) und M. W. Frederiksen, *Campania*. London 1984 (dieses von N. Purcell aus dem Nachlaß herausgegebene Werk enttäuscht; am besten sind noch die Seiten 196 ff., in denen versucht wird nachzuempfinden, wie sich *civitas sine suffragio* für einen Mann von Capua darstellte). Zu Cosa s. F. E. Brown, *Cosa*. Ann Arbor 1980.

Zur ersten Ausgabe von Münzen s. Crawford, *Coinage and money* (s.o. Allgemeines), Kap. 3, zur Entwicklung des Zensus ebd. Kap. 2.

Zu Kapitel 5

R. M. Errington, *The dawn of empire*. London 1971, bleibt eine nützliche allgemeine Darstellung der römischen Expansion. Das wichtigste neuere Werk hierzu ist aber W. V. Harris, *War and imperialism in Republican Rome, 327–70 BC*. Oxford 1979; es ist zusammen mit dem Aufsatz von J. A. North, *The development of Roman imperialism*. Journal of Roman Studies 71 (1981) 1 ff. und den Artikeln in dem von Harris herausgegebenen Sammelband *The imperialism of Mid-Republican Rome*. Rom 1984, zu benutzen.

Das am besten zugängliche aktuelle Werk über Karthago, das auch durch seine Meisterung der neuen archäologischen Belege überzeugt, stammt von M. Gros, P. Rouillard und J. Teixidor, *L' univers phénicien*. Paris 1989; vgl. auch W. Huß, *Geschichte der Karthager*. Handbuch der Altertumswissenschaft III 8, München 1985.

Zu *Scipio Africanus* s. das Buch diesen Titels von H. H. Scullard, London 1970, zu *Hannibal* das von J. Seibert, Darmstadt 1993. A. J. Toynbee, *Hannibal's legacy*. 2 Bde, Oxford 1965, ist eine weitgefaßte Studie des Ersten und

Zweiten Punischen Krieges und von deren Folgen; sie sammelt eine riesige Menge an Belegen, mißversteht aber, wie ich meine, die Republik fast völlig.

E. Badian, *Foreign clientelae*. Oxford 1958, ist die anregende Untersuchung eines wichtigen Aspekts der römischen Herrschaft und der ihr zugrundeliegenden persönlichen Bindungen.

Wie die Griechen die anderen, darunter die Römer, sahen, hat A. Momigliano, *Hochkulturen im Hellenismus*. München 1979, in brillanter Weise dargestellt.

Zu den inneren Entwicklungen und ihrem Bezug auf die Expansion innerhalb Italiens und außerhalb ist der beste Ansatz zum Umgang mit Appius Claudius die Lektüre von Wiseman (s.o. zu Kap. 1); die Entwicklung der Form, in der Rom seine Siege symbolisierte, hat S. Weinstock, *Victor* and *invictus;* Harvard Theological Review 50 (1957) 211 ff. dargestellt. Einen interessanten Gedankengang bietet E. Gabba, *Del buon uso della ricchezza*. Mailand 1988, 19 ff. und 69 ff., demzufolge die römische Einstellung unverändert darauf gerichtet war, die herrschenden Schichten von Aktivitäten abzuhalten, die das Risiko ihrer Verarmung bergen; auch die *lex Claudia* wird in diesem Zusammenhang gedeutet.

Eine Geschichte der republikanischen Provinzialverwaltung stammt von M. H. Crawford, *Origini e sviluppi del sistema provinciale romano*. In: Storia di Roma, Bd. II 1, Turin 1990, 91 ff.

Zu Kapitel 6

Eine gute Einführung stammt von R. M. Errington, *Geschichte Makedoniens*. München 1986, eine hervorragend organisierte Darstellung der Hauptprobleme mit Quellen- und Literaturangaben von Ed. Will, *Histoire politique du monde hellénistique*. 2 Bde, Nancy ²1979–1982.

E. Gruen, *The Hellenistic world and the coming of Rome*. 2 Bde, Berkeley, Los Angeles 1984, unternimmt es, die römische Neigung zur Intervention im Osten und ihre Auswirkungen herunterzuspielen; wie ich meine, sind sowohl die Methode als auch die Folgerungen unhaltbar, was etwa auch die Rezensionen von J. W. Rich, Liverpool Classical Monthly 10 (1985) 90 ff. und von E. Gabba, Athenaeum 65 (1987) 205 ff. betont haben.

Probleme der Chronologie behandelt J. W. Rich, *Roman aims in the First Macedonian war*. Proceedings of the Cambridge Philological Society 210 (= n.s. 30) (1984) 126 ff. Ein wichtiger Aufsatz zum Verständnis des Polybios von der römischen Hegemonie stammt von P. S. Derow, *Polybius, Rome and the east*. Journal of Roman Studies 69 (1979) 1 ff.

Zu Kapitel 7

Zur wirtschaftlichen Gestalt des von Rom geschaffenen Reiches s. M. H. Crawford, *Rome and the Greek world. Economic relationships*. Economic History Review 30 (1977) 42 ff. und die Weiterentwicklung dieser Gedanken in ders., *Coinage and money* (s.o. Allgemeines), Kap. 13.

Zur Regelung des *cursus honorum* s. A. E. Astin, *The »lex annalis« before Sulla*. Brüssel 1958. Die Unterscheidung zwischen Bestechung und Stimmenwerbung gelingt A. W. Lintott, *Electoral bribery in the Roman Republic*. Journal of Roman Studies 80 (1990) 1 ff. nicht immer.

Zu den Luxusgesetzen folge ich der Interpretation von Daube (s.o. Allgemeines); vgl. auch die Deutung von Gabba (s.o. zu Kap. 5).

Zur römischen Provinzialverwaltung s. F. W. Walbank, *Political morality and the friends of Scipio*. Journal of Roman Studies 55 (1965) 1 ff. und M. H. Crawford (s. o. zu Kap. 5). N. S. Rosenstein, *Imperatores victi*. Berkeley, Los Angeles 1990, ist eine wichtige Untersuchung der Beziehungen zwischen militärischem Scheitern und aristokratischem Wettbewerb.

Die antike Debatte über Freigelassene und Bürgerrecht läßt sich bei S. Treggiari, *Roman freedmen during the late republic*. Oxford 1969, 37 ff. verfolgen; zu den Änderungen in den Strukturen der Zensus-Klassen s. Crawford, *Coinage and money* (s. o. Allgemeines), Kap. 19; D. W. Rathbone, *The census qualifications of the assidui and the prima classis*. In: *De agri cultura. In memoriam P. W. de Neeve*. Amsterdam 1993, XXX ff.

Zu Kapitel 8

Viele der gesellschaftlichen Spannungen und kulturellen Entwicklungen des 2. Jahrhunderts v. Chr. lassen sich bei A. E. Astin, *Cato the Censor*. Oxford 1978, und dems., *Scipio Aemilianus*. Oxford 1967, verfolgen; eine nützliche Kurzdarstellung bietet E. Rawson, *CAH* VIII (s. o. Allgemeines), Kap. 12, doch ist das wichtigste Werk nunmehr J. L. Ferrary, *Philhellénisme et impérialisme*. Rom 1988.

Zu Rom und dem griechischen Osten s. A. N. Sherwin-White, *Roman foreign policy in the east, 168 BC to AD 1*. London 1984. Zu den Kriegen in Spanien Astin, *Scipio* (s. o.) und vor allem J. S. Richardson, *Hispaniae*. Cambridge 1986.

C. Laelius behandelt Astin, *Scipio* (s. o.) 307 ff. Eine gute Darstellung der *provocatio* bietet J. D. Cloud in: M. Crawford und D. Rathbone (Hg.), *Rome around 300 BC*. Bulletin of the Institute of Classical Studies Supplement, London (im Druck).

Zu Kapitel 9

Die beste Darstellung der wirtschaftlichen und gesellschaftlichen Wandlung Italiens im 2. Jahrhundert v. Chr. stammt von E. Gabba, *CAH* VIII (s. o. Allgemeines), Kap. 7; er baut auf frühere Arbeiten von G. Tibiletti (etwa *Die Entwicklung des Latifundiums in Italien von der Zeit der Gracchen bis zum Beginn der Kaiserzeit*. In: H. Schneider (Hg.), *Zur Sozial- und Wirtschaftsgeschichte der späten römischen Republik*. Wege der Forschung 413, Darmstadt 1976, 11 ff. und von ihm selbst auf. *CAH* VIII, Kap. 13 erörtert P. Morel die archäologischen Zeugnisse auch auf der Grundlage der drei vom Istituto Gramsci publizierten Bände *Società romana e produzione schiavistica*. Bari 1981; zu diesen vgl. auch die Rezensionen von D. W. Rathbone im Journal of Roman Studies 73 (1983) 160 ff. und S. Spurr, Classical Review n. s. 35 (1985) 123 ff. Wie wenig gesichert manche der Schlußfolgerungen sind, zeigt M. W. Frederiksen, *The contribution of archaeology to the agrarian problem in the Gracchan period*. Dialoghi di Archeologia 4–5, 2–3 (1970–71) 330 ff. Grundlegend für die Sozial- und Wirtschaftsgeschichte der Republik von diesem Zeitraum an bleiben E. Gabba, *Esercito e società nella tarda repubblica Romana*. Florenz 1973 und Brunt (s. o. zu Kap. 4). Einen wichtigen Aspekt der Agrargeschichte Italiens stellt P. W. de Neeve, *Colonus*. Amsterdam 1984, auf eine neue Grundlage.

F. Coarelli, *Public building at Rome between the Second Punic War and Sulla*. Papers of the British School at Rome 45 (1977) 1 ff. bestreitet die Ansicht, die Krise der Gracchenzeit habe auch eine städtische Dimension gehabt.

Zu den besten Darstellungen der sizilischen Sklavenkriege gehören K. R. Bradley, *Slavery and rebellion in the Roman world*. Bloomington 1989; lesenswert bleibt M. I. Finley, *Geschichte Siziliens*. München 1980, Kap. 11 (auch dtv 4592).

Zu Kapitel 10

Eine geradlinige Darstellung bietet D. Stockton, *The Gracchi*. Oxford 1979; die politischen Vorgänger der Gracchen im Einsatz des Tribunats stellt L. R. Taylor, *Some forerunners of the Gracchi*. Journal of Roman Studies 52 (1962) 19 ff. dar.

In dem zu Kap. 9 genannten Wege-der-Forschung-Band sind wichtige Aufsätze zum Thema dieses Kapitels gesammelt; A. Lintott, *Violence in Republican Rome*. Oxford 1968, Kap. 12 ist eine gute Darstellung des »Weges ins Verderben« am Ende des Tribunats von Ti. Gracchus.

Der Versuch von J. W. Rich, *The supposed Roman manpower shortage of the later second century BC*. Historia 32 (1983) 287 ff., das Programm des Ti. Gracchus von der Sorge um die militärische Mannstärke Roms abzukoppeln, scheitert an der klaren Aussage von Appian, Emphylia 1, 11. 45.

Zu Kapitel 11

Vgl. allgemein Stockton (s. zu Kap. 10); eine ausführlichere Darstellung der italischen Dimension der republikanischen Geschichte hoffe ich in den nächsten Jahren vorlegen zu können.

Vieles in der Geschichte der Auspressung der Provinzen und ihrer gerichtlichen Verfolgung liegt im dunkeln; der beste Wegweiser ist Brunt, *Fall* (s.o. Allgemeines), Kap. 4; A. N. Sherwin-White, *The lex repetundarum and the political ideas of Gaius Gracchus*. Journal of Roman Studies 72 (1982) 18 ff. macht von einem schwierigen Quellentext in aufregender Weise Gebrauch.

Zu Kapitel 12

Zur Ansiedlung der Veteranen des Marius s. Brunt, *Fall* (s.o. Allgemeines), 278 ff., doch bezieht sich die hier zitierte Anekdote aus Plutarch, die früher auch ich zu Unrecht als Quelle hierfür benutzt habe, wahrscheinlich auf Manius Curius Dentatus. J. A. North, *Deconstructing stone theatres*. In: *Apodosis W. W. Cruickshank*. London: St. Paul's School 1992, XXX ff. behandelt eine Reihe schwieriger Probleme in der Geschichte des späten 2. Jahrhunderts v. Chr.

Die beste Darstellung der Ziele der Italiker im Jahr 91 stammt von Brunt, *Fall* (s.o. Allgemeines), Kap. 2.

Den Versuch, einige der Probleme in einen größeren wirtschaftlichen und gesellschaftlichen Zusammenhang zu stellen und dabei vor allem archäologische Zeugnisse heranzuziehen, unternimmt M. H. Crawford, *Italy and Rome*. Journal of Roman Studies 71 (1981) 153 ff.

Zu Kapitel 13

E. Badian, *Lucius Sulla*. Sydney 1970, ist trotz seines gelegentlich geradezu böswilligen Ansatzes vielen neueren Biographien Sullas vorzuziehen. Zu den Proskriptionen liegt ein umfangreiches Werk von F. Hinard vor: *Les proscriptions de la Rome républicaine*. Rom 1985.

Zu Kapitel 14

P. A. Brunt, *Die Beziehungen zwischen dem Heer und dem Land im Zeitalter der römischen Revolution* (1962) in dem zu Kap. 9 genannten Wege-der-Forschung-Band, S. 124 ff. (rev. in Brunt, *Fall*, s. o. Allgemeines, Kap. 5) bleibt einer der wichtigsten und originellsten Beiträge zur Geschichte der späten Republik in unserer Zeit.

E. Badian, *Römischer Imperialismus in der Späten Republik*. Stuttgart 1980, dokumentiert den Wechsel der Gangart in der Ausbeutung der Provinzen in der späten Republik.

Die allen späteren Studien zugrundeliegende Untersuchung der Urbanisierung Italiens nach dem Bundesgenossenkrieg stammt von E. Gabba, *Urbanizzazione nell' Italia centro-meridionale del I secolo a. C.* Studi Classici e Orientali 21 (1972) 73 ff.

Zu den Bedingungen in Rom s. Z. Yavetz, *The living conditions of the urban plebs*. Latomus 17 (1958) 500 ff.; zu den Unruhen in Rom P. A. Brunt, *Der römische Mob (1966)* in dem zu Kap. 9 genannten Wege-der-Forschung-Band, S. 271 ff.; vgl. auch A. W. Lintott, *P. Clodius Pulcher*. Greece and Rome n. s. 14 (1967) 157 ff. und allgemein M. W. Frederiksen, *Caesar, Cicero and the problem of debt*. Journal of Roman Studies 56 (1966) 128 ff.

E. S. Gruen, *The Last Generation of the Roman Republic*. Berkeley, Los Angeles 1974, ist mit der Rezension *Hamlet without the prince* von M. H. Crawford. Journal of Roman Studies 66 (1976) 214 ff. zu lesen. Modernistische Ansätze kennzeichnen die dennoch interessante Untersuchung von L. R. Taylor, *Party Politics in the Age of Caesar*. Berkeley, Los Angeles 1949.

Eine großartige Beschwörung der spätrömischen Gesellschaft bietet T. P. Wiseman, *The world of Catullus*. Cambridge 1985.

Zu Kapitel 15

D. R. Shackleton Bailey, *The Roman nobility in the Second Civil War*. Classical Quarterly 54 (1960) 253 ff. dokumentiert, in welchem Grade Familien zerrissen wurden: War dies verrückter Brudermord oder aber der Versuch, der jeweils obsiegenden Familie Kontinuität zu sichern? P. A. Brunt, *Cicero's officium in the Civil war*. Journal of Roman Studies 76 (1986) 12 ff. befaßt sich mit vielen ideologischen Fragen beim Ausbruch des Bürgerkriegs.

Zu Caesars Religions- und dynastischer Politik s. S. Weinstock, *Divus Julius*. Oxford 1971, und vor allem die Rezension *Praesens Divus* von J. A. North. Journal of Roman Studies 65 (1975) 171 ff. Im selben Band 148 ff. hat E. Rawson *Caesar's heritage. Hellenistic kings and their Roman equals* (wieder in dies., *Roman Culture and Society*. Oxford 1991, 169 ff.) behandelt.

Das von F. G. B. Millar, *Triumvirate and principate*. Journal of Roman Studies 63 (1973) 50 ff. gezeichnete Bild hat P. A. Brunt erneut entworfen: *Augustus e la respublica*. In: *La rivoluzione romana*. Biblioteca di Labeo 6, Neapel 1982, 236 ff.

Zu Kapitel 16

R. Syme, *Die römische Revolution*. (1939), München 1992, ist mit der Rezension von A. Momigliano, Journal of Roman Studies 30 (1940) 74 ff. zu benutzen. Manche der darin angesprochenen Themen kehren bei Brunt, *Fall* (s. o. Allgemeines), Kap. 1, wieder, der eine konzentrierte und, wie ich meine, im wesentlichen richtige Darstellung bietet.

Zur italischen Elite s. R. Syme, *Caesar, the senate and Italy* (1938). In: ders., *Roman Papers I*. Oxford 1979, 88 ff.; T. P. Wiseman, *New men in the Roman senate*. Oxford 1971, ist die kluge Untersuchung einer entscheidenden Frage beim Übergang von der Republik zum Prinzipat. Die Romanisierung Italiens zwischen dem Bundesgenossenkrieg und Augustus stellt M. H. Crawford in einem Kapitel in *CAH X* (s. o. Allgemeines) dar. Zu den militärischen Grabmonumenten der Revolutionszeit s. Studi Miscellani, Bd. X, Rom 1963–64.

Die religiösen Entwicklungen der späten Republik behandelt J. A. North, *Novelty and choice in Roman religion*. Journal of Roman Studies 70 (1980) 186 ff., die Ansiedlungen von Veteranen L. Keppie, *Colonisation and veteran settlement in Italy 47–14 BC*. London 1985.

G. W. Bowersock, *Augustus and the Greek world*. Oxford 1965, dokumentiert u. a. das Aufkommen einer griechisch-römischen Herrschaftsschicht für das Römische Reich.

Für die Zeit ab Augustus finden sich weiterführende Hinweise in der neubearbeiteten 4. Auflage von C. Wells, *Das Römische Reich*. München (dtv 4405) [4]1994.

Abbildungsnachweise

Die Karten und Strichzeichnungen der deutschen Ausgabe hat Karl-Friedrich Schäfer nach Vorlagen von Michael Crawford (aus der von Bill Thompson hergestellten englischen Ausgabe) bzw. von Kai Brodersen (aus den im folgenden genannten Publikationen) angefertigt:

Abb. 1, S. 24: *Affreschi Romani dalle raccolte dell'Antiquarium communale.* (Ausstellungskatalog) Rom 1976, Abb. auf S. 3.

Abb. 2, S. 43: M. Crawford.

Abb. 3, S. 51: F. Coarelli, *Rom. Ein archäologischer Führer.* Freiburg i. Br., Basel, Wien 1975, Abb. auf S. 63 und L. Richardson, *Cosa and Rome: Comitium and Cura.* Archaeology 10 (1957) 49–55, Abb. 1 auf S. 50.

Abb. 4, S. 62: J. P. Morel, *Études de céramique campanienne I: L'atelier des petites estampilles.* Mélanges d'archéologie et d'histoire de l'École Française de Rome 81 (1969) 59–117, Fig. 26 und 27 auf S. 95 bzw. 102.

Abb. 5, S. 127: J. Bradford, *Buried Landscapes in Southern Italy.* Antiquity 23 [90] (1949) 58–72, Fig. 2 auf S. 67.

Abb. 6, S. 143: A. Morellius, *Thesaurus Morellianus sive familiarum Romanorum numismata omnia ... delineata.* Bd. I, Amsterdam 1734, Licinia Tab. 1 VIII.

Abb. 7, S. 149: F. Coarelli, *Lübbes archäologischer Führer Pompeji.* Bergisch Gladbach 1979, Abb. 53 auf S. 140.

Abb. 8, S. 150: Morellius (wie Abb. 6), Fundania II.

Abb. 9, S. 153: M. Crawford.

Abb. 10, S. 162: J. Beloch, *Der italische Bund unter Roms Hegemonie.* Leipzig 1880, Karte I: Italia ante Bellum Marsicum.

Abb. 11, S. 170: Morellius (wie Abb. 6), Cornelia Tab. 4 VII und VI.

Abb. 12, S. 185: M. Crawford, *Coin Hoards and the Pattern of Violence in the Late Republic.* Papers of the British School at Rome 37 (1969) 76–81, Fig. auf S. 79.

Abb. 13, S. 197: D. R. Walker, *The Metrology of the Roman Silver Coinage. I: From Augustus to Domitian.* (British Archaeological Reports Suppl. Series 5) Oxford 1976, Kap. 3 (mit C. E. King): Ptolemaic and Augustan Silver, Fig. 16 auf S. 151.

Abb. 14, S. 200: H. Cohen, *Déscription générale des monnaies de la république Romaine.* Paris, London 1857, pl. XXXIII Pompeia 2.

Abb. 15, S. 210: Morellius (wie Abb. 6), Julia Tab. 2 VII.

Abb. 16, S. 213: Morellius (wie Abb. 6), Junia Tab. 2 IV.

Abb. 17, S. 217: Morellius (wie Abb. 6), Fufia I.

Abb. 18, S. 219: Morellius (wie Abb. 6), Pomponia Tab. 3 III.

Abb. 19 bis Abb. 22, Anhang, S. 231 f.: M. Crawford.

Quellenregister

Inschriften: 22, 237

Archaiologike Ephemeris 1910, 345: 49
CIL I²
- 7: 13
- 9: 17
- 25: 33
- 581: 17
- 585: 49, 135, 145
- 587: 173
- fasc. 1 p. 192 (Elogia X): 54
IG IX 1² 2, 241: 72
JRS 64 (1964) 195–220: 154
StV III 536: 72
Syll.³
- 543: 50
- 593: 81
- 601: 81
- 618: 81
- 741 IV: 158
- 749: 200
Warmington, Remains IV
- p. 2: 13
- p. 4: 17
- p. 128 f.: 33
- p. 388: 49, 135, 145

Münzen: 21, 105, 162, 164, 184 f., 196 f., 2O1, 209, 211 f., 237

Crawford, RRC
- 292.1: 143
- 326.1: 150
- 359.2: 170
- 367.1: 170
- 402.1a: 200
- 403.1: 217
- 410.2a: 219
- 480.7: 210
- 508.3: 212

Literarische Quellen

Appian: 20, 237 f.
- Emphylia
  1, 7, 27–31: 120
  1, 9, 35–36: 113
  1, 10, 38: 125
  1, 27, 121–124: 145
  1, 38, 170: 162
  1, 57, 253: 167
  1, 77, 350–352: 169
  5, 17, 68–71: 214
- Iberike 39, 158: 108
- Makedonike 11, 1: 104
- Mithridat. 11, 41: 166
Asconius p. 60 Kießling/Schöll: 151
C. Asinius Pollio: 23
Athenaios
  6 p. 274b–e: 37
  14 p. 632a–b: 28
Augustinus, Gottesstaat 3, 4: 202
Augustus, Res Gestae: 215
Ps.-Aurelius Victor, De viris illustribus: 237
  72, 6: 143
  73, 1: 146
C. Iulius Caesar: s. Personenreg.
- De bello civili: 238
  1, 4, 4: 203
  1, 7: 207
  1, 13: 207
  1, 85, 8: 205
  3, 32, 1–6: 199
- De bello Gallico: 238
  7, 8: 205
Ps.-Caesar, Bellum Africanum
  22: 169
Cassius Dio: 21
  38, 5, 3: 223
Cassius Hemina Frg. 17 Peter: 120
M. Porcius Cato: 85, 97 ff., 117, 237 f.
- Ad Marcum filium 1 Jordan: 97
- De agricultura: 123 f.
- Origines: 50, 98
- Reden (Frg. nach ORF)
  98: 89
  132: 89
  167: 119
  173: 88
  178: 89
  224: 89
- Frg. nach Schönberger
  22: 50

95: 119
216: 89
250: 89
282: 88f.
325: 89
356: 97
540: 124
M. Tullius Cicero: 22, 157, 238; s. auch Personenreg.
- Ad Atticum
  1, 19, 4: 183
  4, 1, 7: 178
  6, 1, 3: 196
  8, 13, 2: 213
  9, 10, 2–3: 208
  11, 6, 2: 214
  11, 7, 3: 214
  11, 23, 3: 190
- Ad familiares (Ps.-Cicero) 5, 1: 189
- Ad Quintum fratrem 2, 3, 4: 187f.
- Brutus
  62: 18
  97: 93
  99: 140
- De divinatione 2, 70: 110
- De imperio Cn. Pompei: 178
  60: 111
- De lege agraria 2, 73: 48
- De legibus: 202
  2, 5: 216
  2, 13f.: 36
  2, 23: 110
  2, 31: 36
  3, 27: 174
  3, 33: 93
  3, 38: 143
- De natura deorum: 202
  1, 3: 110
  2, 8: 110
  3, 5: 110
- De officiis
  1, 150: 183
  2, 89: 124
- De oratore
  1, 52, 225: 144
  3, 2–5: 161
- De provinciis consularibus 24–32: 179
- De re publica: 202
  1, 31: 128, 130, 134, 190
  2: 99

2, 16: 36
2, 39–40: 192
3, 41: 135
4, 2: 226
- De senectute
  21: 19
  61: 19
- In Pisonem
  4: 175
  10: 174
- In Verrem II 49, 122: 157
- Paradoxa Stoicorum: 207
  6, 2, 46: 195
- Philippica
  2, 43, 110: 210
  4, 14: 35
  12, 27: 170
- Pro Balbo 21: 52
- Pro Cluentio
  148: 174
  153: 159
- Pro Milone: 190
- Pro Murena 51: 186
- Pro Rabirio Postumo
  14: 223
  16: 159
- Pro Sestio
  86: 192
  97: 191
- Pro Sexto Roscio: 172f.
Cornelius Nepos: 239
- Cato 2, 2: 215
- Eumenes 8, 2: 214
Diodoros: 20, 238
  20, 36, 1–6: 55
  34/35, 6, 1–2: 125
  34/35, 25, 1: 138
  36, 13, 2: 162
  37, 2, 4–5 u. 7: 164
  37, 5, 1–3 u. 6: 156
  37, 8, 1–2: 157
  37, 12, 2–3: 148
Dionysios von Halikarnassos: 15
  2, 9, 2: 30
  3, 61: 29
  20, 11: 224
Duris von Samos: 45
Ennius: 202, 237f.
  Annales (ed. Vahlen)
  169: 53
  183–185: 145, 224
  202–203: 56

284: 224
373: 90
465: 57
Epikur: 202
Euhemeros: 202
Fabius Pictor: 99
C. Fannius: 237
Frg. 3 ORF: 140
Florus 1, 11, 8: 26
Gellius
11, 10: 90, 138
15, 12, 4: 139
17, 12, 7: 50
Gracchen: s. Personenreg.
– C. Gracchus, Reden (ORF): 237
28: 139
44: 90, 138
– Ti. Gracchus, Reden (ORF): 237
13: 120
Horaz: 219
Titus Livius: 15, 238f.
2, 1, 7–8: 31
4, 14, 3–7: 33
6, 32, 1: 43
8, 14, 10: 47
21, 63, 3–4: 66
22, 34, 8: 67
27, 9, 7–8: 64
27, 27, 12ff.: 18
28, 36, 5: 115
29, 37, 5: 114
32, 7, 8: 87
34, 1–8: 90
37, 56, 2: 80
37, 56, 6: 80
38, 60, 9: 37
39, 8–19: 17
41, 22, 7–8: 104
42, 5, 1: 104
42, 11, 4–5: 103
Per. 58: 127
Per. 71: 160
Lucilius: 22, 237
Frg. nach Marx (Warmington)
166f. (159f.): 37
428f. (456f.): 89
1078 (1016): 89
1088 (1017): 110
Lucretius, De rerum natura: 202
Makkabäerbuch I 8, 1–4: 88
Plautus: 22

– Amphitruo
192: 58
196: 58
205–210: 82
656–657: 58
– Aulularia 228–235: 37
– Epidicus
158–159: 58
348: 58
380–381: 58
– Truculentus 649: 124
Plinius, Naturalis historia 9, 168: 153
Plutarch: 20f., 239
– C. Gracchus 9: 141
– Ti. Gracchus
8: 109, 113
9, 4–6: 120
13–14: 127
16: 128
– Lucullus 20: 198
– Marius
4: 142
45, 3–7: 169
– Pompeius 22: 226
– Sulla
8: 167
10: 168
22: 170
Polybios: 14, 99, 202, 239
1, 1, 5–6: 106
1, 10, 1–11, 2: 60
1, 20, 9–11: 61
1, 64, 1: 116
2, 21, 7–9: 65
2, 24, 1–2 u. 16: 49
3, 4, 4–6: 92
3, 24, 3–6: 44
6, 13: 36
6, 16, 2: 136
6, 21, 4–5: 49
6, 37, 1–3: 110
6, 53, 1–54, 1: 18
6, 56, 4: 90
6, 56, 6–9: 110
6, 57, 5: 85
10, 15, 4–6: 73
10, 36, 3–5: 92
16, 34, 2–7: 74
18, 35, 2: 90
18, 38, 6–9: 78
21, 45, 2: 80

31, 25, 3: 90
Frg. 99: 82
Poseidonios: 15, 239
– Frg. nach FGrHist 87
  F 57: 169
  F 59: 37
  F 111: 138
– Frg. nach Theiler
  F 81: 37
  F 165: 138
  F 213: 156
  F 215: 157
  F 221: 148
  F 223: 164
  F 249: 169
  T 6: 168
Quintilian 3, 6, 93: 190
Sallust: 22f., 181, 239
– Bellum Iugurthinum
  8, 2: 86
  41, 5: 182
  86, 3: 145
– Catilina
  35: 187
  37, 4–7: 183
  40–41: 199
Ps.-Sallust, 2. Brief an Caesar: 192
  5, 4–5: 188

6, 1: 160
11, 5–6: 213
Strabon: 239
  5, 4, 2 p. 241: 162
  5, 4, 11 p. 248–250: 172
  7, 5, 5 p. 315: 121
  12, 2, 1 p. 535: 177
  12, 3, 33 p. 557–558: 194
  12, 3, 34 p. 558: 194
  14, 5, 2 p. 668–669: 152
  17, 1, 11 p. 769: 194
Sueton, Divus Iulius 30: 206
Tacitus
– Annales 11, 22: 173
– Dialogus de oratoribus 36: 212
Timaios: 14, 99, 239
Valerius Maximus 7, 6, 4: 170
Varro: 22, 202
  De gente populi Romani: 210
Velleius Paterculus: 239
  2, 3, 3: 112
  2, 7, 6–8: 137
  2, 15, 2: 148
  2, 27, 1–2 u. 6: 171
  2, 31, 2: 227
  2, 32, 1: 178
Xenophon, Symposion: 99

Personen- und Sachregister

Achaia, Achaier 98
Ädil 83, 87 s. auch *cursus*
L. Aemilius Paullus 89
ager publicus 119ff.
Aitolien, Aitoler 77
Annales Maximi 16
Antiochos III. 79, 103
Archimedes 64
Armee 223ff.
assiduus, assidui 39, 115, 223
Athen 74, 77
Attalos III. 126, 129
auctoritas 9

Bacchus 133
Beinamen 171, 200 s. auch Herrscherkult

C. Iulius Caesar 177, 203, 211, 238 s. auch Quellenreg.
Cannae 67
Capua 27, 29
Catilina 184ff.
Cato 85, 97ff., 117, 237f. s. auch Quellenreg.
centuriatio 127
Cicero s. Quellenreg.
civitas sine suffragio 47
Ap. Claudius Caecus 54ff.
clementia 209
clientela 36ff., 188
comitia 220ff.
– *centuriata* 220
– *curiata* 220
– *tributa* 42, 221
commercium 46, 105
concilium plebis 34, 221
consilium 35
conubium 46, 105
Cornelius s. Scipio, Sulla
Cumae 27
cursus honorum 87f.

dignitas 9, 182, 187
Diktator 67
Dionysos s. Bacchus

eques, equites 139, 144, 159, 181, 212f., 224ff.
Etrusker 23, 25, 28ff.

fasces 29
T. Quinctius Flamininus Kap. 6, 87, 96, 100
C. Flaminius 65, 122
foedus Cassianum 42, 46
Forschung
– E. Badian 138
– H. Braunert 217
– P. A. Brunt 38, 52, 115
– F. Coarelli 153
– M. I. Finley 183
– E. Gabba 155, 191
– M. Holleaux 75
– A. H. McDonald 75
– A. D. Momigliano 81
– J. North 41, 218
– Elizabeth Rawson 209
– F. W. Walbank 75
Fregellae 44, 133, 135

Gallier 26, 63
Geschichtsschreibung 13ff. s. Quellenreg. unter den einzelnen Autoren
Getreideversorgung 184
C. Gracchus 132f., 135ff. s. auch Quellenreg.
Ti. Gracchus 112, 125ff. s. auch Quellenreg.
Griechen 25, 27f., 96

Hannibal 61ff.
Herrscherkult 150, 200, 210
Hieron von Syrakus 61

imperator 67, 100
Imperialismus 57, 73
imperium 178, 227ff.
interrex 31, 173
Italien, Italiker 25ff., 132, 147, 162ff., 216
Iulius s. Caesar

Karthago 44, 58, 71, 91, 107ff., 182
Kelten s. Gallier
Kerkyra (Korfu) 69
Kimbern 132, 145, 150
Klientel s. *clientela*
Kolonien 48, 64, 137
Kommando s. *imperium*
Konsul 31, 87
Kult 133, 180, 189, 201 f. s. auch Bacchus, Herrscherkult

C. Laelius 109
latifundia 118
Latiner 42
largitiones 129
lex
– *Aelia et Fufia* 93
– *annalis* 87, 93, 100
– *Aufeia* 138
– *Calpurnia* 92
– *Cassia* 93
– *Claudia* 66
– *Coelia* 94
– *Didia* 91
– *Fannia* 91
– *Flavia* 183
– *frumentaria* 137
– *Gabinia* 93
– *Hortensia* 221
– *Licinia* 91
– *Licinia Mucia* 151, 160
– *Maria* 94
– *militaris* 138
– *Oppia* 90
– *Orchia* 91
– *Papiria* 94
– *Plautia* 159
– *Plotia* 181
– *Porcia* 154
– *Saufeia* 160
– *Servilia* 186
– *Valeria* 173
– *Varia* 161
– *Vatinia* 177
libertas 9, 161 f.
Liktor 29
M. Livius Drusus 159
Livius s. Quellenreg.

Makedonien 104, 107, 151
Mamertiner 60
C. Marius 142 ff.

Massinissa 107
migratio 46
militia 48
Mithridates 165

Nasica s. Scipio
Nobilität 33 und passim
Numantia 108

P. Otacilius 218

Perseus 103
Philipp V. 71
Piraterie 152 ff., 176
Plebs passim
pomerium 57
Cn. Pompeius 176, 199 ff., 203
Pompeji 148 f.
Popilius Laenas 136, 142
Porcius s. Cato
Poseidonia (Paestum) 28
Prätor 83, 85 s. auch *cursus*
proletarius 145
Proskriptionen 172 f.
provocatio 109
Ptolemaios XII. Auletes 196 f.
publicani 155
Pydna 104
Pyrrhos 59

Quästor 83, 173 s. auch *cursus*
Quinctius s. Flamininus

Religion s. Kult
res publica passim
Ritter s. *eques*

Samniten 26, 44 s. auch Pompeji
Cornelius Scipio
– Barbatus (Konsul 298 v. Chr.) 13, 23
– (Konsul 259 v. Chr.) 17
– Africanus (Konsul 205 v. Chr.) 64, 67, 81, 97, 100
– Asiaticus (Konsul 190 v. Chr.) 81
– Aemilianus (Konsul 147 v. Chr.) 107, 111
– Nasica Serapio (Konsul 138 v. Chr.) 128
Senat 31, 35 f. u. passim
Sentium 45

Sklaven, Sklaverei 113 ff., 117, 123 ff., 132, 148, 152, 176, 179 f., 198, 212
Spartacus 176, 181, 203
Straßen 137
L. Cornelius Sulla Kap. 13
P. Sulpicius Galba 76

Tarent 28
Teutonen 132, 145, 150
Transhumanz 26, 45, 119
tribus 47 s. auch *comitia*

tributum 48, 58, 88
Triumph, Triumphzug 57, 91
Tullius s. Cicero

vectigal 144
Venus 170, 201, 210
Volksversammlung s. *comitia*

Weidewechsel s. Transhumanz

Zwölftafelgesetz 39

dtv-Geschichte der Antike
Herausgegeben von Oswyn Murray

Oswyn Murray:
Das frühe
Griechenland
dtv 4400

John K. Davies:
Das klassische
Griechenland
und die Demokratie
dtv 4401

Frank K. Walbank:
Die hellenistische
Welt
dtv 4402

Robert M. Ogilvie:
Das frühe Rom
und die Etrusker
dtv 4403

Michael Crawford:
Die römische
Republik
dtv 4404

Colin Wells:
Das Römische Reich
dtv 4405

Theodor Mommsen:
Römische Geschichte
Vollständige Ausgabe in 8 Bänden

Eine Meisterleistung der Geschichtsschreibung und noch immer die umfassendste Darstellung der Geschichte der römischen Republik in deutscher Sprache. Ein Werk von souveräner Gelehrsamkeit und zugleich ein Werk der Weltliteratur, für das der Autor 1902 den Nobelpreis für Literatur erhielt.
»Dieses Werk begeisterte uns, als wir es in unserer Jugend kennenlernten; es behält, da wir es in älteren Tagen wieder lesen, seine Gewalt über uns. So groß ist die Kraft der historischen Wissenschaft, wenn sie zugleich große historische Kunst ist.« (C.D. af Wirséns)

8 Bände in Kassette
dtv 5955 / DM **98,—**